复杂研发项目管理

——基于结构化方法的视角

杨 青 著

本书获得国家自然科学基金资助：

“基于复杂网络的研发项目系统架构集成与优化研究”（71872011）
“面向大数据的复杂系统建模、数值优化与应用研究”（71929101）

科 学 出 版 社

北 京

内 容 简 介

研发项目是由流程架构、组织架构和产品架构组成的复杂系统，本书从结构化方法的视角对复杂研发项目管理做了全面论述。首先，分析了复杂研发项目的基本特征，指出依赖结构矩阵（DSM）方法和复杂网络等结构化方法是量化分析复杂研发项目的有效工具。进一步，从流程架构中迭代和重叠的建模，到流程 DSM 的排序优化与仿真；从组织架构中团队之间依赖度的测度，到组织 DSM 聚类准则的确定；从产品架构中部件之间依赖度的测度，到产品 DSM 的模块化设计以及聚类算法的演变和发展；从单一领域的 DSM 扩展到多领域矩阵（MDM）的建模与应用；从基于知识图谱的研发项目跨领域集成分析，到基于项目网络视角的研发项目组合选择，清晰地展示了基于结构化方法的复杂研发项目管理的几条研究脉络和最新研究成果。

本书既可作为高校管理科学与工程、工程管理、工业工程、工商管理类教师和博士、硕士研究生开展相关研究的重要参考文献，也可以作为从事项目管理、研发项目管理、新产品开发管理等方面专业人士的参考书和培训用书。

图书在版编目（CIP）数据

复杂研发项目管理：基于结构化方法的视角 / 杨青著. —北京：科学出版社，2021.12

ISBN 978-7-03-070625-6

Ⅰ. ①复… Ⅱ. ①杨… Ⅲ. ①项目管理 Ⅳ. ①F27

中国版本图书馆 CIP 数据核字（2021）第 228819 号

责任编辑：方小丽 / 责任校对：贾娜娜
责任印制：霍 兵 / 封面设计：蓝正设计

科 学 出 版 社 出版
北京东黄城根北街 16 号
邮政编码：100717
http://www.sciencep.com

北京九天鸿程印刷有限责任公司 印刷
科学出版社发行 各地新华书店经销
*
2021 年 12 月第 一 版 开本：720 × 1000 B5
2021 年 12 月第一次印刷 印张：12 1/2
字数：252 000

定价：168.00 元
（如有印装质量问题，我社负责调换）

作 者 简 介

杨青，北京科技大学经济管理学院教授、博士生导师，项目创新管理研究中心主任。1991年、1998年、2003年在西北工业大学分别获得工学学士、硕士和博士学位。2003～2005年在北京航空航天大学经济管理学院从事博士后科研工作，师从邱菀华教授。2010年、2019年分别在美国宾夕法尼亚州立大学和奥地利维也纳经济大学访问交流、开展合作研究。担任中国（双法）项目管理研究委员会（PMRC）常务委员、国际项目经理资质（IPMP）认证评估师、国际项目管理期刊 *International Journal of Project Management* 编委。有近十年的航天研发项目管理实际工作经验。2019年获得国家科技部中国国际人才交流基金会颁发的“中国项目管理发展二十年杰出教育贡献奖”。

专注于项目管理理论研究与实践，在基于结构化方法的复杂研发项目管理、DSM建模与优化、新产品开发管理、大数据环境下的研发项目管理等方面取得了创新性的成果。主持国家自然科学基金面上项目4项、国际（地区）合作与交流项目3项，承担阿里巴巴集团、中国空间技术研究院等咨询课题多项。

在 *IEEE Transactions on Engineering Management*、*International Journal of Project Management*、《中国管理科学》《系统工程理论与实践》《科研管理》等国际和国内重要期刊发表学术论文70余篇、出版专著2部、教材5部，参与《卫星工程管理》《航空发动机维修工程管理》著作编写。近年译著包括：《工作分解结构（WBS）实践标准（第3版）》和《产品设计与开发（原书第6版）》。

序 Preface

我与杨青相识已经很久，1997 年他在西北工业大学攻读硕士期间，是我讲授的《项目管理》课程的学生，我清楚地记得，当时这门课是在西北工业大学西楼的一楼上课，那时，项目管理还不像现在这样广为人知，班上大约只有 10 名同学，杨青每次上课都坐在前排，认真听课，勤于思考，给我留下了深刻的印象。杨青从西北工业大学航天学院本科毕业后，在航天某研究院从事航天型号项目管理工作，他乐于将航天型号项目管理工作中的体会与同学们交流，并积极思考如何在实际工作中应用所学到的项目管理理论与方法。

时光流转到 2001 年，杨青回母校西北工业大学攻读博士，初夏的一天，我在校园偶遇杨青，告诉他中国（双法）项目管理研究委员会（Project Management Research Committee，China，简称 PMRC）正在准备将国际项目经理资质（International Project Manager Professional，IPMP）认证引入中国，问他是否有兴趣参加首次 C 级的培训和认证。杨青当时毫不犹豫地报了名，他是国内第一批参加 IPMP 认证的学员，与许多项目管理界的老师一起见证了 IPMP 引入中国的历程。2002 年 7 月，受在新疆推广 IPMP 认证工作的刘国靖总经理（他与杨青都是 1997 年上《项目管理》课的学生）邀请，杨青与我和欧立雄老师一起赴乌鲁木齐参加了 IPMP 认证推介会。

2003 年杨青博士毕业，他到北京航空航天大学经济管理学院跟随邱菀华教授做博士后研究。从那时开始，他一直致力于复杂研发项目管理的研究。2005 年博士后出站后，到北京科技大学经济管理学院从事项目管理的教学与科研工作。他始终在研发项目管理领域的学术研究方面积极开拓进取，到目前为止，共主持相关领域的国家自然科学基金面上项目 4 项、国际（地区）合作与交流项目 3 项，并担任中国项目管理研究委员会常务委员、项目管理领域重要国际期刊 *International Journal of Project Management* 的编委，积极推进国内项目管理研究的国际化，在国内和国际项目管理领域有一定的影响力。

当杨青把他的新作——《复杂研发项目管理——基于结构化方法的视角》送给我看时，读后令人耳目一新。这是他长期专注于复杂研发项目管理学术研究与实践的结晶，具有重要的理论价值和现实意义，主要体现为：

第一，复杂研发项目管理是项目管理的重要研究领域，对提高企业的研发能力和自主创新能力具有重大意义。当前，中国正处于从制造大国向制造强国转型的关键期，党的十九大提出了“加快建设创新型国家”的新发展理念，指出创新是引领发展的第一动力，是建设现代化经济体系的战略支撑。复杂研发项目（如载人航天、大飞机等）往往是事关国家核心竞争力的重大工程，因此，该书以国家的重要需求为牵引，具有重大的现实意义和理论价值。

第二，研发项目是涉及产品、流程与组织的复杂系统。通常，产品的复杂性导致研发流程更复杂，流程的复杂性又导致组织结构和团队沟通也变得更加复杂。因此，高效地管理流程、组织和产品之间的复杂关系对于研发项目至关重要。该书从流程、组织和产品架构的角度对复杂研发项目管理进行剖析，有利于清晰地理解它们之间的关系，以降低项目管理的复杂性。

第三，杨青长期探索如何采用依赖结构矩阵（DSM）等可视化方法分析研发项目的复杂架构，并将 DSM 与复杂网络分析等方法相结合，分析研发项目的流程排序优化、基于聚类方法的组织设计和产品的模块化设计等。该书清晰地展示了基于结构化方法的复杂研发项目建模与优化的研究脉络和最新研究成果。

该书论证严谨、结构合理、联系实际、案例贴切，是一本高水平的项目管理著作。新产品开发对企业的创新发展和构建创新型国家具有重要的意义。杨青在近 20 年的时间里，在研发项目管理的学术研究方面勇于创新、积极探索。今天，《复杂研发项目管理——基于结构化方法的视角》的出版，标志着杨青和他的团队在项目管理创新方面又拿出了一份重要的理论成果。

我为项目管理领域有杨青这样肯于在学术上不断勇攀高峰、奋发图强的中青年专家学者而倍感高兴和欣慰！

我相信，杨青和他的团队将继续在追求卓越的道路上笃定前行，砥砺奋进。期望项目管理领域有更多的专家学者将研究成果书写在祖国的大地上！

钱福培

2021 年 11 月 1 日

注：钱福培　我国知名项目管理专家、中国项目管理领域的开拓者、中国（双法）项目管理研究委员会（PMRC）发起人和领导者、国际项目管理协会前副主席、西北工业大学管理学院教授。

前言 Foreword

中国正处于从制造大国向创新型国家转变的关键期，党的十九大提出了“加快建设创新型国家”的新发展理念，指出创新是引领发展的第一动力，是建设现代化经济体系的战略支撑。联合国教科文组织发布的《2015 年科学报告：面向2030》显示，中国研发投入占全球 20%，已位居世界第二。全国研发经费保持逐年大幅增加，2020 年比上年增加 10.2%，达到了 17 500 亿元，企业支出所占比重为 77.8%，企业成为创新的主体。正如中国工程院杨善林院士指出的那样，复杂产品的研制是事关国家核心竞争力的重大工程，深入研究研发项目管理理论与方法，为企业提高自主创新能力提供理论与方法支持，是管理科学工作者义不容辞的责任。

但是，在经济转型的压力下，中国企业自主创新能力仍面临巨大的挑战。在制造业升级和建设创新型国家的过程中，中国企业亟须提升自主研发、自主创新能力，建设创新型国家迫切需要创新科学方法，尤其在复杂研发项目管理方面，迫切需要相关的理论和方法支撑。

在工业界，IBM 于 1992 年率先采用“集成产品开发”（Integrated Product Development，IPD）模式，并获得了巨大的成功。华为是第一家实施 IPD 且受益最大的中国企业，自 1998 开始实施 IPD，华为建立了世界级研发管理体系并整合了企业的整体运行。此外，波音、思科、中兴、方太等国内外著名企业都实施了完整的 IPD 解决方案。实践证明，IPD 是“一套卓越的、成熟的研发管理思想、模式和方法”，它以市场需求为核心，将产品开发看成一项投资，通过产品模块共享和跨部门团队合作，准确、快速、低成本、高质量地推出产品。IPD 模式的关键要素包括：产品研发是投资行为，基于市场的创新，共用构建模块和异步开发，跨部门的团队协作，结构化的并行研发流程等。

研发项目是涉及产品、流程和组织的复杂系统，MIT 斯隆管理学院 Eppinger 教授提出的“系统架构”（system architecture）概念为探索研发项目管理提供了理论框架，“系统架构”是指系统的构成元素及元素之间的相互作用关系（也包括元素对系统环境的相互作用）。如图 1 所示，研发项目的系统架构包括：①产品架构，即在物理实物中的部件/组件及其相互耦合关系（如功能/参数关联）；②流程架构，即活动及活动之间的逻辑关系（如迭代/重叠）；③组织架构，即团队/个人及其之间的沟通/协作关系。这三个领域（domain）的架构相互影响。

与系统架构三个领域相对应，企业在实践 IPD 过程中仍有重要的现实问题亟待解决（图 1）。①对于产品架构，如何开展基于市场的产品开发决策，通过识别当前和未来的市场需求，保证“一开始就做正确的事情”，如何识别共用构建模块和异步开发提高产品开发的效率；②对于流程架构，如何构建并行研发流程，把原来的许多后续活动提前进行，以缩短产品上市时间；③对于组织架构，如何构建与异步开发相一致的跨部门协同组织结构，确保高效地沟通、协调和决策；④对于各领域架构的集成，如何分析各架构之间的耦合关系，以提高 IPD 的综合绩效。例如，如何构建跨部门团队协作，以有利于实施并行流程；产品模块化如何影响异步开发模式，进而影响项目组织架构。

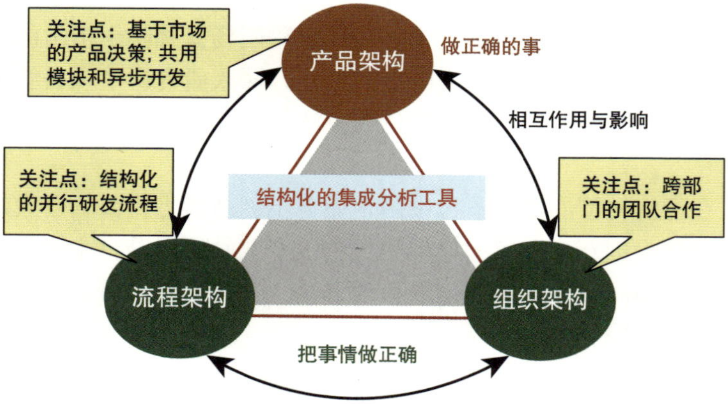

图 1　研发项目的系统架构及各领域主要关注点

目前的 IPD 模式以最佳实践为主，因此，迫切需要采用结构化的工具分析如何实现 IPD 的这些核心思想。正如著名科学家钱学森所描述，研制一个复杂系统所面临的主要问题是如何进行复杂系统的“分解”与“集成”。系统架构的分解与集成至少包括三个步骤：①如何对系统进行层次化的分解；②如何识别子系统和元素之间的相互依赖关系；③如何通过优化的方法，把元素重新进行集成，使整个系统的绩效更优。

结构化的分析方法是构建、显示和分析系统架构的元素和元素之间依赖关系的有效工具，1981 年，Steward 首次将设计结构矩阵（Design Structure Matrix，DSM）运用到复杂系统的识别、分析和管理中，近年，DSM 也被称为依赖结构矩阵（Dependency Structure Matrix）。DSM 可以直观地对复杂项目进行可视化分析，它提供了一个更好地进行系统建模、展示依赖关系、分析与优化复杂系统的方法。DSM 方法可扩展到多领域矩阵（Multi-Domain Matrix，MDM），进一步拓宽了基于矩阵方法分析复杂系统的能力和应用范围，可以更好地探索复杂的项目、产品、流程、组织和其他系统。目前，DSM 法在工程管理、项目管理、工程设计、系统工程和组织科学等领域得到广泛应用，成为主流的系统架构建模与分析工具。

为了对系统架构进行“分解”与“集成”，我们首先要识别、分析系统中元素和元素间依赖关系所构成的复杂网络。尽管 DSM 为元素之间依赖关系提供了可视化的分析工具，极大地方便了对系统架构的分解、集成与优化。随着技术的发展，研发项目产品、流程与组织越来越复杂。因此，DSM 法需要与新的理论与方法相结合，以更好地分析复杂系统架构中元素和元素间依赖关系所构成的网络特征。

英国著名物理学家霍金称“21 世纪将是复杂性科学的世纪”，复杂网络理论是复杂性科学的一部分。1998 年和 1999 年，*Nature* 和 *Science* 先后发表了两篇关于网络的论文，引发了学者们对复杂网络的研究热潮。复杂网络理论为研究复杂系统提供了一种新视角和新方法，极大地改变了人们对外部世界的认识。利用复杂网络理论，我们可以对模糊系统进行精准量化和预测，发现什么是重要节点、什么是边缘节点，揭示隐藏在复杂系统中的规律以及复杂系统的宏观特征。复杂网络理论推动了多学科的交叉和发展，并被广泛应用到了工程技术、交通/电力、社会、经济、生物等领域。社会网络分析是复杂网络的一个重要分支，采用网络分析法（Network Analysis，NA）探索经济管理问题成为近年的研究热点。

因此，如何将 DSM 与复杂网络理论方法相结合，以更好地开展复杂系统架构的分解、集成与优化，是研发项目管理的前沿科学问题，将为我国企业在实践 IPD 过程中所面临的亟待解决的现实问题提供理论支持。

本书的主要特点如下：

1. 在理论方面

本书系统整合 DSM 与复杂网络理论方法，拓展、完善基于结构化方法的研发项目管理理论与方法，在 DSM 建模与优化、复杂系统架构的网络特征分析与预测等多个方面开展交叉研究，通过建立研发项目系统架构的“分解”与“集成”分析模型，对研发项目的流程、组织与产品架构进行分析和优化，以降低和控制项目复杂性。本书弥补了国际上在此方面缺乏系统性理论研究的不足。

2. 在应用方面

本书以中国企业在实施 IPD 过程中面临的问题为导向，紧紧抓住研发项目管理中产品-流程-组织架构的分解、集成与优化这个关键问题，达到缩短研发项目时间、降低成本、提高质量的目的。研究成果既可为企业实践 IPD 提供指南，也可以为企业优化项目的产品、流程与组织架构提供科学依据。

尽管中国企业的自主创新之路步步荆棘，但是，科学的新产品开发创新管理方法将大大缩短这条路的长度。系统地研究适应我国国情的研发项目管理方法，不仅具有重要的科学意义，而且对于增强企业的自主创新能力具有十分迫切、重要的现实意义。

本人先后主持多项国家自然科学基金面上项目、国际（地区）合作与交流项目，以及航空航天等复杂研发项目管理的咨询课题，在这些课题研究的基础上，建立了复杂研发项目“产品-组织-流程”集成优化理论体系，在基于结构化方法的复杂研发项目优化、全球产品开发、大数据环境下的研发项目管理模式等方面开展了系统的研究。

本书的相关研究历时十余年，指导的博士/硕士研究生们参与了本书的相关研究，他们是（排名不分先后）：邹星琪、杨娜、单晨、郑璐、常明星、张晓峰等，田平野、杨悦莹、叶云婷、高普、杜美松参与了本书的撰写。同时，也衷心感谢北京科技大学经济管理学院的领导和各位同仁长期以来的关心、帮助与支持！感谢为我们的研究提供帮助的国内外专家学者和工业界的各位朋友！

书是教育的基础，是人类思想、文化、智慧与实践的结晶。不言而喻，书中仍然可能存在不足之处，完全由作者负责，敬请读者原谅并指正。

并祝大家读书愉快！

杨　青

2021 年 12 月于北京牡丹园

目录 Contents

第 1 章

研发项目与 DSM 方法概述

1.1 引言

当今世界日渐复杂，随着对自然的探索越来越深入，人类累积的信息量也呈指数级增长，巨大的信息量使设计更为复杂的人工系统成为可能，持续增长的产品设计复杂性是各企业获得市场成功的巨大挑战（杨善林，2012）。飞机、汽车、计算机和社会技术系统等是典型的复杂系统，复杂系统的复杂性体现在：它涉及很多的人（团队）、部件和流程，它是这些元素相互作用的结果，任何单一的元素都不能实现系统功能，它需要跨学科知识，以及在正确的时间和地点获取正确的信息（Eppinger and Browning，2012；Eppinger，2001）。正如著名科学家钱学森（1998）所描述，研制一个复杂系统所面临的问题是怎样把比较笼统的初始研制要求变成成千上万研制任务参加者的具体工作；以及怎样把这些工作最终综合成为一个技术上合理、经济上合算、研制周期短、能协调运转的实际系统，并使这个系统成为它所从属的更大系统的组成部分。

工程问题可分为简单的、结构复杂的（complicated）和复杂的（complex）问题，简单的问题是指几个参数之间的关联性较低，而在复杂的问题中，大量参数之间具有很强的关联性。结构复杂的问题和复杂的问题之间的差异在于：前者强调在特定的时间内可以保持相对稳定的结构，而后者则强调其高度的动态化特征（杨青等，2016）。复杂性可从不同的角度进行评价，例如，研发项目复杂性可分为五个维度：数值（numerical）复杂性、关系（relational）复杂性、多样（variational）复杂性、学科复杂性和组织复杂性（杨青等，2016）。其中，数值复杂性与元素数量有关，关系复杂性与元素间的依赖关系有关，多样复杂性与产品的变体（variant）数量有关。研发项目复杂性来自技术系统的复杂性和对象的复杂性，技术系统的复杂性取决于多样性（variety）和连接性（connectivity），其中，多样性是指元素的种类和数量，连接性是指元素间关系的类型和数量。此外，不确定性和含混性（ambiguity）也是复杂性的重要特征，不确定指变量的具体值是未知的，含混性是指不能准确把握变量之间的关系，即它们是如何在一个复杂的系统中相互作用的。技术、人和功能是导致研发项目复杂性的根源，其中，技术可以归属为产品复杂性，人可以归属为组织复杂性，产品功能的复杂性与其结构密切相关（杨青等，2016）。

总之，研发项目是涉及市场、产品、流程和组织的复杂系统（Eppinger and Browning，2012；Browning，2016），这些领域相互影响。在技术和市场的驱动下，新产品的功能和部件越来越复杂，产品的复杂性可以更好地实现其功能和商业机会，但是，产品的复杂性导致研发流程更复杂，流程的复杂性又导致组织内部部门之间（内部生态）及与外部供应商之间（外部生态）的协作更加密切，组织结构和团队沟通也变得更加复杂。因此，高效地管理流程、组织和产品之间的复杂关系对于研发项目至关重要。

项目的复杂性意味着我们应提高系统分析和管理能力，而这种能力与采用的工具密切相关。采用结构化的方法探索产品、流程与组织各领域及其之间相互的耦合依赖关系，对于分析、管理研发项目的复杂性具有重要的意义。

1.2 研发项目的特点与基本流程

1.2.1 衡量研发项目绩效的五个维度

产品是企业向它的顾客销售的东西。从投资者的角度来看，在一个以营利为目的的企业中，成功的产品开发可以使产品的生产、销售实现盈利，但是营利能力往往难以被迅速、直接地评估。通常，可从五个具体的维度来评估产品开发项目的绩效（乌利齐和埃平格，2018）。

（1）开发时间：团队能够用多长的时间完成产品开发工作？开发时间决定了企业如何应对外部竞争，以及如何对技术的发展做出响应。开发时间反映了企业能够多快从团队的努力中获得经济回报。三星公司提出了“生鱼片”理论，即刚打捞上的鱼做生鱼片的话，在第一天可以卖得价格最高，第二天价格是第一天的一半，第三天就无人问津了。产品开发的速度也是如此。

（2）开发成本：通常，在为获得利润而进行的所有投资中，开发成本占有较大的比重。

（3）产品质量：顾客对产品的需求是什么？产品的应用场景是什么？产品应具有哪些功能和特性？它们的可靠性如何？产品质量最终反映在其市场份额和顾客愿意支付的价格上。

（4）产品成本：产品的制造成本有多少？产品成本决定了企业以特定的销售量和销售价格所能够获得的利润是多少。

（5）开发能力：根据以往的产品开发项目经验，团队和企业能够更好地开发未来的产品吗？开发能力是企业的一项重要资产，它使企业可以在未来更高效、更经济地开发新产品。

1.2.2　基本的产品开发项目流程

产品开发项目是由始于发现市场机会，止于产品的生产、销售和交付的一系列活动所组成。基本的产品开发流程包括六个阶段，如图 1-1 所示。该流程开始于规划阶段，它将研究与产品开发活动相联系，规划阶段的输出是该项目的使命陈述，它是概念开发阶段的输入，也是开发团队的行动指南。可以从三个角度考虑产品开发流程（乌利齐和埃平格，2018）。

（1）逐渐收敛的产品可选择范围和更明确的规格。首先创建一系列广泛的、可供选择的产品概念，随后缩小可选择范围，并细化产品的规格，直到该产品可以可靠地、可重复地由生产系统进行生产。

（2）把其作为一个信息处理系统。这个流程起始于各种输入，如企业的目标、战略机会、可获得的技术、产品平台和生产系统等。各种活动处理着开发信息，形成产品规格、概念和设计细节。当用来支持生产和销售所需的所有信息被创建和传递时，开发流程也就结束了。

（3）把其作为一种风险管理系统。在产品开发的早期阶段，各种风险被识别并进行优先排序。在开发流程中，随着关键不确定性因素的消除和产品功能的验证，风险也随之降低。

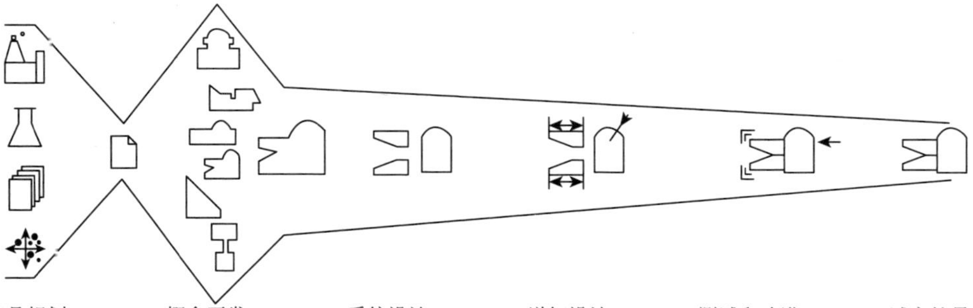

图 1-1　逐渐收敛的产品开发流程

基本产品开发流程的六个阶段详细介绍如下（乌利齐和埃平格，2018）。

1. 产品规划

规划活动通常被称为“零阶段”，因为它先于项目审批和实际产品开发流程的启动。这个阶段始于依据企业战略所做的机会识别，包括技术开发和市场目标评估。规划阶段的输出是该项目的使命陈述，其详述了产品目标市场、业务目标、关键假设和约束条件。

2. 概念开发

概念开发阶段识别目标市场的需求，形成并评估可选择产品的概念，然后选择出一个或多个概念进行进一步开发和测试。概念是对一个产品的形式、功能和特征的描述，通常伴随着一系列的规格、对竞争产品的分析以及项目的经济论证。

3. 系统设计

系统设计阶段包括产品架构（architecture）的界定，以及将产品分解为子系统、组件及初步设计的关键部件。此阶段通常也会制订生产系统和最终装配的初始计划。此阶段的输出通常包括：产品的几何布局、产品每个子系统的功能规格以及最终装配流程的初步流程图。

4. 详细设计

详细设计阶段包括了产品所有非标准部件的几何形状、材料、公差等完整的规格说明，以及从供应商购买的所有标准件的规格。这个阶段将编制工艺计划，并为即将在生产系统中制造的每个部件设计工具。此阶段的输出包括：描述每个部件的几何形状和生产模具的图纸或计算机文件；外购部件的规格；产品制造和组装的流程计划。贯穿于整个产品开发流程（尤其是详细设计阶段）的三个关键问题是材料选择、生产成本和稳健性。

5. 测试和改进

测试和改进阶段涉及产品多个试生产版本的创建和评估。

6. 试产扩量（或生产爬坡）

在该阶段，产品将通过目标生产系统制造出来。该阶段目的是培训员工、解决生产流程中的遗留问题。该阶段生产出来的产品，有时会提供给有偏好的顾客，并仔细评估以识别存在的缺陷。从试产扩量到正式生产的转变通常是渐进的。

1.2.3 产品开发的前端流程

图 1-1 所示的产品规划和概念开发阶段是产品开发流程的模糊前端，即客户的需求等方面存在不确定性，这些不确定性将极大地影响项目的成败，而且，不

确定性也增加了管理的难度，因此，产品开发项目的前端流程是研发项目管理的难点和重点。

1. 产品规划

产品规划的主要内容是机会识别，它包括如何从一个广泛的产品机会开始，开展信息收集、评价和选择工作。图 1-2 描述了产品规划流程，包括：确认市场机会、项目评价和优先级排序、资源分配和时间安排、完成项目前期规划（乌利齐和埃平格，2018）。

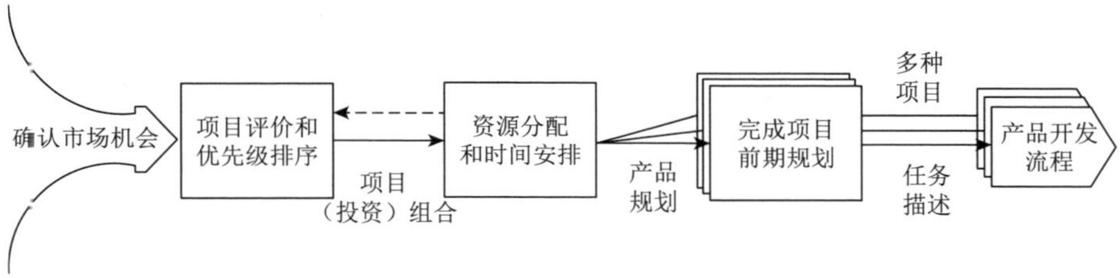

图 1-2　产品规划流程

首先，按照优先级对多种机会进行排列并确定出一个项目组合，将资源分配到这些项目中并进行时间安排。这些规划活动注重多种机会和潜在项目的组合，有时被叫作组合管理、总生产规划、生产线规划或者产品管理。一旦项目被选定并分配了资源，每个项目的任务陈述就被制定出来。

产品开发项目可以分为四种类型：新产品平台、已有产品平台的衍生产品、对已有产品的改进、全新产品。

2. 概念开发

概念开发阶段是前端过程，它通常包含许多相互关联的活动（图 1-3）。

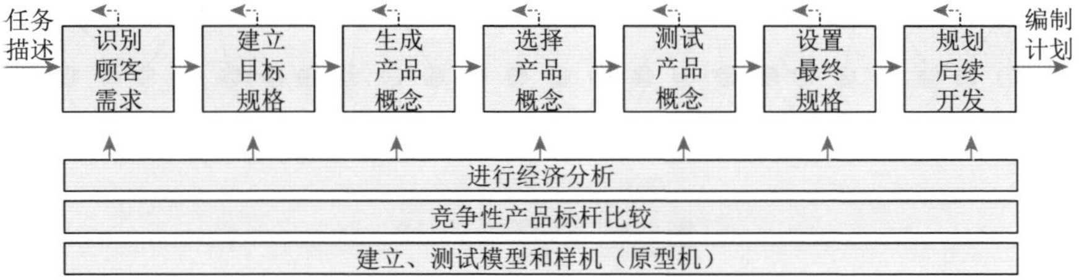

图 1-3　概念开发阶段的主要活动

研发流程很少以顺序的（sequential）方式进行，即上游活动结束之后，下游活动才开始。实际上，这些活动可以在时间上是重叠的（overlapped），有时也经常会发生迭代。图中的虚线箭头反映了产品开发流程中的不确定性。几乎在任何阶段，新获取的信息或结果都可能引发团队回过头重新开始先前的活动，这种对上游已完成活动的重复被称为迭代（iteration）。

本书所述的方法与工具，适用于研发项目（新产品开发项目）的全过程，尤其是产品规划、概念开发等模糊前端相关的项目管理工作。

1.3 采用 DSM 分析研发项目的系统架构

复杂项目由相应的系统架构所组成，系统架构是指系统的结构，包括：组成元素（element）、元素之间的相互作用（或相互依赖）、元素与系统环境的相互作用，以及可以提升系统功能与行为的设计与演化机理。通常，研发项目的系统架构包括三个方面：①产品架构，指在物理实物中的部件及其相互依赖关系或相互作用，产品架构既可以指物理实物（硬件，如汽车、飞机、建筑物等）中由部件/组件构成的架构，也可以指软件（如手机 App）中各功能模块构成的架构；②组织架构，指人（或团队）及其在组织中的相互依赖关系；③流程架构，指活动及活动之间的相互依赖关系（杨青等，2016；Eppinger and Browning，2012）。

系统架构的每个方面称为一个领域（domain）。“系统”通常指上述方面的全体，每一个领域可视为一个子系统。如图 1-4 所示，通常采用分解的方法识别系统（或子系统）中的元素及其之间的关系。

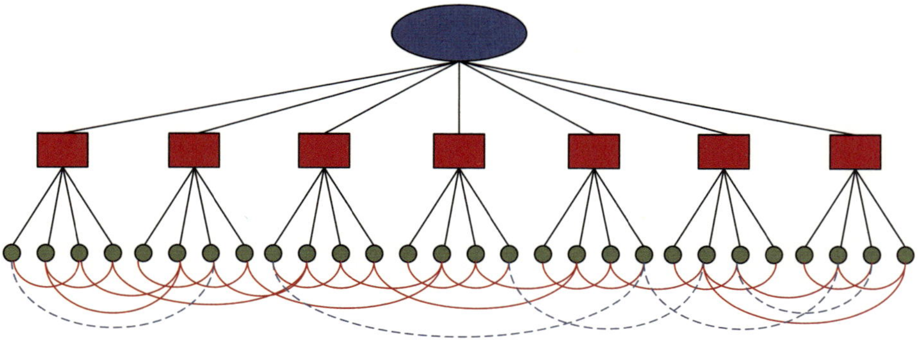

图 1-4　复杂系统的分解

通常，管理分析复杂系统的步骤如下。

（1）分解：将复杂的系统分解为可管理、可控制的单元（元素），例如，将复杂产品/系统分解为子系统和部件/组件；将复杂流程分解为子流程和活动；将复杂的大型组织分解为团队和个人。

（2）识别：识别系统中元素之间的关系。

（3）展示：采用一种有效的模型（如 DSM 模型）展示、分析重要或特别感兴趣的系统特征，以理解结构形式及它们对系统性能的含义。

（4）分析：重新设计、安排系统中的元素与关系，以提高系统的绩效。

（5）改进。

复杂研发项目系统架构之间的关系如图 1-5 所示。研发项目的最终目标是在合适的时间、以合适的价格提供合适的产品。产品结构的复杂性导致研发流程的复杂性，流程的效率决定了项目的周期时间和成本，而流程又是由人来执行的，团队之间沟通效率对流程的效率和产品的质量有重要的影响。因此，流程架构、组织架构和产品架构的一致性非常重要，Sosa 等（2004）研究发现：超过 50%的团队沟通结果不能满足技术沟通需求，即很多设计活动的界面与组织结构的沟通界面不相匹配，且大部分的产品架构与流程架构不一致，因此，应采用结构化的工具对研发项目各领域进行集成化的分析和管理。

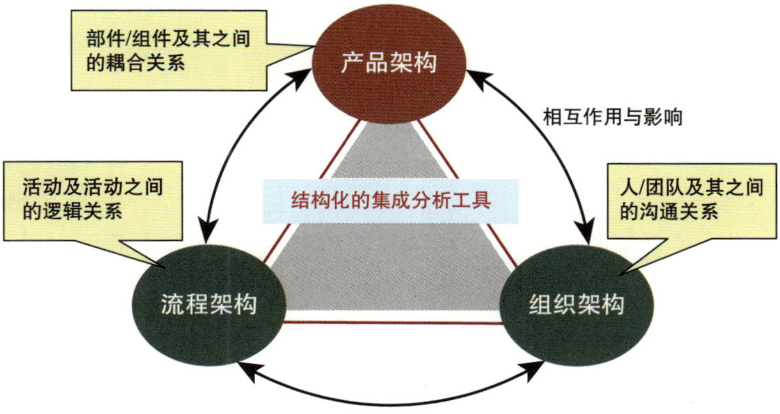

图 1-5　复杂研发项目的系统架构组成

研发项目的复杂性意味着存在大量不同的元素及其相互作用的状态。其中，产品架构的复杂性体现为大量部件由于材料、能量、空间、信息上的相互依赖关系形成的拓扑结构；组织架构的复杂性表现为产品开发团队间由于技术沟通和协调而构成的复杂社会网络（social network）；流程架构的复杂性体现为并行活动之间的重叠和迭代关系。

结构化的分析工具是探索复杂研发项目系统架构中元素之间耦合依赖关系的有效工具。Steward（1981）首次提出“设计结构矩阵”（DSM）并将其运用到复杂系统的识别、分析和管理中。近年，DSM 也被称为 Dependency Structure Matrix（依赖结构矩阵）（Browning，2016），在 2020 年 10 月召开的第 22 届 DSM 大会上，DSM 又被称为 Dependency and Structure Modeling（依赖与结构建模），可见，DSM 可以广泛地应用于复杂系统的建模，它是一种描述复杂系统中元素间依赖关系的结构化建模工具。

DSM 是一种用来表示系统中元素及其相互作用的结构化建模工具。它是一个 $N \times N$ 的方阵（N 为系统中的元素个数），可以直观地对复杂项目进行可视化分析，例如，针对图 1-6（a）中活动之间信息的依赖关系，可得图 1-6（b）所示的流程架构的 DSM（简称流程 DSM），其对角线表示活动，非对角线标记表示相应活动之间的信息依赖关系。在本书中，下三角（即对角线下方）标记表示信息的前馈输出，即上游活动传递给下游活动的前馈信息；上三角（即对角线上方）标记表示下游活动将信息迭代（反馈）给上游活动，并导致上游活动返工。传统 DSM 矩阵中的标记“●”或“×”可以用数字取代，以更精确地表示元素之间的相互作用（依赖）强度，DSM(i, j)表示矩阵中第 i 行、第 j 列的值。

在其他的文献中，DSM 下三角和上三角标记的含义可能与本书的规定恰好相反，需要读者注意这点（Browning，2016）。

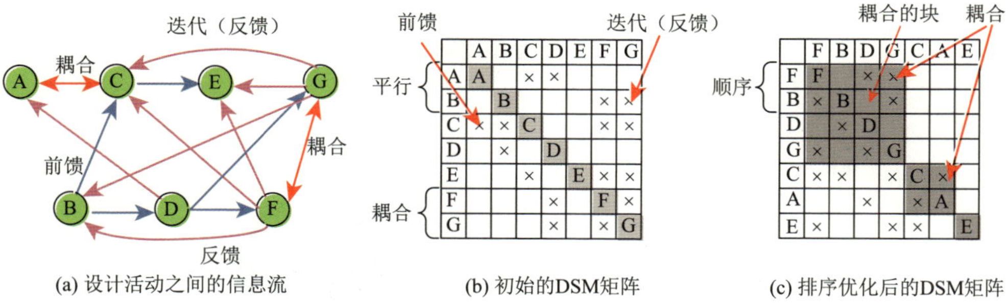

图 1-6　采用流程 DSM 描述活动之间的依赖关系

如图 1-7 所示，除了流程架构 DSM，DSM 可表示不同类型的系统架构，即组织架构 DSM（简称组织 DSM）和产品架构 DSM（简称产品 DSM）。由于组织和产品 DSM 中元素间相互作用的标记与时间无关（即静态 DSM），因此，这些标记通常是沿对角线对称的，即两个元素之间的相互作用或相互依赖是对等的。

进一步，可以采用多领域矩阵（Multi-Domain Matrix，MDM）分析多个领域之间的映射关系和依赖关系［图 1-7（d）］，例如，从产品部件到组织单元，从活动过程到产品部件、从组织单元到活动过程的映射关系。

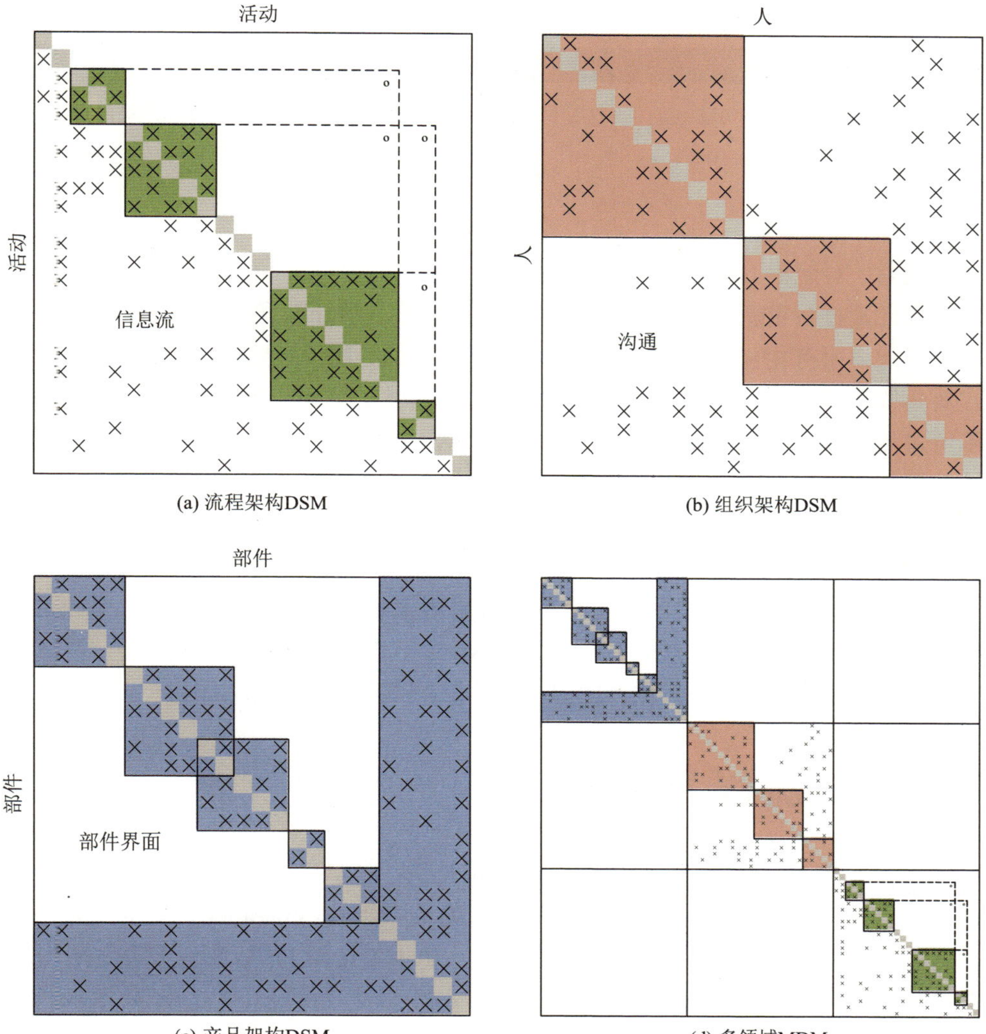

(a) 流程架构DSM　(b) 组织架构DSM　(c) 产品架构DSM　(d) 多领域MDM

图 1-7　采用 DSM 表示不同类型的系统架构

不同架构 DSM 的优化方法也不相同（表 1-1）。流程 DSM 属于动态 DSM 矩阵，常采用排序算法进行活动架构的优化；产品和组织 DSM 属于静态 DSM 矩阵，常采用聚类方法进行优化。

表 1-1　不同领域 DSM 的含义与优化方法

领域	描述的依赖关系	改进目标	DSM 优化与分析方法
流程 DSM	活动之间的信息输入/输出关系	降低迭代、返工和浪费	活动排序优化，方法包括分割、撕裂（tearing）、捆绑（banding）；仿真

续表

领域	描述的依赖关系	改进目标	DSM 优化与分析方法
组织 DSM	团队/人之间的沟通关系	提高团队之间的沟通/协作效率	聚类、社会网络分析
产品 DSM	部件之间的空间/能量/信息等依赖关系	提高平台、共性和模块化设计	聚类

通常，对流程 DSM 模型进行分析的主要方法是排序（sequencing）法，对矩阵的行列元素进行重新排序，将 DSM 矩阵尽可能变化为下三角矩阵［图 1-6（c）]，即尽可能将所有相互作用的标记都移到对角线下面，使没必要的返工最少化。而仍在对角线上方的标记应组成不同的区域，这些区域要尽量靠近对角线，以便将这些不可避免的返工对结果的影响降低到最小，从而减少信息的反馈，达到减少迭代，缩短项目开发周期，降低项目风险的目的。由于流程 DSM 能够描述设计过程中的耦合关系和任务之间的迭代，而这也是影响设计过程效率和效果的主要因素。因此，利用流程 DSM 对研发过程进行重构和优化成为并行工程研究中的一项重要内容。

组织和产品 DSM 矩阵的优化方法常采用聚类（clustering）运算，其目的是把系统分解成在对角线上的不同类（clusters）（或称为群集、“块”），使这些“类”内部的依赖关系最大化，同时“块”之间的依赖关系最小化。

1.4 流程 DSM

流程架构 DSM 表示活动之间信息依赖关系，它也被称为流程 DSM 或基于活动的 DSM。通常，活动间存在三种基本关系：平行（parallel）关系、顺序的（sequential）关系和耦合的（coupled）关系。这些关系的 DSM 表示见图 1-6（b），在平行关系中，活动之间没有信息交流；在顺序关系中，上游活动输出的信息传递给下游活动，以便其开始工作；在耦合关系中，信息流从上游活动传递给下游活动，然后，下游活动又将信息迭代（反馈）给上游活动。

1.4.1 采用流程 DSM 分析研发流程架构的特征

流程架构是由一系列活动、活动之间的交互关系及其运行环境所组成。构建流程架构 DSM 模型的程序为：①界定项目，即确定项目的边界，哪些是项目之内的，哪些属于项目所处的外部环境，明确所要建立模型的范畴；②把项目分解为一系列的活动（任务或工序）；③收集数据，主要指工序间的逻辑关系，即信息的输入输出关系；④绘制流程 DSM 并进行分析。对项目进行适当分解以及活动之间关系定义的准确性是构建流程 DSM 的关键。

迭代和重叠是复杂研发项目流程的主要特征（杨青等，2016），它们是影响项目进度和成本的重要因素。在研发项目中，为了缩短产品从研发到上市的时间，常采取并行工程，从而导致产品开发过程中产生大量的重叠和迭代。然而，传统项目管理工具，主要适用于串行开发且信息流为单方向的流程，它们无法解决并行产品开发中相互依赖的复杂迭代关系，更不能反映迭代（反馈）的强弱、概率和重叠等信息。

1. 迭代

如图 1-6（a）所示，迭代是指下游活动的信息反馈给上游活动并导致其重复（repetition）或返工。对于新产品开发来说，迭代是不可避免的。通常，迭代可分为以下两类。

（1）必要的迭代。当需要重复某些设计活动以完善创意，降低技术、进度和预算风险时，这样的迭代是有益的，它们有助于提高产品质量、加快项目进程，应该被保留。通过迭代，设计创意得到演化，并收敛得到最终解决方案。尤其是精益产品开发方法，非常强调通过快速原型化和迭代，加快研发的进程、提高顾客的满意度。必要的（或计划的）迭代通常产生于活动的内部耦合性，或上游活动未完成导致传递给下游活动的信息不完全等情况。

（2）不必要的迭代。不必要的迭代和返工是项目费用超支、进度延迟的重要因素，并与风险密切相关，应尽量避免。一项对英特尔公司的调查显示，迭代导致了 30%的项目工期延误。不必要的迭代来自不良的流程架构/活动排序，下游活动的缺陷和不兼容，沟通不畅，以及耦合任务中的信息变更等。

如图 1-6（c）所示，通过重新排序减少不必要的迭代、降低迭代的影响是流程 DSM 优化的基本准则。

关于流程中的迭代，详见第 2 章和第 3 章。

2. 重叠

根据是否存在耦合关系，并行（concurrent）活动分为平行活动和重叠活动两种方式。重叠是指在顺序执行的上下游活动中，上游活动未完成时便开始下游的活动。图 1-8（a）为重叠流程，下游活动 B 接收来自上游活动 A 输出的信息，为了加速项目的进程，上游活动 A 在其完成之前释放初始信息给下游活动 B，此外，下游活动 B 在接收上游活动信息前（前置时间 t_B）开始执行，活动并发性（包括前置和重叠时间）通常会导致返工，活动 A 和 B 的持续时间分别为 d_A 和 d_B。可采用活动的信息输出时间因子 $IOI = t_A/d_A$ 和信息接收时间因子 $IRI = t_B/d_B$ 描述重叠，并由此建立相应的 DSM 模型［图 1-8（b）］，图中的数值分别由 IOI 和 IRI 计算得到。

关于流程中的重叠，详见第 4 章和第 5 章。

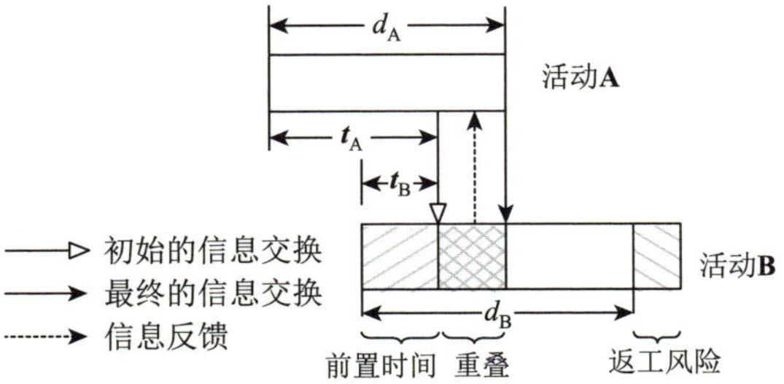

(a) 带有前置量-风险的重叠流程

	A	B	C	D
A	A		0.7	
B	0.7	B		
C	0.6		C	0.7
D		0.8	0.5	D

	A	B	C	D
A	A		0.4	
B	0.2	B		
C	0.1		C	0.2
D		0.2	0.2	D

(b) 表示信息输入（或信息接收）时间因子的DSM

图 1-8　采用 DSM 描述重叠

关于重叠的研究包括：考虑重叠导致返工的顺序重叠迭代问题；基于顺序重叠的项目持续时间计算方法；基于反馈重叠的返工时间计算方法；通过权衡时间和成本，寻找并行工程中相互依赖活动间的最优重叠度；重叠设计流程的分析模型和仿真模型的开发；基于依赖度信息对重叠活动进行进度规划等。

1.4.2　流程 DSM 的优化与仿真

流程 DSM 属于动态 DSM，可以采用流程排序优化和仿真的方法对其进行分析。

如图 1-6（c），早期的流程 DSM 优化目标是通过对活动进行重新排序，尽量把 DSM 矩阵中的反馈标记“推”向矩阵（对角线）的左下角，或块对角线化（block diagonalization），以降低迭代和返工。要实现这一目标有两个途径：①减少 DSM 中反馈的数量；②最小化反馈的长度。

为了最小化 DSM 中迭代（反馈）的数量，Steward（1981）提出了以下目标函数：

$$f=\sum_{i=1}^{n}\sum_{j=i+1}^{n}w(i,j) \tag{1-1}$$

式中，$w(i,j)$表示 DSM 中单元格(i,j)的二进制值。

针对最小化反馈长度的目标，Gebala 和 Eppinger（1991）提出可构建如下目标函数：

$$f=\sum_{i=1}^{n}\sum_{j=i+1}^{n}((j-i)\times w(i,j)) \tag{1-2}$$

式中，$w(i,j)$表示 DSM 单元(i,j)中介于 0 和 1 之间的数值。

对于简单的 DSM，由于包括的元素较少，可以采用上述方法进行优化，即基于解耦的流程优化排序算法，可以很容易确定活动的顺序和耦合，从而将对角线以上的信息反馈数量减至最低，或将反馈的长度缩至最短。但当项目比较复杂时，活动之间存在着复杂的逻辑关系、信息流向关系、物质交换关系等多种关联关系，需要采用启发式算法（如遗传算法）进行求解。Yang 等（2012）认为，相比最小化反馈数量和反馈长度，对于项目经理来说，缩短项目工期才是 DSM 优化的最终目标，并提出了重叠情况下以项目时间压缩量最大为优化目标的函数：

$$\text{Max}\quad \Delta T = \sum_{i=1}^{n}(T_{ov}(i) - (\Delta T_1(i) + \Delta T_2(i))) - T_{IR} \tag{1-3}$$

式中，$T_{ov}(i)$表示活动 i 的总重叠时间；$\Delta T_1(i)$ 表示接收来自上游活动的信息而导致的顺序重叠总量；$\Delta T_2(i)$ 表示接收来自下游活动反馈信息而导致的反馈重叠总量；T_{IR} 表示整个项目由反馈导致的间接返工时间。

此外，其他的 DSM 优化目标函数包括：降低项目总迭代时间，最小化与反馈数量、反馈距离、返工协调成本和返工协调时间相关的项目总协调成本，在资源受限的多项目环境下最小化工期和资源等待等（杨青等，2016）。采用的算法包括：遗传算法、混合启发式算法，基于双值的 DSM 优化法以及基于模糊理论将精确算法与启发式搜索方法相融合的方法等。

仿真技术可以得到项目工期和成本的动态分布特性，传统的项目管理仿真工具不适合多个并行任务、重叠活动和可变的活动排序，而 DSM 仿真技术可以突破这种局限。基于 Monte Carlo 的流程 DSM 离散事件仿真模型中的不确定量包括：活动的持续时间、返工概率和返工强度、二次返工、顺序重叠、变更传播、多项目情况下的资源分配问题等（杨青等，2016）。在 DSM 仿真算法方面，包括：基于 Monte Carlo 的 DSM 离散事件仿真模型；DSM 与 Petri 网络相结合的方法，即用 Petri 网构建活动之间的逻辑结构，并基于 DSM 对复杂产品开发流程进行仿真等。

有关流程 DSM 相关的内容，请详见第 2～4 章。

1.5　组织 DSM 与产品 DSM

1.5.1　组织 DSM

在复杂产品的开发过程中，项目中的不同团队之间会进行大量的信息交换，因此，团队之间的沟通对项目的成功起着至关重要的作用。良好的组织结构可以促进团队之间的沟通，提高沟通的效率，反之，也可能由于沟通的不畅带来管理效率的降低。组织架构 DSM 模型可以很好地帮我们分析不同团队之间的沟通模式，从而得到有效的团队组织方式。

构建组织 DSM 的程序为：①将整个组织分解为不同的团队（或个人）；②识别团队之间已知的或想要的信息沟通关系，并将其在 DSM 单元中用符号或数字表示出来；③对组织 DSM 进行分析。

组织 DSM 中元素间的依赖关系是指团队之间与沟通有关的相互作用，包括：

面对面沟通、E-mail、微信、Facebook、会议等。通常，团队之间沟通的特征可从以下几个方面进行描述。

（1）沟通频率：从低（很少）到高（经常）。

（2）沟通方向：单向或双向。

（3）沟通强度（或沟通的详细程度）：从较少的（例如，文件）到密切的（例如，面对面）。

（4）时间安排：从项目的早期到项目的后期。

因此，组织 DSM 反映了谁与谁进行了交流、交流的频率、得到或提供了什么信息等。通常，研发团队之间的沟通分为三种类型：①协调型，即为了协调任务而进行的沟通；②知识型，即为了传播、转移知识而进行的沟通；③激励型，即为了巩固创新成果、激励或管理团队成员而进行的沟通。空间分布和团队间的相互作用决定了沟通的有效性，而只有有效的沟通才能带来创新。

在组织 DSM 中，团队之间相互作用的强度可以用数字、字母、颜色或图形来表示。图 1-9 是组织 DSM 的例子（Eppinger and Browning，2012），其假设各产品部件由不同的团队负责开发。该图描述了汽车发动机开发过程中产品开发团队之间信息流的频率和方向，该 DSM 矩阵反映了团队信息交换的频率有低、中等或者高三种情况。

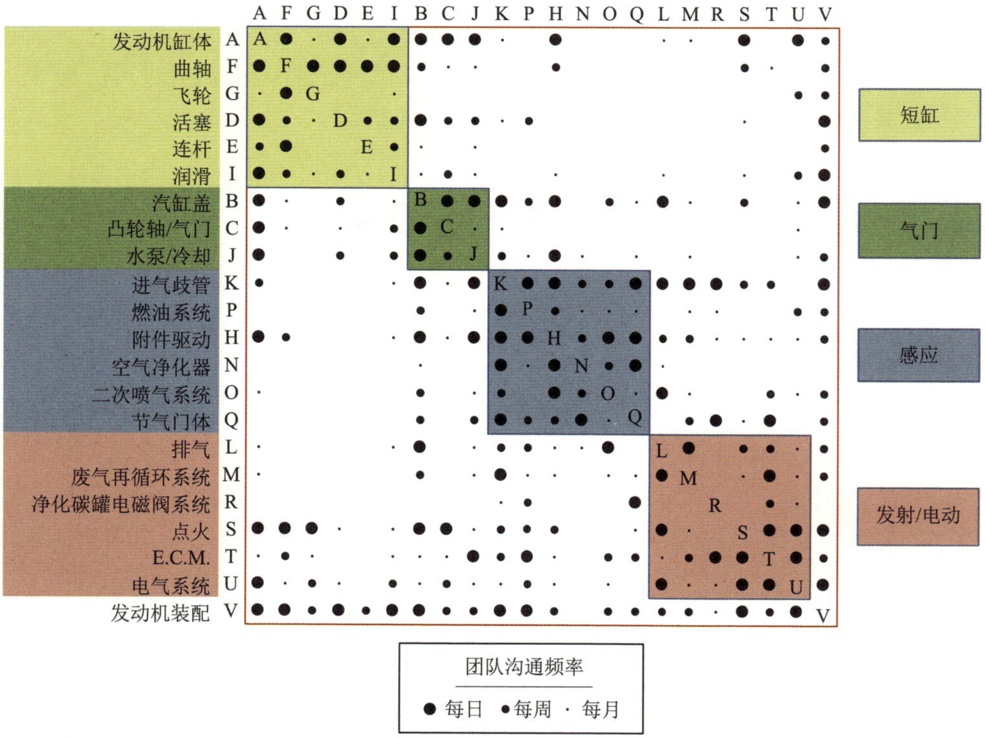

图 1-9　反映设计团队之间沟通的（初始的）组织 DSM

组织 DSM 通常采用聚类分析的方法，把信息交流需求最大的团队分为一组（group），即将矩阵变换成成员之间具有高度交互性的类——系统团队。矩阵变换的目的是使类内部具有高耦合度，而类外具有尽可能低的耦合度。通过关注不同成员的沟通需求，从而得到组织设计的有效模式。因此，组织 DSM 模型通常用于组织的分析和设计中。

图 1-10 为重新构建的 DSM 矩阵，该图反映出通过重新进行整个设计团队的组织设计，来改善多个产品开发团队之间的信息沟通，使这些集成的团队信息融合最大化。其中，四个方块代表了四个集成的产品开发团队（IPTs），这些产品开发团队之间高度地相互融合。重组（聚类）后的组织 DSM，大部分的沟通发生在团队内部，跨团队间的沟通大幅减少，由此降低了沟通的复杂性。

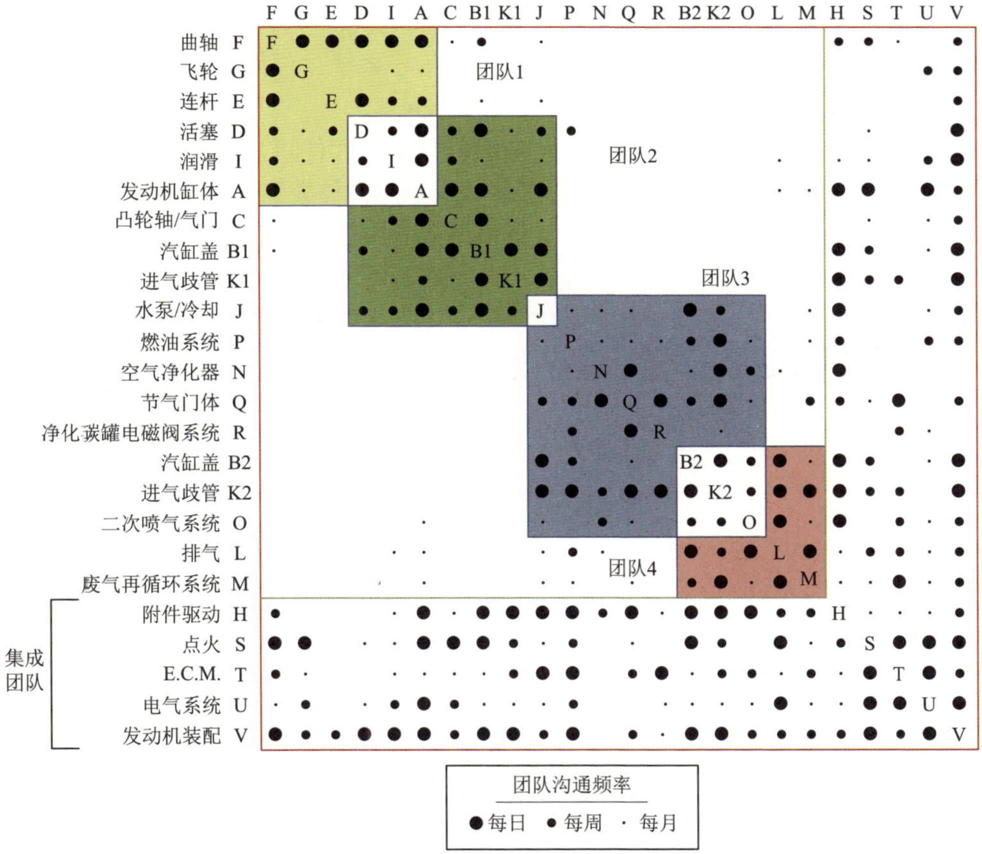

图 1-10　重新构建的组织 DSM

社会网络分析（Social Network Analysis，SNA）法等工具可以测度团队之间沟通的依赖度（Yang et al.，2019；Kratzer et al.，2009），深入探索产品架构“模

块化”和“集成化”设计对组织架构的影响（Sosa et al.，2003），对组织架构进行重新设计，可以提高团队之间的沟通效率，有助于在产品开发过程中组建创造性团队并降低管理的复杂性。

1.5.2 产品 DSM

产品架构是产品开发的核心，它直接影响着产品开发流程、开发人员组织结构和产品市场战略等。在复杂产品开发中，常常需要把复杂产品分解成规模较小的、易于开发的、有较为独立功能的、可独立（或相对独立）进行开发的子系统、组件/部件或功能模块，在组件（或子系统）开发完成后再对所有组件（或子系统）进行集成，来完成产品的总体功能。

产品 DSM 模型可用于对系统中组件之间的关系进行建模，并形成适当的结构分解方式，其建模步骤为：①把系统分解为子系统、部件/组件；②识别部件/组件之间的相互关系；③对产品 DSM 进行分析。

产品 DSM 可描述一个复杂产品架构中元素之间（组件间）的相互作用，如表 1-2 所示，通常，产品系统中组件间的相互作用可以用四种类型来描述（Eppinger and Browning，2012），即可依据空间上的、能量上的、信息上的或材料上的关系来划分。

表 1-2 产品组件之间的相互作用分类

部件/组件关系类型	描述
空间	自然的空间上的和队列上的结合；两个元素之间邻接
能量	两个元素之间有能量的传递和交换（比如，电力供给）
信息	两个元素之间有数据和信号交换
材料	两个元素之间有物质交换

产品组件之间的关系强弱可用表 1-3 所示的方法来量化（Eppinger and Browning，2012），在 DSM 中的非对角线上的符号换成数字–2，–1，0，1 或 2，它们分别表示系统元素空间上的关系强弱。

表 1-3 产品组件之间相互作用的量化方案

相互作用关系	数值	描述
必需的	2	功能性上物理的邻接是必需的
需要的	1	物理的邻接是有益的，但是功能上不是完全必需的
无关紧要的	0	物理的邻接不影响功能性
不需要的	–1	物理的邻接导致负面影响但是不会完全抑制功能性
有害的	–2	物理的邻接将使功能性丧失

由表 1-2 和表 1-3，既可以得到部件间在只考虑单独依赖关系时的依赖强度，也可以将它们集成，如图 1-11 所示，得到集成的部件间集成的依赖度。

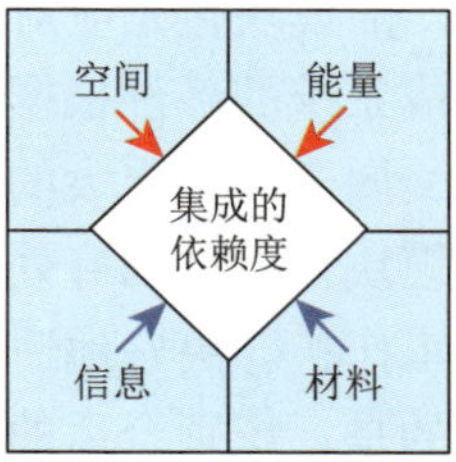

图 1-11　部件间集成的依赖强度

图 1-12 是福特汽车公司一个产品 DSM 例子，它描述的是汽车温度控制系统中组件之间的相互影响，其中的数据由表 1-3 得到。可见，虽然不是所有温度控制系统的组件在物理上都与其他元素相互影响，但是组件之间的交互作用是很重要的。

	A	B	C	D	E	F	G	H	I	J	K	L	M	N	O	P
散热器 A	A	2														
发动机风扇 B	2	B			2											
发热器核 C			C													2
发热器软管 D				D												
冷凝器 E		2			E	2		2								
压缩机 F					2	F		2	2							
蒸发器容器 G							G									2
蒸发器核 H					2	2		H	2							2
蓄电池 I						2		2	I							
冷却控制器 J										J						
空气控制器 K											K					
传感器 L												L				
指令控制器 M													M			
激励器 N														N		
吹风控制器 O															O	2
吹风发动机 P			2				2	2							2	P

(a) 初始的产品DSM

	D	J	K	L	M	N	A	B	E	F	I	H	C	P	O	G
发热器软管 D	D															
冷却控制器 J		J														
空气控制器 K			K													
传感器 L				L												
指令控制器 M					M											
激励器 N						N										
散热器 A							A	2								
发动机风扇 B							2	B	2							
冷凝器 E								2	E	2		2				
压缩机 F									2	F	2	2				
蓄电池 I										2	I	2				
蒸发器核 H									2	2	2	H		2		
发热器核 C													C	2		
吹风发动机 P												2	2	P	2	2
吹风控制器 O														2	O	
蒸发器容器 G														2		G

前端通风块

冷凝器块

内部通风块

(b) 改进后的产品DSM

图 1-12　产品 DSM 描述部件间依赖关系

产品模块化是应对用户需求变化和提高可变性的主要措施。"模块化"设计是指组成系统的部件根据给定的架构被分割开来，并被分配到不同的模块中。每个模块又属于一个更大的子系统，并与其他模块相互适应，才能使系统整体运作良好。模块化设计的好处有：①便于复杂系统的管理；②便于不同的团队同时开展并行工作；③更好地适应未来变化的不确定性。因此，产品架构 DSM 优化的主要目的是：识别合适的模块，使部件之间的联系主要发生在模块内部。通过使模块内部件之间的关联最大化，降低产品模块之间的关联，最终达到降低产品复杂度的目的。尽管该领域的研究主要是产品设计方面，但是产品架构的建立对组织架构和流程架构有非常重要的影响。

为了实现产品模块化，常采用聚类的方法将物理部件或功能块划分为不同的类，类之间（模块之间）往往为标准化的界面，并可通过模块化的程度进行度量。

使用聚类准则，对图 1-12（a）所示的系统进行聚类，得到改进后的产品 DSM［图 1-12（b）］。改进后的结构，所有的部件被安置到三个模块，以及一个新的在空间、能量和信息交互影响的控制模块，而之前它们被放置在相互排斥的架构上；每个模块之间存在交叠，它们表示模块间的综合共用区域。

对产品 DSM 元素之间交互影响的分析，促进了在设计方面的模块化发展和系统架构的整体优化，并将复杂系统分解成最多的合适的子系统。然而，这些模块需要团队的工作，因此，可用基于团队的 DSM 矩阵（组织 DSM）对设计过程开展进一步的分析。

总之，对产品架构 DSM 模型进行分析常用的方法是聚类，其要点为：①识别 DSM 模型中元素（组件、部件或功能单元）的最优聚类（即模块），实现产品结构的模块化设计；②每一个模块都应尽可能地独立于其他模块（模块之间的联系被消除或者最小化），以实现模块之间的非耦合或较低程度的耦合，从而使得每个模块能够独立地或者较为独立地进行开发，有利于实施并行工程来缩短开发周期，降低开发团队之间交互的复杂度，减少开发过程的迭代次数；③元素之间的联系尽可能发生在模块内部，通过加强开发团队内部的交互来减少团队之间的交互；④准确地定义模块之间的接口，方便项目管理人员及系统集成人员对产品总体的把握和各模块之间的集成。

1.5.3 DSM 的聚类分析

组织 DSM 与产品 DSM 都属于静态 DSM，通常采用聚类的方法对其进行重新设计和优化。寻找 DSM 中相对独立或相互作用最小的元素子集的过程即为 DSM 聚类。早期的聚类算法是由 Alexander（1964）提出的，传统的聚类算法有竞标法（bid）、相似系数法、排序法、路径搜索法、有向图法、"自下而上"或"自上而下"法。现有的聚类算法可分为“基于划分的聚类”（partitional clustering）或“基于层次的聚类”（hierarchical clustering）。在此基础上，学者们又提出了模拟退火算法、遗传算法、禁忌搜索等启发式聚类算法、基于 SNA 的聚类算法和谱聚类（spectral clustering）算法等。

通常，DSM 聚类原则是最大化模块内的相互作用，且最小化模块之间的相互作用，即通过变换元素在 DSM 中的位置，降低类外的依赖度并增加类内的依赖度，实现 DSM 中耦合性强的元素之间的聚类。随后，Thebeau（2001）运用竞标评价的思想和“自底向上”法对 DSM 聚类算法进行了研究和完善，实现了群组大小未知前提下的 DSM 聚类。Thebeau（2001）提出的目标函数为：

$$\text{Min}\quad \text{TotalCost}=\sum_{y}\text{IntraClusterCost}(y)+\sum_{j,k}\text{ExtraClusterCost} \tag{1-4}$$

$$\text{IntraClusterCost}(y)=\sum_{j,k\in y}(\text{DSM}(j,k)+\text{DSM}(k,j))\times\text{ClusterSize}(y)^{\text{powcc}} \tag{1-5}$$

$$\text{ExtraClusterCost}=(\text{DSM}(j,k)+\text{DSM}(k,j))\times\text{DSMSize}^{\text{powcc}} \tag{1-6}$$

式中，TotalCost 表示总协调成本；IntraClusterCost 和 ExtraClusterCost 分别表示类内协调成本和类外协调成本；DSM(j, k)和 DSM(k, j)表示元素 j 与 k 之间的相互作用；ClusterSize(y)表示类 y 内的元素数；DSMSize 表示 DSM 中的元素数；powcc 表示类大小的惩罚系数。

以式（1-4）为聚类目标会产生许多很小的类，有时难以组成大的“块”（block）。为此，Borjesson 和 Hölttä-Otto（2014）改进了 Thebeau 提出的聚类算法，可以获得更好的聚类效果。此外，Whitfield 等（2002）提出了两阶段聚类算法：第一阶段为计算聚类目标［见式（1-7）］，使依赖强度高的元素聚为一类；第二阶段采用模块强度指标 MSI 度量产品部件的模块化程度［见式（1-8）］，以使依赖关系尽可能靠近 DSM 主对角线。两阶段聚类目标函数可表示为（杨青等，2016）：

$$\text{Min}\quad \sum_{i=1}^{N}\sum_{j=1}^{N}(|(j-i)|\times w(i,j)) \tag{1-7}$$

$$\text{Max}\quad \text{MSI}=\text{MSI}_i-\text{MSI}_e \tag{1-8}$$

式中，MSI_i 和 MSI_e 分别表示块（类）内和块之间的依赖强度指标，$\text{MSI}_i=\dfrac{\sum_{i=n_1}^{n_2}\sum_{j=n_1}^{n_2}w_{i,j}}{(n_2-n_1)^2-(n_2-n_1)}$，$\text{MSI}_e=\dfrac{\sum_{i=0}^{n_1}\sum_{j=n_1}^{n_2}(w_{i,j}+w_{j,i})}{2(n_1\times(n_2-n_1))}+\dfrac{\sum_{i=n_2}^{N}\sum_{j=n_1}^{n_2}(w_{i,j}+w_{j,i})}{2((N-n_2)\times(n_2-n_1))}$，$n_1$ 和 n_2 分别表示类内第一个和最后一个元素。

DSM 聚类目标函数随着应用领域的变化而有所不同。例如，基于“最小描述长度”提出一种新的聚类方法，并采用遗传算法对产品 DSM 进行优化。其目标函数为：

$$(1-\alpha-\beta)\left(c\log N+\log N\sum_{i=1}^{n_c}n_i\right)+\alpha[|S_1|(2\log N+1)]+\beta[|S_2|(2\log N+1)] \tag{1-9}$$

式中，α 和 β 表示介于 0 和 1 之间的权重；S_1 和 S_2 分别表示最小描述长度中两种不匹配的类型。

此外，也可以采用基于元素间相似性的谱聚类算法进行聚类分析（详见第 6 章）。

1.6 多领域矩阵 MDM

研发项目是由功能、部件、流程和组织等多个领域相互联系构成的复杂网络，研究复杂研发项目中流程、组织和产品领域的耦合依赖关系，对于深入理解产品研发过程、提高研发项目成功率至关重要。实际中，不同领域架构之间的不一致性是影响研发效率的重要原因。例如，研究发现，团队间恰当且密切的技术沟通可以使其更好地执行项目过程，而以往对沟通的研究主要关注物理距离、组织结构、任务结构和沟通的方式，但忽视了产品架构所决定的设计界面和组织架构所决定的组织界面之间不匹配的问题。

不同领域（流程、组织和产品）中元素（活动、团队和部件）之间有密切的间接依赖关系。例如，设计活动之间的依赖度越高，则执行这些活动的团队之间的依赖度也越高；影响活动之间依赖关系的因素，既包括流程方面的原因（如重叠度和迭代），也包括产品方面的原因（如部件设计参数之间的耦合关系）。尽管研究者们提出了测度单一领域 DSM 中元素之间依赖度的多种方法，但现有的模型却忽略了不同领域中元素的间接影响。传统的项目管理工具对于分析跨领域元素之间的关系具有较大的局限性，例如，责任分配矩阵可描述活动与组织之间的关系，产品分解结构和工作分解结构（Work Breakdown Structure，WBS）也可以显示部件与活动之间的关系，但它们无法量化分析流程、组织和产品三者之间复杂的耦合依赖关系，即产品架构中的部件、流程架构中的活动和组织结构中的团队/人之间是如何相互影响和相互作用的。虽然质量功能展开（Quality Function Deployment，QFD）等方法有助于分析两两领域元素之间的依赖关系，如 QFD 可以反映顾客需求与产品规格之间的映射关系，质量屋的“屋顶”反映了产品属性关系之间的三角映射，但它们对多领域的集成分析仍存在局限性。

为此，学者们针对不同领域之间的映射（mapping）关系展开了研究，构建了域映射矩阵（Domain Mapping Matrix，DMM），如流程域-组织域之间的映射、产品域-组织域之间的映射，以及流程域-产品域的映射等。进一步，在 DSM 法和 DMM 的基础上，建立了多领域矩阵（MDM），以系统分析流程、组织和产品等多领域之间的依赖关系。如图 1-13 所示，若已知领域内元素的关系（如部件之间的关系），以及领域之间元素的关系（如从部件到活动的关系），则可建立产品-流程 MDM 模型，进而推导出活动之间的依赖关系。

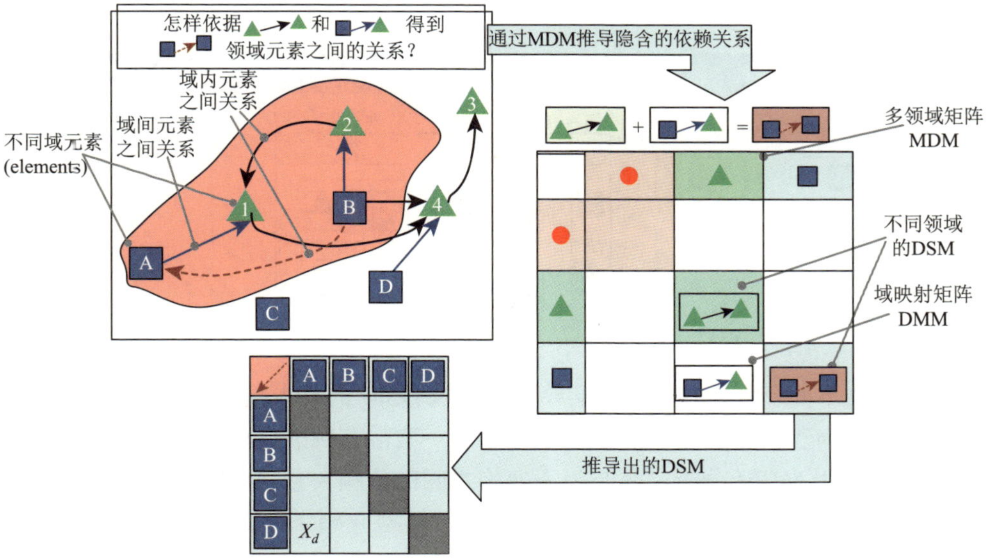

图 1-13　基于 MDM 构建不同领域元素之间依赖关系的原理

采用 MDM 构建不同领域 DSM 的基本原理见表 1-4。其中，Y 为某领域元素之间的 DSM，X 为某领域元素之间的 DSM，G 和 H 分别为不同域和之间映射关系的 DMM，H^{T} 为 H 的转置矩阵。箭头方向表示元素间依赖关系的方向，实线表示已知元素之间的依赖关系，虚线表示需要推导的领域中元素之间的依赖关系。表 1-4 中，由于情景 3 包含的已知条件最丰富，因此由其构建的 DSM 模型更准确。

表 1-4　由 MDM 中的域映射关系构建不同领域 DSM 的模型

序号	领域间元素的关系	MDM 中已知的域关系	构建不同领域 DSM 模型
1	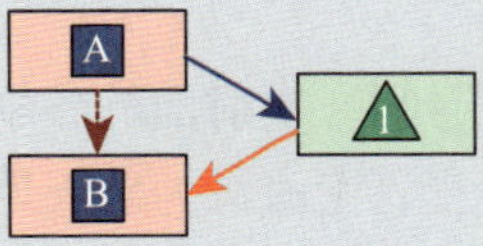	情景 1：已知域映射 G 和 H 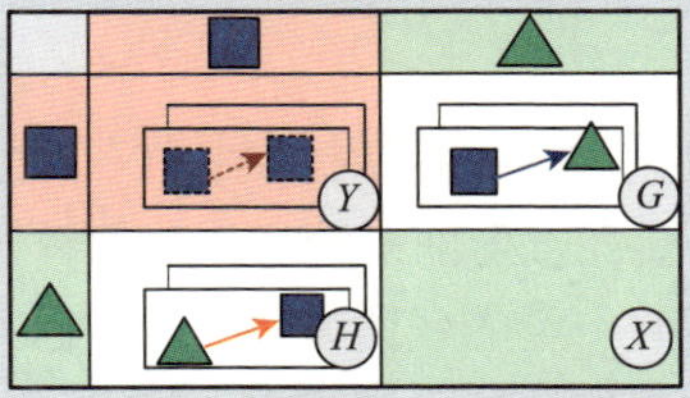	$Y=G \bullet H$ $X=H \bullet G$
2	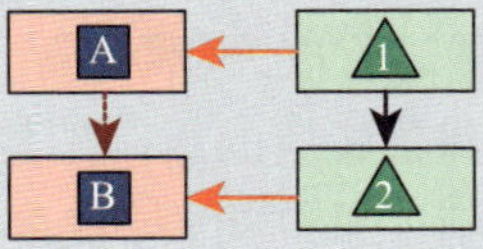	情景 2：已知一个域的 DSM 和域映射 H 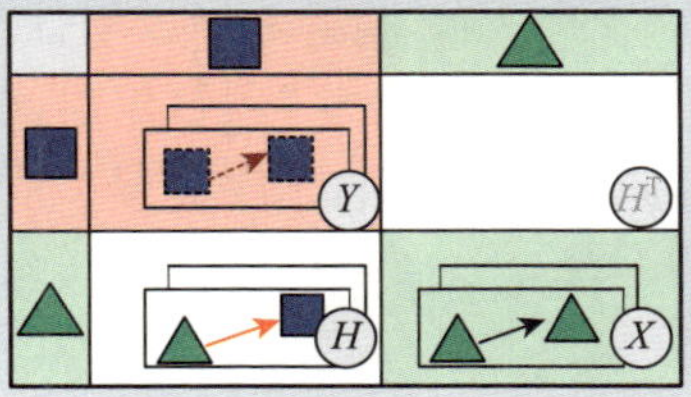	$Y=H^{\mathrm{T}} \bullet X \bullet H$ $X=H \bullet Y \bullet H^{\mathrm{T}}$

续表

序号	领域间元素的关系	MDM 中已知的域关系	构建不同领域 DSM 模型
3	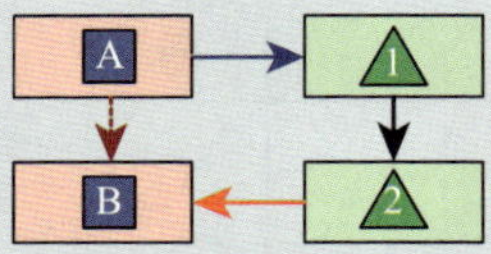	情景 3：已知一个域的 DSM、域映射 H 和 G 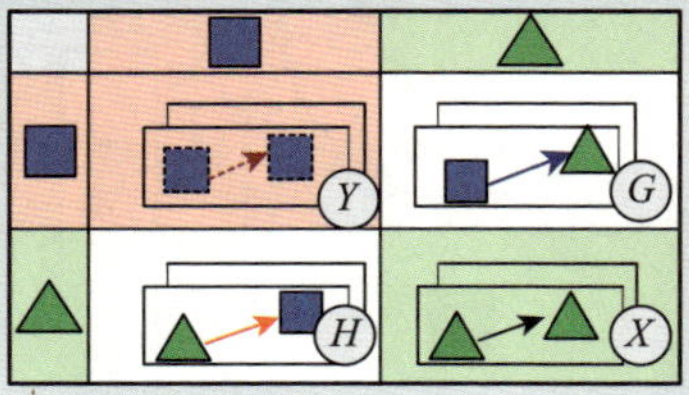	$Y=G\bullet X\bullet H$ $X=H\bullet Y\bullet G$

尽管表 1-4 给出了由 MDM 推导不同领域 DSM 的基本模型和框架，但是，在实际中如何构建具体可操作的量化模型仍是一项富有挑战性的工作。杨青和唐尔玲（2014）采用 MDM 分析产品与流程架构之间的依赖关系，提出了根据产品 DSM 和产品与流程之间的 DMM 推导流程 DSM 的模型。Yassine 等（2013）认为需要对产品、组织、流程这三个领域进行相互关系分析和综合优化，并构建了多领域优化目标函数（MDOF）：

$$\text{Min}\quad \text{MDOF}=\text{PDC}_1+\text{PDC}_2+\text{PDC}_3 \tag{1-10}$$

式中，PDC_1、PDC_2、PDC_3分别表示项目流程、产品和组织领域的成本。

MDM 作为一种分析跨领域之间关系的有效工具，已得到了广泛的应用，如涉及市场、产品、流程和组织的复杂产品开发项目，多项目环境中不确定性的管理，工程设计中的复杂流程及其度量方法，产品开发过程中的知识转移等问题，并拓展到产品创新、企业核心竞争力诊断等领域。

有关 MDM 的相关内容，请见第 7～8 章。

1.7 案例分析

2003 年春，距离某航天器的发射还剩仅仅 3 个月时间，发射前的各项准备工作正在紧锣密鼓地进行，在发射前系统出厂决策评审会上，专家认为航天器中一个重要装置所采用的方案有一定的残留风险，为确保万无一失，专家建议采用可靠性更高的胀环式结构。按照传统的研制流程，该系统的研发至少需 14 个月时间，为在 3 个月内完成新型装置的各项试验，保证发射任务的圆满成功，不带隐患上天，专门成立了“XX 型号某新型装置研发”项目组对该装置进行攻关（杨青等，2006）。

项目组需要优化各研发活动间的顺序关系，同时调整相应的组织架构，以达到缩短项目进度的目的。首先，通过分析，项目组绘制了系统初始状态的流程图（图 1-14）。

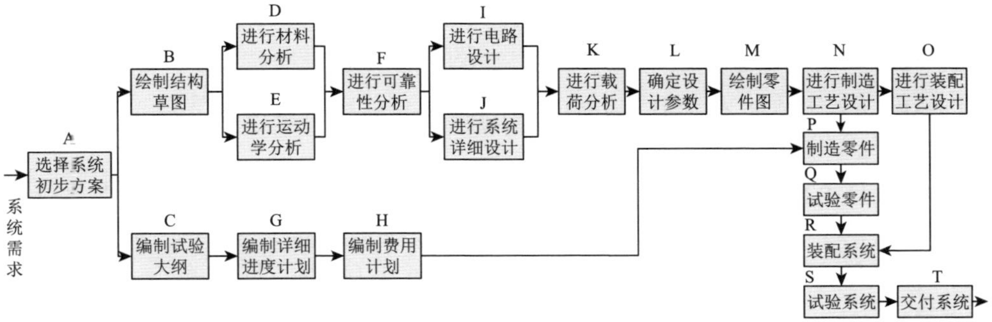

图 1-14　系统初始状态的流程图

为了清晰地描述活动之间的信息传递关系，项目组将图 1-14 中各项活动之间信息的联系标记在 DSM 矩阵中，得到系统初始状态的 DSM 图（图 1-15），该矩阵中信息传递强弱关系分别表示为：●表示强的信息交流，•表示中等强度的信息交流，•表示弱的信息交流。可见，初始流程中存在大量的信息迭代和耦合关系，这大大增加了负责各活动的团队间沟通复杂性，无疑会大幅增加项目的周期和成本。

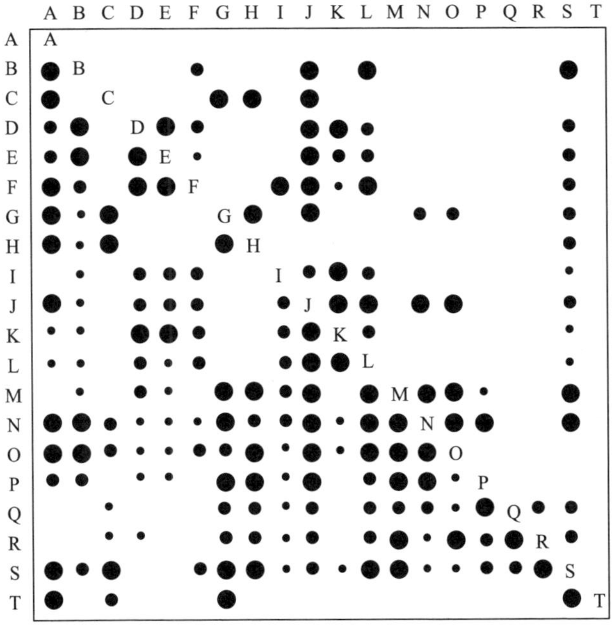

图 1-15　初始状态的流程 DSM

为了对初始状态的流程进行优化，采用基于流程 DSM 的活动“分解”和“集成”方法，我们采用图 1-16 简要说明其原理和步骤。

（1）对于存在简单信息迭代和耦合的两个活动，采取“集成”的方法，使活动间频繁的信息交流控制在“子块”中，以减少信息反馈所经过的路径。例如，图 1-16（a）中活动 A 和 B 之间存在较强的信息前馈和迭代（反馈），因此，在图 1-16（b）中对其进行集成。

（2）对于复杂的信息迭代和耦合的活动，采取“分解”的方法，即将该活动分解为两个子活动，并将较早子活动移到接收信息的活动之前，而最终子活动的位置保存不变，构成下三角形。例如，图 1-16 中，将活动 G 拆分为 G1 和 G2。

（3）若对于两活动，上游活动传递给下游活动的信息少于下游活动反馈给上游活动的信息，应将两活动的次序调换，使活动间信息的传递以前馈为主，反馈为辅，以降低迭代的强度。例如，图 1-16 中 A 和 B 的活动应调换次序。

（4）可采用形成集成“子块”（即“类”）的方式构成 DSM 矩阵中的下三角形，构成“子块”的原则是：类内的活动之间有较强的信息耦合和迭代。如图 1-16 中 J、K 和 L 之间有较密切的信息反复，而 L 对 J 有较强的信息反馈，因此，可将这些活动构成一个“子块”。在集成“子块”时，应将反馈标记尽可能地调整到对角线附近（这种形式的矩阵，被称为块三角结构），即在较小的范围里进行信息的迭代，使“子块”内活动的规模和数量尽可能小。

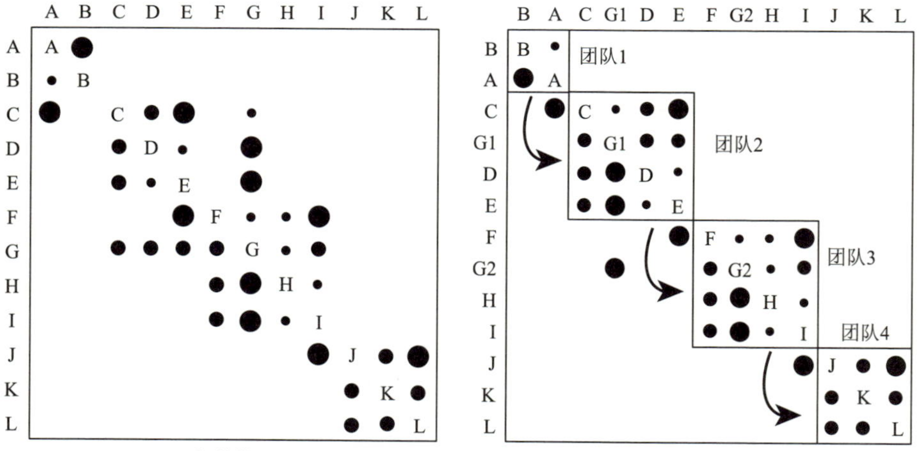

(a) 初始的DSM

(b) 优化后的DSM

图 1-16 DSM 中活动“分解”和“集成”原理示意图

（5）当某活动对上游活动具有较长路径的信息反馈、同时对下游活动也具有较长路径信息前馈时，应将该活动分解为初始和最终两个子活动，分别以该初始子活动和最终子活动为核心，使信息的传递集成为两个主要的“子块”，活动之间信息的迭代主要在“子块”内实现，而“子块”与“子块”之间主要是单向的信息前馈。如图 1-16 中，由于 G 对 D 和 E 有较强的信息反馈，G 对 H 和 I 也有较多的信息联系，而 G 与 E、H 和 I 之间的距离又比较远，可将 G 拆分为初始和最终两个部分，即 G1 和 G2，分别以 G1、C、D 和 E 为类，G2、F、H 和 I 为类形成两个子块。

依据上述原理和步骤，对研发该航天新型装置的初始流程 DSM（图 1-15）进行优化，得到初步优化后的流程 DSM（图 1-17）。主要的优化次序为：①由于 K 对 I 和 J 有较强的信息输入，而 D 和 E 对 K 有较强的信息输入，因此，将 K 前移到 D 和 E 的后面，I 和 J 的前面；②由于 I 和 J 反馈给 F 的信息强于 F 输入给 I 和 J 的信息，因此，将 F 移到 J 和 I 之后；③由于 N 和 O 对 J 之间有较强的信息反馈，而 N 对下游工作 O 和 P 有较强的信息传递，O 对下游工作 R 有较强的信息传递，所以，将 N、O 拆分为两个子部分，并将初始子部分 O1 和 N1 移到 J 之前；④由于 G 与 C、H 之间以及 N、O 之间均有较强的信息联系，因此，将 G 拆分为 G1 和 G2 两部分；⑤由于 G、H 向 M、N 有较多的信息输出，因此，将活动 G1、H 的紧后工作直接指向 M 而非 P。

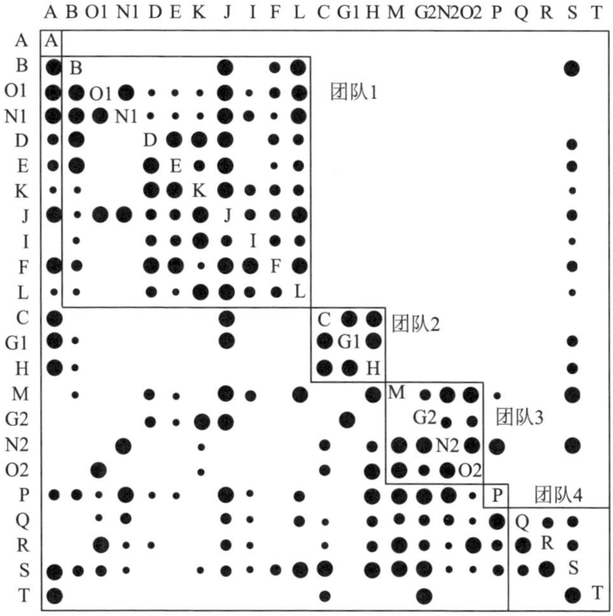

图 1-17　优化后的流程 DSM

由图 1-17 所示的流程 DSM，可以得到相应的流程图如图 1-18 所示。

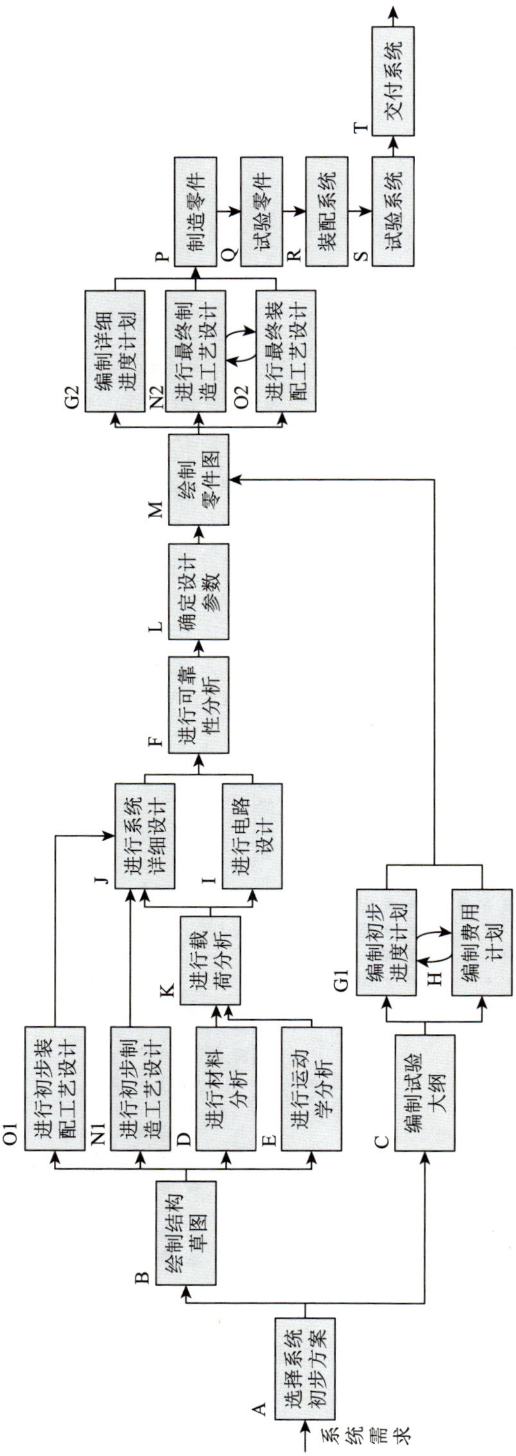

图 1-18　系统初步优化后的流程图

进一步，分析初步优化后的流程 DSM 和流程图，依据“类内依赖最大，类间依赖最小”原则，将流程进行模块化设计，并据此可建立与 4 个模块相对应的 4 个集成化项目团队，即初始集成设计、项目集成管理、最终集成设计以及集成装配和试验团队，由此得到系统最终优化后的流程 DSM 和相应的价值流图（图 1-19）。图 1-19 中列出了各集成活动的工期（ET）、产生价值核心的时间（CT）和成本（C）（杨青等，2006）。

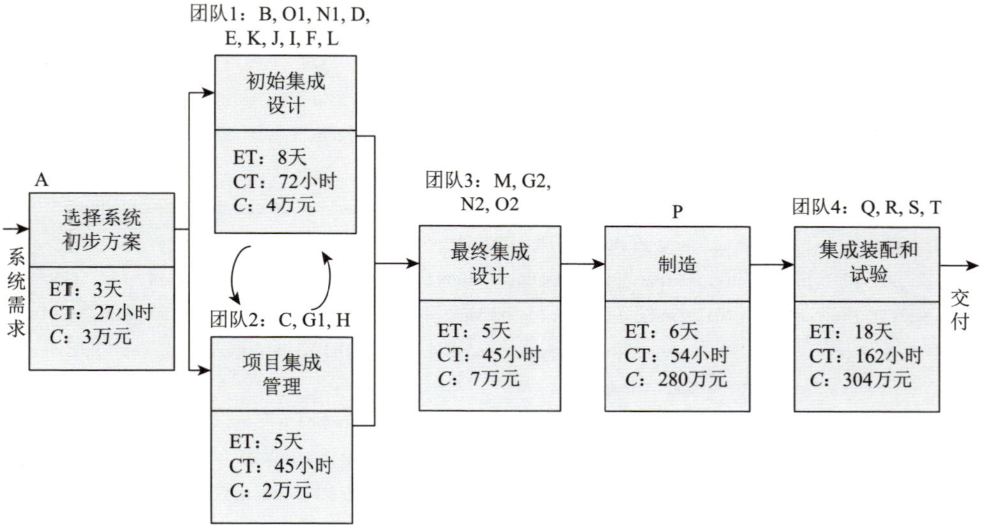

图 1-19　系统最终优化后的价值流图

由上述分析可知，在确定了高效、合理研发流程的基础上，进一步明确了集成的组织设计安排。采用该流程和组织架构，项目团队仅用 40 天就完成了该项目，研制总成本也从初始预算 900 万元降到了 600 万元，使工期缩短 90%，成本降低 33%，圆满完成了该系统的研制。可见，以 DSM 为工具对研发流程进行优化，可有效地指导项目活动的重新排序，这不仅可以降低活动之间信息传递的反复，还能根据模块化活动建立集成的研发团队，以达到缩短周期、降低费用的目的。

1.8　总结

DSM 是对复杂研发项目进行建模分析和优化的有效工具，它有助于展示复杂系统中元素间的关系。基于 DSM 和 MDM 法，本章分别围绕流程、组织和产品三个领域及多领域问题，对复杂产品研发项目系统架构的建模与优化相关研究进行了系统的分析和总结。

参考文献

[美]皮尔 T. 乌利齐（Karl T. Ulrich），史蒂文 D. 埃平格（Steven D. Eppinger）. 2018. 产品设计与开发（原书第6版）. 杨青，杨娜，等译. 北京：机械工业出版社.

钱学森. 1998. 论系统工程[M]. 湖南：湖南人民出版社.

杨青，吕佳芮，索尼亚. 2016. 基于设计结构矩阵（DSM）的复杂研发项目建模与优化研究进展[J]. 系统工程理论与实践，36（4）：989-1002.

杨青，邱菀华，张静. 2006. 项目精益价值管理及价值流分析方法研究[J]. 科学学研究，24（2）：249-255.

杨青，唐尔玲. 2014. 研发项目产品与流程架构的跨领域集成与优化[J]. 系统工程理论与实践，34（6）：1525-1532.

杨善林. 2012. 复杂产品开发工程管理理论与方法[M]. 北京：科学出版社.

Alexander C. 1964. Notes on the Synthesis of Form[M]. Cambridge，MA：Harvard University Press.

Borjesson F，Hölttä-Otto K. 2014. A module generation algorithm for product architecture based on component interactions and strategic drivers[J]. Research in Engineering Design，25（1）：31-51.

Browning T R. 2016. Design structure matrix extensions and innovations：a survey and new opportunities[J]. IEEE Transactions on Engineering Management，63（1）：27-52.

Eppinger S D. 2001. Innovation at the speed of information[J]. Harvard Business Review，79（1）：149-158，178.

Eppinger S D，Browning T R. 2012. Design Structure Matrix Methods and Applications[M]. Cambridge，MA：MIT Press.

Gebala D A，Eppinger S D. 1991. Methods for analyzing design procedures[R].Miami：the ASME Third International Conference on Design Theory and Methodology.

Kratzer J，Leenders R T A J，van Engelen J M L. 2009. A social network perspective on the management of product development programs[J]. The Journal of High Technology Management Research，20（2）：169-181.

Qian X S. 1998. The Theory of System Engineering[M]. Hunan：Hunan People's Publishing Press.

Sosa M E，Eppinger S D，Rowles C M. 2003. Identifying modular and integrative systems and their impact on design team interactions [J]. Journal of Mechanical Design，125（2）：240-252.

Sosa M E，Eppinger S D，Rowles C M. 2004. The misalignment of product architecture and organizational structure in complex product development project[J]. Management Science，50（12）：1674-1689.

Steward D V. 1981. The design structure system：a method for managing the design of complex systems [J]. IEEE Transactions on Engineering Management，28（3）：71-74.

Thebeau R E. 2001. Knowledge management of system interfaces and interactions for product development process[D]. Cambridge，MA：Massachusetts Institute of Technology.

Whitfield R I，Smith J S，Duffy A H B. 2002. Identifying component modules[C]. Cambridge ：the Seventh International Conference on Artificial Intelligence in Design.

Yang Q，Yang N，Browning T R，et al. 2019. Clustering product development project organization from the perspective of social network analysis[J]. IEEE Transactions on Engineering Management，DOI：10.1109/TEM.2019.2939398.

Yang Q，Zhang X F，Yao T. 2012. An overlapping-based process model for managing schedule and cost risk in product development[J]. Concurrent Engineering：Research and Applications，20（1）：3-17.

Yassine A A，Chidiac R H，Osman I H. 2013. Simultaneous optimization of products，processes，and people in development projects [J]. Journal of Engineering Design，24（4）：272-292.

第 2 章

采用流程 DSM 分析研发项目中的迭代与返工

2.1 引言

复杂项目（尤其是研发项目）中存在大量的信息传递过程，它们构成了项目的价值流，研发项目管理过程实际上是通过不断优化各设计活动间信息流的传递过程，使最终交付物满足顾客的需求。

研发过程实质上就是工序之间信息流传递过程，信息流是产品开发的生命线。研发活动之间的信息交流包括由上游工序向下游工序的信息前馈，也包括下游工序向上游工序的信息反馈（即迭代）。在敏捷产品开发和并行工程中，存在大量的信息反馈。例如，当一家电子公司的电路设计师知道产品外壳设计师正在做什么的时候，他们就能设计出与外壳更相匹配的电路；而当外壳设计师了解到电路设计师的需求后，他们就会设计出更容易放置合适电路的外壳。这种信息的交互可以促进创新，因此许多公司鼓励在产品开发过程中的信息反馈和迭代，并行工程方法常常会导致较多的迭代和反馈。产品开发需要的是创新，而创新需要复杂的学习（反馈）循环。我们一边要从后面的任务中学习，一边要重新完成先前的任务。这种互相依赖、信息流互相作用的两个任务称为耦合任务（coupled tasks）。正是这种迭代所产生的信息可以帮助研发人员发现更多产品创新的机会，有利于提高产品的质量和顾客满意度。

但是，项目中过多的信息流中迭代也会产生负面影响：①信息的迭代通常会导致返工，浪费时间和资源；②许多迭代也许只能带来微乎其微的好处；③使设计人员在设计初期阶段产生马虎的想法，因为他们知道反正以后还要进行大量的返工。因此，如何清晰地描述项目中的信息流，重视有效的迭代、减少无效的迭代，对于研发项目尤为重要。

通常，人们对研发过程中无效的信息迭代缺乏足够重视的主要原因包含以下两方面。

1. 人们的习惯认识

项目研发过程中各种因果关系的确定非常复杂，人们习惯认为研发过程是一个不断提炼、不断改进的过程，而不认为是无效的迭代。实际上，当不同设计活动的研发人员相互交流来更新信息时，迭代正在发生，其中，非常短暂的、不会导致返工的迭代可不用考虑，项目管理人员应关注会导致大量返工的迭代，尤其是当返工所涉及的范围广、持续时间长时。在新产品开发中，迭代和返工是主要的浪费形式，为实现精益的产品开发，应消除非必要的迭代和返工（杨青等，2006；杨青和邱菀华，2007）。

2. 传统的项目管理工具无法对迭代进行有效的分析

通常，甘特图和网络计划技术只能反映活动之间的顺序逻辑关系（前馈关系），不能反映复杂研发项目中活动之间信息的反馈、迭代和交互作用，更不能反映信息反馈的强弱及发生的概率等信息。

对于有较多信息迭代的研发项目来说，DSM 法弥补了传统工具的不足，它采用简洁的方式描述复杂的流程，能更好地描述产品开发流程中的关键动态特性。流程 DSM 作为一种描述活动间信息传递的可视化工具，能够优化项目中活动排序、改善信息传递、减少返工，从而达到缩短研发周期、降低研发成本的目的，它是敏捷和精益研发的重要工具。

2.2 采用流程 DSM 描述迭代与流程优化

2.2.1 DSM 描述信息流

研发过程实际上就是信息的传递过程，即一个设计活动信息的输出是另一个设计活动信息的输入，通过信息传递不断完善设计以满足顾客的要求。

按照信息的流向，产品研发过程中信息流可分为两类：一种是与现有活动排序方向一致的顺序流动，即上游工作信息的输出是下游工作信息的输入（前馈）；另一种是与现有活动排序相反的逆向流动，即下游工作的信息输出要反馈给上游工作，上游工作接收下游的工作后，重新开展其工作并产生新的输出，这种信息的逆向流动称为迭代（iteration）（Oh and Hong，2020；Parraguez et al.，2021）。

在新产品开发过程中，人们往往对迭代现象的原因认识不足。在研发项目的计划和控制中采用可视化的结构化方法描述、分析迭代是十分必要的。在复杂系统设计中迭代是不可避免的，而且它是产生成本和进度风险的首要因素。因此，必须对迭代加以识别和管理（Yin et al.，2019；Nasr et al.，2016）。

流程 DSM 是一种采用矩阵描述项目中活动之间信息传递的方法，它是一种简单的、可视化的用于复杂系统分解和集成的工具，它可改善信息流、优化任务排序并减少返工。

基于活动的 DSM 矩阵（流程 DSM）包含了所有活动要素的列表，以及相应的信息交流模式。也就是说，它显示出开展某活动需要哪些信息输入，同时该活动产生的信息输出将流向哪里。基于活动的 DSM 矩阵反映出所有系统要素，以及相应的信息交流模式和信息流的先后次序。

系统元素间的关系有三种基本结构：平行（或并行）关系；依赖（或顺序）关系；耦合（或相互依赖）关系。如图 2-1 所示为二元型 DSM，“●”或“×”标记表示项目中从某活动流向另一活动的信息流是否存在及其方向（更一般地说，是一种依赖关系）。在平行关系结构中，系统元素之间没有信息交流。在依赖关系结构中，一种元素影响着另一元素的行为。而在相互依赖关系结构中，信息流是缠绕在一起的：元素 A 影响着 B，同时元素 B 又影响着 A。

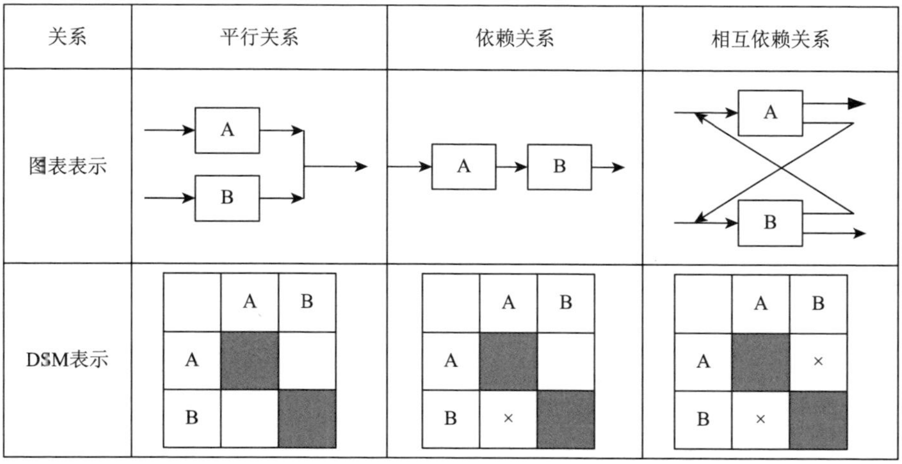

图 2-1　活动之间三种基本关系及 DSM 描述

设计结构矩阵是一种正方形的矩阵。系统元素用相关的字母或数字并以相同的顺序列在矩阵的左侧（一行一个）和上侧（一列一个）。如图 2-2 中，项目由一组从 A 到 G 顺序进行的活动组成。其中，活动 A 与 B 之间没有信息交流，属于平行（即同步）关系；B 将信息传递给 C，属于依赖（即顺序）关系；F 与 G 相互传递信息，活动之间的信息流存在前馈和反馈，属于相互依赖（即耦合）关系。

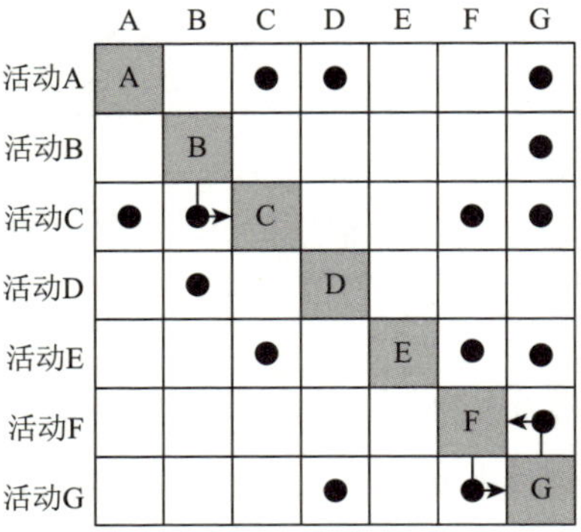

图 2-2 二元型流程 DSM 示意图

DSM 矩阵中，某活动所在行的标记显示开展该活动所需输入的信息流，某活动所在列的标记表明该活动输出的信息流。DSM 能清楚地显示哪些信息交流会涉及设计迭代，本章迭代指的是根据产品开发过程中新出现的信息对前面完成的任务进行返工，以使最后的结果更加完善。

如图 2-2 中，请注意矩阵的对角线，若“●”标记在对角线的下方，则表示一种信息流的前向传递，即信息依据活动排序向后续工作传递，来自前面任务的信息可以被后面的任务所利用，如 B 将提供信息给 C、D；若“●”标记在对角线的上方，则表示信息反馈，即信息由后续工作向前向工作传递，后期任务中所产生的信息可能会导致对先前任务的返工。反馈的存在意味着：当处于信息流下游的活动所产生的新信息到达时，上游已完成的活动不得不重新返工。C 的完成，有赖于来自 F、G 反馈的信息，而任务 G 的执行远在任务 C 之后；执行任务 C 时如果对任务 G 的信息猜测不正确，这一开发流程就不得不重新从任务 C 开始，介于 C 和 G 之间的任务也要返工，以反映任务 C 输出信息的变化。为了改善这种不合理的过程，DSM 方法的首要目标是，通过对矩阵元素的操作，使系统消除或者最小化返工行为（矩阵中的反馈信息）。

基于活动的 DSM 提供了一个简洁的可视化表格，用来更好地理解和分析信息需求、返工等问题。因为基于活动的 DSM 是基于时间的，所以它对于在研发过程中突出返工（反馈）和相互依赖的活动而言特别有用，这种特性是计划评审技术及关键路径法无法比拟的。一个基于活动的 DSM 首先描述活动间的输入输出关系，显示基于必要信息流的一个过程的依赖结构。接着，流程的重排使得 DSM 能体现改进的过程结构，以使信息在恰当的时间产生，且非正常的返工降低到最小。

2.2.2 流程 DSM 建模的主要过程

DSM 方法成功与否取决于系统是否被适当地分解（即分解的“颗粒度”），以及所收集、测度活动关系的精确性。因此，在明确了系统元素之后对系统仔细地分解非常重要。为此，项目经理可以收集来自不同职能团队专家的意见，由他们列出系统所包含的元素以及这些元素之间的交互关系。

DSM 建模主要过程如下。

1. 定义系统及其范围

DSM 是一种用于研究复杂系统的工具，系统中通常包含很多交互作用的元素，因此，定义系统的边界是很重要的，以便于确定研究的范围。

2. 列出系统的所有元素

在最初阶段，系统元素可以根据现有的项目计划或设计文档来识别和确定。但是，在进一步定义系统元素的过程中，通常需要对以前定义的系统元素进行修改。

3. 研究系统元素之间的信息流

在查阅设计文档的同时，还可以通过访谈从事某项特定产品开发的有经验的工程师来创建 DSM。同专家交流与阅读文档同样重要，因为并不是所有重要的知识都能很容易地从文档中获取。一方面，在工程师的头脑中存在着大量的信息没有被记录下来。另一方面，不同的工程师对于信息之间的关系，以及关系的重要度都有不同的看法。造成这种不同的原因有以下两个。

（1）交互作用不是直接的。由于活动间的交互作用有的时候不是直接的，专家们可能对活动之间的关系做出错误的认定。访谈者需要用文档记录交互作用的全部内容，找出其中的间接关系，从而进一步地理解系统，并找出信息流的本质。

（2）由于不同工程师的工作经验不同，他们对问题的看法也会不同。在这种情况下，流程分析人员就应该具备一定的系统观点，可以与不同的工程师访谈不同的观点，甚至要多次地交流，直到大家都达成共识。

由于以上的两个原因，与不同的工程师进行面对面的交谈，从而确定活动的交互关系是非常重要的。DSM 是通过分析研发项目从而对其进行优化的一种工具，因此，数据的准确性是非常重要的。

4. 建立表示信息流的矩阵并确定适当的度量方法

二元型 DSM 可以表示最基本的依赖关系，即“有”或“无”关系。为了能够更好地理解系统，可建立[0, 1]之间的数值型 DSM（见 2.3 节），从而详细地分析和准确地理解系统。

5. 工程师和项目管理者对 DSM 矩阵进行使用和评价

DSM 研究的目标之一就是要辅助项目经理和工程师加深对研发过程的理解，并对研发过程进行有效的管理。因此，建好的 DSM 矩阵需要被工程师和项目管理者使用并评价。

2.2.3 二元型 DSM 优化流程的基本步骤

基于活动的 DSM 优化目标是通过对 DSM 行与列进行操作（重新排序），使新的 DSM 排列中不含任何反馈标记，即将 DSM 变形为一个下三角形。然而，对于一个复杂的工程系统来说，经过简单的行列操作转化为下三角形式，几乎是不可能的。因此，流程 DSM 优化的目标通常是将反馈标记尽可能地移动到对角线附近（这种形式的矩阵称为块三角形，block triangular），这样，迭代循环中将包含较少的活动（即流程 DSM 中的元素），从而加快研发过程。

DSM 优化价值流的基本步骤如下。

步骤 1 找出不需要矩阵其他元素的输入就可进行的系统元素（活动）。这一类元素对应于矩阵中没有标记的空行。将这些元素移到 DSM 的顶端。每次移动一个元素，且需将其行列及相关标记一起移动。移动结束，再对矩阵其他元素重复进行步骤 1，直到再无这样的元素（活动）。

步骤 2 找出不向矩阵中其他元素输出任何信息的系统元素（活动）。这一类元素对应于矩阵中没有标记的空列。将这些元素移到 DSM 的底端。每次移动一个元素，且需将其行列及相关标记一起移动。移动结束，再对矩阵其他元素重复进行步骤 2，直到再无这样的元素（活动）。

步骤 3 如果经过步骤 1、步骤 2，DSM 中再无未调整的元素（活动），则矩阵已经达到最优化；否则，剩余的元素必定包含信息循环（至少一个）。

步骤 4 找出信息循环，使用“路径搜索”方法。在该方法中，从某一任务开始，向前或向后跟踪信息流，直到第二次追溯到同一个任务，这之间的所有任务构成一个信息流循环。

步骤 5 将简单循环中的元素合并起来，并用另一代表元素代替，并重新开始步骤 1 的操作。

下面结合一个简单的例子对上述过程进行说明。活动之间信息流的关系如图 2-3 所示。

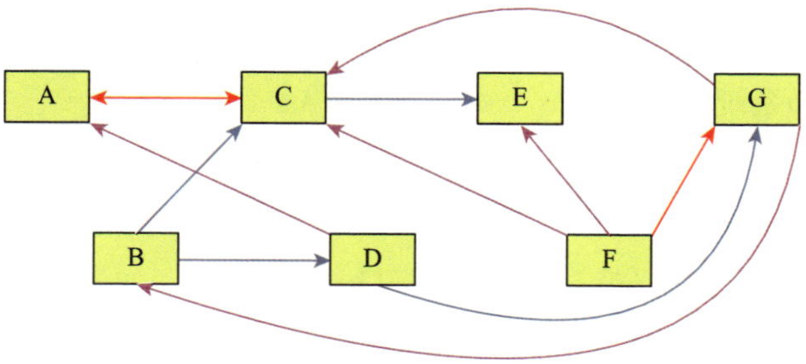

图 2-3 活动之间的信息流

过程（a）　由图 2-3 得到初始的 DSM 排列如图 2-4 所示。绘制 DSM 的第一步是按照当前的执行顺序列出所有任务，将它们在水平和垂直方向上以同样的次序排列，构成一个由行和列组成的矩阵。然后在对应每项任务的每一行中，标记出为它提供必要信息的其他任务。

过程（b）　进行步骤 1，找到活动 F，它不依赖于任何其他活动的信息输入。如图 2-5 所示，活动 F 所在行为无标记的空行。将活动 F 置于矩阵最前端。接着对其他活动进行考察（活动 F 已达到优化，就不予考虑了，用阴影标出）。图 2-5 中，无其他活动符合步骤 1 的要求，遂转入步骤 2。

(a)	A	B	C	D	E	F	G
A	A		×	×			
B		B					×
C	×	×	C			×	×
D		×		D			
E			×		E	×	
F						F	
G				×		×	G

图 2-4　过程（a）

(b)	A	B	C	D	E	F	G
A	A		×	×			
B		B					×
C	×	×	C			×	×
D		×		D			
E			×		E	×	
F						F	
G				×		×	G

图 2-5　过程（b）

过程（c）　进行步骤 2，找到活动 E，它不向矩阵中任何其他活动输出信息。如图 2-6 中所示，活动 E 所在列为无标记的空列。将活动 E 置于矩阵最后端。接着对其他活动进行考察（活动 E 已达到优化，就不予考虑了，用阴影标出）。图中，无其他活动符合步骤 2 的要求，遂转入步骤 3。

过程（d）　进行步骤 3，发现此时矩阵中还有未调整的活动（图 2-7）。则可判断，必然存在循环。进入步骤 4。此时，任选一未调整的活动，如活动 A。追溯 A 的信息来源，发现它依赖于活动 C 的输入（活动 A 所在行与活动 C 所在列的交叉点有一个“×”标记，表明活动 C 对活动 A 有信息输入）；而同时，活动 C 也依赖活动 A 的输入（活动 C 所在行与活动 A 所在列的交叉点有一个“×”标记，表明活动 A 对活动 C 有信息输入）。因此，活动 A 和活动 C 构成一个信息循环。转入步骤 5，将活动 A 与活动 C 合并，作为一个简单的复合活动来对待，用活动 CA 来标记。此时矩阵中尚未调整的活动有 CA、B、D、G。

过程（e）　重新开始步骤 1、步骤 2，找到活动 CA 所在列为无标记的空列（图 2-8）。将活动 CA 移至当前矩阵的底端。接着对其他活动进行考察（活动 CA 已达到优化，就不予考虑了，用阴影标出）。

(c)	F	A	B	C	D	E	G
F	F						
A		A		×	×		
B			B				×
C	×	×	×	C			×
D			×		D		
E	×			×		E	
G	×				×		G

图 2-6　过程（c）

(d)	F	A	B	C	D	G	E
F	F						
A		A		×	×		
B			B			×	
C	×	×	×	C		×	
D			×		D		
G	×				×	G	
E	×			×			E

图 2-7　过程（d）

过程（f）　转入步骤 3，此时尚有活动 B、D、G 未作调整。转入步骤 4。任取活动 B，追溯其信息来源，得出活动 B 依赖于活动 G 的输入，而活动 G 又依赖于活动 D 的输入，同时活动 D 又依赖于活动 B 的输入。因此，B、D、G 又构成了一个信息循环。转入步骤 5，此时将 B、D、G 合并，看成一个简单的复合活动。此时所有活动都得到了调整，优化过程结束（图 2-9）。

(e)	F	CA	B	D	G	E
F	F					
CA	×	CA	×	×	×	
B			B		×	
D			×	D		
G	×			×	G	
E	×	×				E

图 2-8　过程（e）

(f)	F	B	D	G	CA	E
F	F					
B		B		×		
D		×	D			
G	×		×	G		
CA	×	×	×	×	CA	
E	×				×	E

图 2-9　过程（f）

过程（g）　将合并的复合活动拆开表示，可得到最终的优化矩阵（图 2-10）。此处将活动 C 置于活动 A 之前，目的是使信息交流（即“×”标记）更靠近对角线处，尽可能减少信息交流。

由上可见，流程 DSM 方法表达的活动关联形式具有丰富的内涵。

（1）字母 A、B 表示与产品部件相关的设计活动及其顺序。

（2）标记表示活动之间的信息交流及其方向。如在某活动对应的行与某一活动有信息反馈，则将其标识为“ × ”或“●”，表示该行对应的活动需要相应列的信息输入；类似，对于某一列有标识，表示其对其他活动的信息输出。

(g)	F	B	D	G	C	A	E
F	F						
B		B		×			
D		×	D				
G	×		×	G			
C	×	×		×	C	×	
A			×		×	A	
E	×				×		E

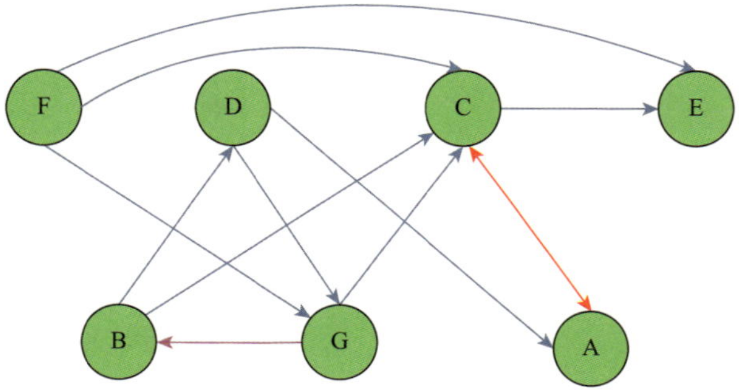

图 2-10　优化后的 DSM 及相应的网络计划图

（3）对角线以下的标记表示前馈信息；对角线以上的信息标识表示反馈信息。

（4）显然下三角的设计结构矩阵为理想的设计规划矩阵，意味着采用串行的开发方式而没有反馈信息，这是一种追求的理想状态。

（5）对矩阵进行变换处理，首先尽可能减少反馈带来的设计重复，其次，在不可避免的情况下，尽量将反馈信息与相应的活动接近，从而实现优化。

图 2-11 和图 2-12 是某飞行器设计改进前后的设计流程。通过对图中行和列的重新排序，DSM 基本形成了下三角形，研发过程中的信息反馈大为减少。

	A	B	C	D	E	F	G	H	I
设备需求 A	A	●							●
初始概念设计 B	●	B							●
动力学分析 C	●	●	C		●	●			
稳定性与控制分析 D	●		●	D	●	●			
推进分析 E	●	●			E		●		
重力分析 F	●					F	●		
机械与电力分析 G	●		●		●		G		
性能分析 H	●		●		●	●		H	
评定概念 I	●	●	●	●	●	●	●	●	I

图 2-11　初始的飞行器设计流程

	A	B	E	C	G	F	D	H	I
设备需求 A	A	●							●
初始概念设计 B	●	B							●
推进分析 E	●	●	E		●				
动力学分析 C	●	●	●	C		●			
机械与电力分析 G	●		●	●	G				
重力分析 F	●				●	F			
稳定性与控制分析 D	●		●	●		●	D		
性能分析 H	●		●	●		●		H	
评定概念 I	●	●	●	●	●	●	●	●	I

图 2-12　优化后的飞行器设计流程

流程 DSM 的分解法与组织和产品 DSM 所用的聚类法有所不同，后者找出沿着对角线的块就可以（聚类），是否上三角形或下三角形则不重要。在基于活动的 DSM 中，调整活动排序，使迭代范围和持续时间最小化可以提高并行工程的效率。通常，将下游的活动整合到早期的设计阶段，活动间的耦合性没有转变，但是，耦合所导致的返工只在一小部分活动的范围内发生。

2.3　采用数值型流程 DSM 描述返工风险

2.3.1　DSM 矩阵描述信息传递的不确定性

如图 2-2 中，二元型 DSM 矩阵常采用信息传递标记“●”或“×”代替图中的数值，其含义为：下对角线（sub-diagonal）的标记表示上游活动完成后信息传递给下游活动，如 B 完成之后信息传递给 C；上对角线（super-diagonal）的标记表示下游活动完成后信息反馈给上游活动，如 C 完成后信息反馈给上游活动 A，导致 A 返工。传统 DSM 矩阵采用确定性的方式描述活动之间的依赖关系，即要么肯定存在返工、要么肯定不存在返工。

但是，实际上活动之间的依赖关系常常存在不确定性。一方面，活动返工情况的发生具有不确定性，某活动完工后信息迭代给上游活动，可能导致上游活动发生返工，也可能不会发生返工，即返工以概率的形式存在；另一方面，若返工发生，返工的工作量也具有不确定性，有可能导致完全返工，也有可能仅使其部分工作发生返工，返工的影响强度为 0 到 100%之间的数值。因此，使用 0 和 1 之间的数表示 DSM 活动之间不确定的耦合关系更符合实际情况。

项目管理中，风险（R）指损失发生的不稳定性，它由不确定性事件发生的概率（P）与其导致的影响（I）所决定，即某事件的风险 $R = P \times I$。

为此，本章采用数值型 DSM 表述返工概率矩阵和返工影响强度矩阵，并以此量化返工风险、构建 DSM 优化目标函数（杨青和吕杰峰，2010）。

2.3.2　DSM 返工风险评价矩阵

产品设计过程中信息流的方向可分为两类：一种是与现有活动排序方向一致的顺序流动，即上游活动信息的输出是下游活动信息的输入；另一种是与现有活动排序相反的逆向流动，即下游活动的结果要反馈给上游活动，重新开展上游活动并产生新的输出，这种信息的逆向流动称为迭代。产品开发流程中的迭代可分为正常的迭代和非正常的迭代两种：正常的迭代是指设计过程包含相互关联的活动来改进设计，耦合成一个理想的结果，在产品设计阶段可以起到完善产品设计的作用；非正常的迭代是由一些无法预料的原因引起的迭代，它是引起项目费用超标、进度延迟的重要因素，并与项目风险密切相关（Browning and Eppinger，2002）。在实际产品开发中，不良的活动排序、设计活动中的错误、信息的变更、用户需求或设计目标不明确、资源的不匹配是非正常迭代发生的主要原因。

返工概率是指下游活动完工后引起其上游活动发生返工的概率。返工概率在现实中是客观存在的，下游活动完成以后可能导致其上游活动发生返工，也可能不会发生返工。如果不考虑返工概率的影响，即认为只要存在反馈标记就一定会引起返工，这其实是与实际的情况相矛盾的，优化结果也会出现偏差，因此，可以建立数值型的返工概率（Rework Probability，RP）矩阵来描述返工发生的不确定性。此外，上游活动发生返工时，一般情况下，仅部分工作需要返工，但有时却需要完全返工；而且，由于不同的设计活动的工作量不同，返工发生时需要耗费的工作量也不同，因此，返工的工作量具有不确定性。为了避免量纲的影响，可以定义“返工影响强度”（Rework Impact，RI）为返工的工作量占该活动工作量的百分比，统一用 0 和 1 之间的数值来表示。返工影响强度与工作量的乘积即为返工所需的工作量。

1. 返工概率矩阵

该 DSM 矩阵描述返工发生的概率。非对角线元素 $\mathrm{RP}(i, j)$的值表示返工的概率。上对角线元素的数值表示迭代的概率（一次返工），下对角线元素表示由上游活动而引起二次返工的概率。如图 2-13（a）所示，上对角线的元素 $\mathrm{RP}(1, 3) = 0.5$ 表示活动 C 完工后导致 A 返工的概率为 0.5，下对角线元素 $\mathrm{RP}(8, 4) = 0.3$ 表示活动 D 返工完成后，它导致 H 活动返工概率为 0.3。

	A	B	C	D	E	F	G	H	I	J	K	L
A	A		0.5									
B		B										
C		0.2	C									
D				D	0.6	0.7						0.8
E					E	0.5		0.4			0.7	
F		0.3				F						0.5
G		0.3					G				0.8	
H	0.2			0.3				H	0.5		0.6	
I			0.2			0.4			I	0.5		
J		0.2	0.3			0.2				J	0.6	0.8
K		0.3	0.2								K	
L	0.4								0.2	0.3	0.4	L

(a) RP矩阵

	A	B	C	D	E	F	G	H	I	J	K	L
A	A		0.6									
B		B										
C		0.4	C									
D				D	0.5	0.8						0.6
E					E	0.3		0.5			0.8	
F		0.7				F						0.6
G		0.3					G				0.8	
H	0.7			0.5				H	0.6		0.5	
I			0.5			0.8			I	0.4		
J		0.4	0.2			0.7				J	0.5	0.3
K		0.3	0.5								K	
L	0.8								0.4	0.5	0.5	L

(b) RI矩阵

图 2-13　DSM 返工概率矩阵（a）和返工影响强度矩阵（b）

2. 返工影响强度矩阵

某活动导致另一活动发生返工时，可以用 DSM 矩阵 $RI_{n\times n}$ 来描述返工造成的影响。$RI(i,j)$ 表示活动 j 导致 i 返工时，活动 i 的返工量占其初始工作量的百分比，它反映了各迭代对活动的影响程度。如图 2-13（b）所示，$RI(1,3)=0.6$ 表示活动 C 的信息迭代给 A 活动，导致活动 A 的返工量占其总工作量的 60%。

2.4　基于返工风险的流程 DSM 优化与仿真

2.4.1　建立基于返工风险的 DSM 优化目标函数

由上述返工概率矩阵和返工影响矩阵建立 DSM 优化目标函数，目标函数称为总协调成本（Total Coordination Cost，TCC），可表示为（杨青和吕杰峰，2010；杨青等，2012）：

$$TCC=\omega_{NC}\times NC+\omega_{RCC}\times RCC+\omega_{RCT}\times RCT \tag{2-1}$$

式中，NC 表示由反馈个数和反馈距离所引起的协调成本；RCC（Rework Coordination Cost）表示返工协调成本；RCT（Rework Coordination Time）表示返工协调时间；ω_{NC}、ω_{RCC}、ω_{RCT} 分别表示 NC、RCC 和 RCT 的权重系数；ω_{NC}、ω_{RCC} 和 ω_{RCT} 的取值范围均为 0～1，且满足 $\omega_{NC}+\omega_{RCC}+\omega_{RCT}=1$。

与传统的 DSM 优化目标函数类似，NC 表达式为：

$$NC=\omega_n\times\sum_{i=1}^{n}\sum_{j=i+1}^{n}DSM(i,j)+\omega_{ij}\times\sum_{i=1}^{n}\sum_{j=i+1}^{n}(DSM(i,j)\times(j-i)) \tag{2-2}$$

式中，ω_n 和 ω_{ij} 表示反馈个数和反馈距离的权重系数，满足 $\omega_n+\omega_{ij}=1$；$(j-i)$ 表示 DSM 矩阵中第 i 行、第 j 列的活动到对角线的距离；$\mathrm{DSM}(i,j)$ 表示活动 i 和 j 之间交互作用的值（取值为 0 或 1）；n 表示活动总数。

返工协调成本 RCC 计算公式为式（2-3），它表示考虑返工风险情况下，与返工相关活动所引起费用增加的累计值。它反映了活动的费用对项目排序优化的影响。返工协调时间 RCT 计算公式为式（2-4），它表示考虑返工风险情况下，与返工相关活动所引起时间增加的累计值。它反映了活动的时间对项目排序优化的影响。

$$\mathrm{RCC}=\sum_{i=1}^{n}\sum_{j=i+1}^{n}(\mathrm{RP}(i,j)\times\mathrm{RI}(i,j)\times\sum_{u=i}^{n}(\mathrm{Cost}_u\times\mathrm{RP}(u,i)\times\mathrm{RI}(u,i)))\qquad(2\text{-}3)$$

$$\mathrm{RCT}=\sum_{i=1}^{n}\sum_{j=i+1}^{n}(\mathrm{RP}(i,j)\times\mathrm{RI}(i,j)\times\sum_{u=i}^{n}(\mathrm{Time}_u\times\mathrm{RP}(u,i)\times\mathrm{RI}(u,i)))\qquad(2\text{-}4)$$

式中，Cost_u、Time_u 表示活动 u 的费用和时间；$\mathrm{RP}(i,j)$ 和 $\mathrm{RI}(i,j)$ 分别表示返工概率和返工影响强度矩阵中活动 i 和 j 之间交互作用的值。

以图 2-13 为例（活动的费用和时间数据见表 2-1），得 J 活动返工风险引起的返工协调成本 $\mathrm{RCC}_J=(0.6\times0.5+0.8\times0.3)\times(25+124\times0.3\times0.5)=23.544$，$J$ 活动返工风险引起的返工协调时间 $\mathrm{RCT}_J=(0.6\times0.5+0.8\times0.3)\times(11+85\times0.3\times0.5)=12.825$。

DSM 的排序优化问题属于组合优化中的 NP-hard 问题，可采用 Matlab 工具箱的遗传算法求解（杨青和吕杰峰，2010；杨青等，2012）。

2.4.2　基于返工的 DSM 仿真

由于产品开发项目中存在返工问题，项目的执行过程存在很大的不确定性，项目总工期和总费用与各项活动的时间和费用之间的关系很难用解析的方法得到，只能用仿真的方法得到项目执行过程的特征参数，如项目总时间、总费用的期望值及方差。仿真模型的输入信息为各活动时间、费用，活动执行顺序，活动学习率，活动信息量矩阵、返工概率矩阵和返工影响强度矩阵。触发事件为一个或多个活动在某一点上完工。状态包括三个方面：各活动的未完工量、各活动的可执行状态以及各活动的返工次数。

（1）定义学习曲线。如图 2-14 所示，在产品开发过程中，随着迭代次数的增加，对于同样的工作，所花费的时间会逐渐减少。

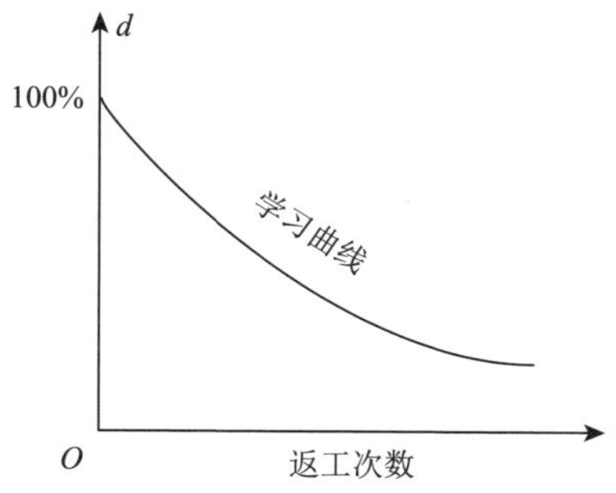

图 2-14　学习曲线

这种现象通常被称为学习曲线效应。本模型假定学习曲线为阶段性函数，每迭代一次，工作效率就提高一个等级。当活动 j 的学习率为 L_j 时，迭代前如果某活动需要花费的持续时间为 t，则迭代之后，这部分工作的持续时间将变为 $t\times(1-L_j)$。

（2）定义最大返工次数，即规定的项目中各活动的最大返工次数。当某活动的返工次数超过规定值时，即使再有其他活动给它提供信息，该活动也不再返工（这一假设是为了避免无穷次返工而导致项目无法完成的情况发生）。

给定活动执行顺序列表，产品开发仿真过程如下。

（1）初始化项目输入变量和各状态变量，完工向量中各活动的完工量为 0。

（2）根据项目顺序约束条件，完工向量以及活动执行顺序列表，寻找当前可执行或正在执行的活动集合。

（3）并行执行可执行活动直到所有活动执行完毕，将这些活动当前时间内的持续费用加到总费用中，将持续时间加到总时间中。

（4）根据返工概率矩阵和返工影响强度矩阵随机确定当前完工的活动会导致哪些活动返工，确定返工比例；考虑学习效应，修正返工工作量；更新所有活动的可执行状态以及完工向量。

（5）如果所有的活动都已经完工，则结束该次仿真，否则转步骤（2）。

执行多次这样的仿真，当项目工期和费用达到下面公式的条件时，说明仿真结果趋于稳定，停止仿真程序。

$$\frac{|E[TT]_r - E[TT]_{r-25}|}{E[TT]_{r-25}} < 0.005 \tag{2-5}$$

$$\frac{|\sigma^2[TT]_r - \sigma^2[TT]_{r-25}|}{\sigma^2[TT]_{r-25}} < 0.005 \tag{2-6}$$

式中，$E[TT]_r$ 表示在根据给定的执行顺序列表前 r 次仿真得到的项目工期期望值；$E[\,]$表示期望值；$\sigma^2[\,]$表示方差，项目费用的方程与式（2-5）和式（2-6）类似。可以得到项目完工时间和完工费用的分布情况。

2.5 案例分析

某企业的××研发项目包含 12 个活动，各项设计活动所需的时间和费用如表 2-1 所示（为便于计算和比较，单位取无量纲）。通过专家调查及访谈，得到项目的排序及返工概率矩阵和返工影响强度矩阵如图 2-13 所示。

表 2-1　项目中各活动的时间与费用

活动	A	B	C	D	E	F	G	H	I	J	K	L
时间	42	38	23	54	12	55	13	83	87	11	13	85
费用	53	42	31	350	15	360	23	102	130	25	23	124

采用传统 DSM 优化目标函数，取式（2-2），即不考虑返工的不确定性，目标函数为同时最小化反馈个数和反馈距离。其中，ω_n 和 ω_{ij} 分别取 0.7 和 0.3，遗传算法运用 Matlab 编程，得到优化后的活动排序如图 2-15（a）所示。

	B	C	A	F	K	L	J	I	E	D	G	H
B	B											
C	0.2	C										
A		C.5	A									
F	0.3			F		0.5						
K	0.3	0.2			K							
L			0.4		0.4	L	0.3	0.2				
J	0.2	0 3		0.2	0.6	0.8	J					
I		0.2		0.4			0.5	I				
E				0.5	0.7				E			0.4
D				0.7		0.8			0.6	D		
G	0.3				0.8						G	
H			0.2		0.6			0.5		0.3		H

(a) 传统目标函数优化结果

	B	C	A	K	L	F	J	G	I	E	H	D
B	B											
C	0.2	C										
A		0.5	A									
K	0.3	0.2		K								
L			0.4	0.4	L		0.3		0.2			
F	0.3				0.5	F						
J	0.2	0.3		0.6	0.8	0.2	J					
G	0.3			0.8				G				
I		0.2				0.4	0.5		I			
E				0.7		0.5				E	0.4	
H			0.2	0.6					0.5		H	0.3
D					0.8	0.7				0.6		D

(b) 本章建立的DSM优化目标优化结果

图 2-15　优化后的返工概率矩阵

由图 2-15（a）所示活动排序及返工概率和返工影响强度，进行 500 次仿真计算，得项目总时间、费用均值和方差如表 2-2 所示，项目总费用/总时间的联合概率分布图如图 2-16（a）所示。

表 2-2　项目的初始状态及采用不同优化目标得到的结果

序号	优化目标	RCT	RCC	反馈点数	反馈距离	费用均值	费用方差	时间均值	时间方差
1	优化前	238	781	14	41	2283	540	381	62
2	传统目标函数优化结果	67	274	4	8	1613	368	378	39
3	采用本章建立目标函数优化结果	48	133	4	8	1404	217	339	37

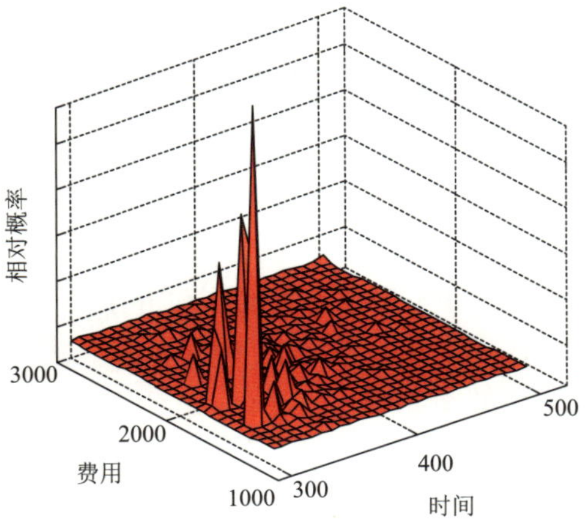

(a) 传统目标函数优化结果

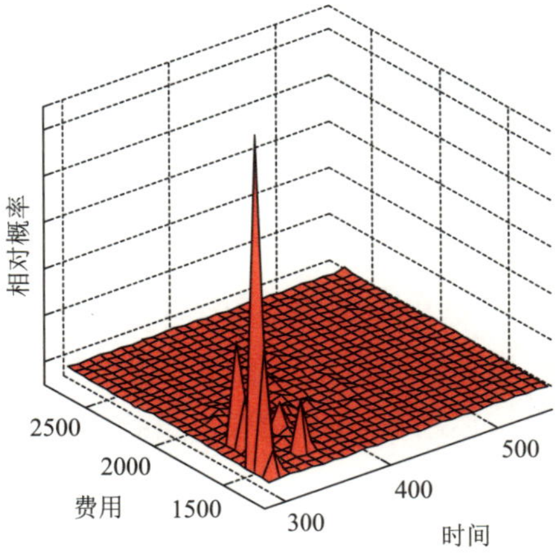

(b) 本章建立的DSM优化目标优化结果

图 2-16　优化后的项目总费用/时间联合概率分布图

由表 2-2、图 2-15（a）和图 2-13 可知，对项目初始状态的活动排序优化后，反馈点数和反馈距离均有显著的减少，说明该算法能有效减少信息的反馈，并因此降低项目总费用和时间。

采用本章建立的流程 DSM 优化目标函数，即式（2-1），其中各参数为：$\omega_{NC}=0.4$，$\omega_{RCC}=0.4$，$\omega_{RCT}=0.2$，变异概率为自适应变异概率，其他参数同上。算法的进化过程略，优化后的 DSM 矩阵如图 2-15（b）所示。

将优化结果执行 500 次仿真，计算结果见表 2-2，项目总费用/总时间的联合概率分布图如图 2-16（b）所示。对比图 2-16（a）和图 2-16（b）可知，采用本章建立的 DSM 优化目标函数后项目总费用和时间的分散程度进一步降低。由项目总费用与总时间的累积概率图（图 2-17），可得项目在不同费用和不同时间完成的概率。

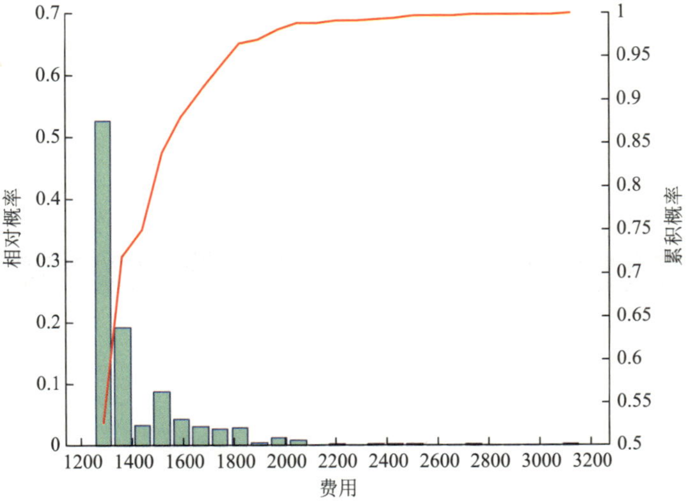

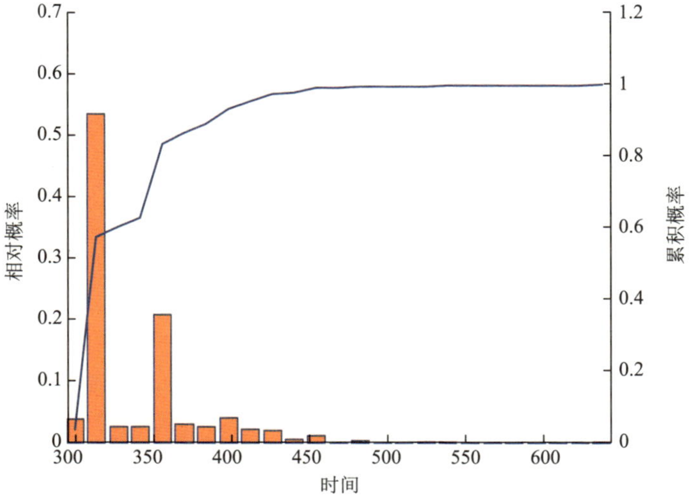

图 2-17　本章建立的 DSM 优化目标优化后项目总费用与时间累积概率曲线

比较分析上述计算结果，可得如下结论。

（1）采用本章建立的 DSM 优化目标函数可明显降低返工导致的项目费用和时间。由图 2-13 和表 2-2 可见，优化前的 DSM 矩阵存在大量反馈，采用本章建立的 DSM 优化目标函数优化后反馈减少，项目总费用和时间均值明显降低。与传统优化方法相比，本章建立的方法优化后结果得到了进一步提升。

（2）由于本章建立的 DSM 优化目标函数考虑了概率因素，因此其优化结果显示，数据的波动性得到了降低。本章建立的 DSM 优化目标函数优化后项目费用和时间的方差有较大的降低，数据更趋稳定和集中，图 2-17 显示累积概率曲线在开始也较陡，同样说明数据较集中。

（3）传统 DSM 目标函数只考虑反馈量，而本章建立的 DSM 优化目标函数能够依据活动时间、费用和返工风险等因素区别对待各活动，费用较大的活动将被“尽量”避免处于返工循环中，从而能减少项目总费用和返工协调成本。以图 2-15 中费用较大的活动 D 和 F 为例，D 活动在传统优化方法后的返工风险为$(0.4\times0.6)\times(0.5\times0.5)=0.06$，我们建立的 DSM 优化目标函数优化后无返工；同理，活动 F 返工风险也得到了较大程度的降低，进而会降低项目的返工协调成本和总费用。

（4）由于返工风险考虑了返工的不确定性，采用仿真计算技术分析优化得到的结果，可更直观地显示项目费用和时间的分布，仿真技术为此类问题提供了可视化分析方法。

2.6 总结

最初的 DSM 主要是表示流程中活动之间的信息流关系，分析活动之间的关系是 DSM 最经典的应用领域。二元型流程 DSM 可以简单、直接地表示活动间是否存在信息交换关系，并做初步的流程优化。采用[0, 1]之间的数值型 DSM 可以细致地区分依赖强度的大小，是目前 DSM 应用的主流。

本章构建了 DSM 返工风险评价矩阵，并构建了基于返工风险的流程 DSM 优化目标函数，采用遗传算法对流程 DSM 进行优化，同时，采用仿真方法计算项目工期的期望值及其分布。

参 考 文 献

杨青，吕杰峰. 2010. 基于 DSM 返工风险评价矩阵的项目优化与仿真[J]. 系统工程理论与实践，30（9）：1665-1671.

杨青，吕杰峰，黄建美. 2012. 基于 DSM 的复杂研发项目价值流优化[J]. 管理评论，24（3）：171-176.

杨青，邱菀华. 2007. 精益价值管理的基本原理与方法研究[J]. 科研管理，28（4）：149-154.

杨青，邱菀华，张静. 2006. 项目精益价值管理及价值流分析方法研究[J]. 科学学研究，24（2）：249-255.

Browning T R，Eppinger S D. 2002. Modeling impacts of process architecture on cost and schedule risk in product development[J]. IEEE Transactions on Engineering Management，49（4）：428-442.

Nasr W，Yassine A，Kasm O A. 2016. An analytical approach to estimate the expected duration and variance for iterative product development projects[J]. Research in Engineering Design，27（1）：55-71.

Oh G，Hong Y S. 2020. Managing concurrent execution of multiple activities in product development process[J]. Concurrent Engineering：Research and Applications，28（3）：210-221.

Parraguez P，Piccolo S A，Perisic M M，et al. 2021. Process modularity over time：modeling process execution as an evolving activity network[J]. IEEE Transactions on Engineering Management，68（6）：1867-1879.

Yin F P，Gao Q，Ji X. 2019. Simulation and optimization of overlapped iteration process with multi-coupled activities based on value analysis[J]. Concurrent Engineering：Research and Applications，27（1）：57-67.

第 3 章

研发流程中的返工变更传播风险分析与应对

3.1 引言

研发过程中，由于种种原因，设计的变更不可避免，但是，由于项目中活动间的耦合关系，一个设计活动的返工会引起与此相关的众多其他活动也发生返工，即导致风险的传播（Fu et al.，2012；Li et al.，2021；Huo et al.，2020；Fang and Marle，2013）。为此，有必要研究一个活动的变更通过返工风险传播对整个项目的影响。

此外，新产品开发项目在后期发布或确认过程中一旦发生问题，可以采用“补丁”来完成修改，而不是重新大范围修改，否则修改和测试的工作量通常比较大，同时也会影响已经设计完成的模块和产品的整体发布进度。通过补丁的方案来解决的前提是在活动设计环节，考虑到某活动会出现返工时，可以采用“预处理”的方法，即提前设计一些参数或者接口，使得返工出现时，返工影响会明显减小，从而有效地处理返工工作、降低返工处理难度，很大程度上减小迭代的影响。在软件项目或者嵌入式开发的项目中，“预处理”的方法应用比较普遍（杨青等，2015）。

本章重点开展以下研究：①基于返工变更传播的返工风险分析；②采用活动“预处理”的方法应对返工风险，降低返工影响强度，并构建相应的返工影响强度 DSM 矩阵；③构建基于返工风险预处理的项目净收益最大化目标函数，采用优化方法对活动排序进行优化研究。

3.2 模型构建

3.2.1 依据变更传播构建返工因子矩阵

如上章所述，我们将 DSM 返工概率矩阵和返工影响强度矩阵统称为 DSM

返工风险评价矩阵（杨青和吕杰峰，2010），它们分别表示为：

（1）返工概率矩阵。矩阵 $RP_{n\times n}$ 的非对角线元素 $RP(i,j)\in[0,1]$，$RP(i,j)$ 表示活动 j 完工之后引发活动 i 返工的概率。在 $RP_{n\times n}$ 矩阵中，当 $j>i$ 时，$RP(i,j)$ 表示下游活动导致上游活动返工的概率；当 $j<i$ 时，$RP(i,j)$ 表示由迭代而引起的二次返工，即当活动 i 导致其上游活动 j $(j<i)$返工时，活动 j 与 i 之间的 j 的下游活动$(j+1,j+2,\cdots,i-1)$，以及活动 i 的下游活动$(i+1,i+2,\cdots,n)$也有可能发生返工。如图 3-1（a）所示，$RP(1,3)=0.7$ 表示活动 C 将信息反馈给活动 A 时，活动 A 发生返工的概率为 0.7；$RP(4,1)=0.3$ 表示活动 A 返工完成后，将返工信息又发送给活动 D，导致活动 D 返工的概率为 0.3。

（2）返工影响强度矩阵。某活动导致另一活动发生返工时，可以用 DSM 矩阵 $RI_{n\times n}$ 来描述返工造成的影响。$RI(i,j)$ 表示活动 j 导致 i 返工时，活动 i 的返工量占其初始工作量的百分比，它反映了各迭代对活动的影响程度。如图 3-1（b）所示，$RI(2,4)=0.6$ 表示当活动 D 的信息反馈给活动 B 时，导致活动 B 发生返工且返工量占 B 总工作量的 60%。

	A	B	C	D
A	A		0.7	0.8
B	0.8	B		0.6
C	0.2	0.6	C	
D	0.3		0.5	D

(a) RP矩阵

	A	B	C	D
A	A		0.4	0.5
B	0.7	B		0.6
C	0.3	0.2	C	
D	0.3		0.2	D

(b) RI矩阵

图 3-1　返工概率矩阵及返工影响矩阵

但是，返工概率矩阵只定义了直接返工概率，即某活动所导致的与它直接相关的活动发生返工的概率。实际上，在新产品开发项目中，迭代导致的返工风险应该包括直接返工和间接返工导致的风险。其中，直接返工是指下游活动将信息反馈给上游活动并导致其返工；间接返工是指上游活动的返工所导致的接收其信息的其他若干下游活动发生的返工，间接返工的发生是由于活动之间存在信息传递。

为了更全面地描述活动的返工对下游活动所产生的直接返工影响与间接返工影响，可以采用“返工因子”（Rework Factor，RF）DSM 矩阵，并用它来弥补传统 RP 矩阵的不足之处［见图 3-2（c）］。与 RP 矩阵相比，在 RF 矩阵中，当 $i>j$ 时，$RF(i,j)$ 表示综合考虑返工的直接和间接影响，活动 j 导致活动 i 返工的概率；当 $i<j$ 时，$RF(i,j)$ 的意义与 $RP(i,j)$ 相同，表示活动 j 导致活动 i 返工的直接返工概率。

由于新产品开发活动之间信息的变更及传递，返工的影响会产生间接的传播，如图 3-2（a）中，活动 A 接收来自活动 C 和 D 的反馈信息，活动 C 使得活动 A 发生返工的概率为 0.7，活动 D 使得活动 A 发生返工的概率是 0.8。同时，活动 A 发生返工后，其变更影响会通过多条传播路径传播到接收其信息的下游活动。例如，活动 A 发生变更后，其信息变更会通过三条路径对活动 D 的产生影响：①A 的变更影响直接传播给 D；②A 的变更传播给 C，C 传播给 D；③A 的返工信息传播给 B，使 B 发生变更，进一步，B 的变更传播给 C，C 的变更又会影响到 D。其中，第一条路径为直接传播路径；后两条传播路径（经过了除活动 A 和 D 之外的其他活动）属于间接传播路径。本章从返工变更传播影响的角度，进一步构建返工风险因子的计算模型。

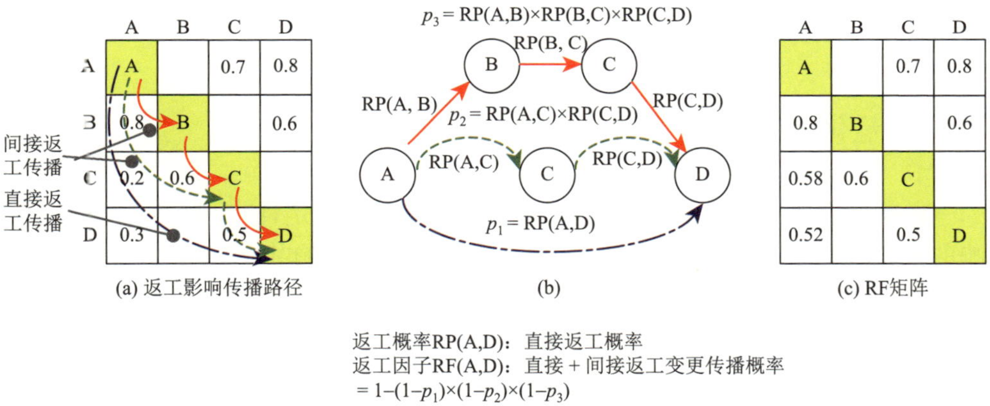

图 3-2 返工变更传播对返工概率的影响

图 3-2（b）中，活动 A 对活动 D 的返工影响传播有三条路径，即除了活动 A 对活动 D 的直接返工影响外，还有两条间接影响路径。活动 A 对活动 D 的直接返工概率为 $p_1 = \mathrm{RP}(4,1) = 0.3$，发生二步间接返工传播（即 A 到 C，且 C 到 D 同时发生返工）的概率为 $p_2 = \mathrm{RP}(3,1) \times \mathrm{RP}(4,3) = 0.1$，发生三步间接返工传播（A 到 B，B 到 C，且 C 到 D 均发生返工）的概率为 $p_3 = \mathrm{RP}(2,1) \times \mathrm{RP}(3,2) \times \mathrm{RP}(4,3) = 0.24$，则三条传播路径同时不发生的概率为 $(1-p_1)\times(1-p_2)\times(1-p_3)$。由此，可以得到三条传播路径中，至少有一条路径发生的概率，即活动 A 对活动 D 总的返工传播概率（即返工因子）为 $\mathrm{RF}(4,1) = 1-(1-p_1)\times(1-p_2)\times(1-p_3) = 0.521$。

一般地，若活动 j 通过其他活动间接地对活动 i 产生影响，活动 j 的返工影响可能经过 $m(m=1,2,\cdots,i-j)$ 步传播给活动 i。对于活动 j 与活动 i 之间的第 k 条传播路径，本章用符号 $\mathrm{RP}_k^{(m)}(i,j)$ 表示活动 j 的返工影响通过 m 次传播后到达活动 i，$\mathrm{RP}_k^{(m)}(i,j)$ 可由式（3-1）计算得到。

$$\mathrm{RP}_k^{(m)}(i,j)=\mathrm{RP}(u_1,j)\times\mathrm{RP}(u_2,u_1)\times\cdots\times\mathrm{RP}(u_{m-1},u_{m-2})\times\mathrm{RP}(i,u_{m-1}) \tag{3-1}$$

式中，$\mathrm{RP}(u_{m-1},u_{m-2})$ 表示活动 u_{m-2} 引起活动 u_{m-1} 返工的概率；$i>u_{m-1}>\cdots>u_2>u_1>j$。

因此，活动 j 与活动 i 之间的路径均未发生返工的概率为 $1-\mathrm{RP}_k^{(m)}(i,j)$。

由于活动 j 与活动 i 之间共有 $i-j-1$ 个活动，因此，活动 j 经过 m 步对活动 i 产生返工传播影响共有 C_{i-j-1}^{m-1} 种可能的路径。因此，$\mathrm{RF}(i,j)$ 可由式（3-2）计算得到。

$$\mathrm{RF}(i,j)=\begin{cases}1-\prod_{m=1}^{i-j}\prod_{k=1}^{C_{i-j-1}^{m-1}}(1-\mathrm{RP}_k^{(m)}(i,j)), & \mathrm{RP}(i,j)\neq 0\\ 0, & \mathrm{RP}(i,j)=0\end{cases} \tag{3-2}$$

式（3-2）保证了求得的返工因子值小于 1，且当原有的返工概率 RP 为 0 时，计算得到的返工因子 RF 也为 0。本章中，m 取值为 3，这是因为返工影响在经过多次传播后，其发生的概率已明显减弱，可以忽略不计。

3.2.2 量化返工变更传播风险

在项目管理中，项目风险描述的是损失发生的不确定性，风险等于概率与影响的乘积，即不确定性事件发生的概率和其导致的影响共同决定了风险值的大小。而在新产品开发过程中，返工概率和返工影响共同决定了返工发生的风险。本章采用基于变更传播的返工因子矩阵和返工影响强度矩阵，得到 DSM 上三角迭代点 DSM(i,j)所导致的返工风险计算公式为：

$$\mathrm{RR}_1(i,j)=\mathrm{RF}(i,j)\times\mathrm{RI}(i,j)\times\sum_{u=i}^{n}Q(u)\times\mathrm{RF}(u,i)\times\mathrm{RI}(u,i) \tag{3-3}$$

式中，$\mathrm{RR}_1(i,j)$ 表示 DSM 上三角迭代点 DSM(i,j)所导致的返工风险；$\mathrm{RF}(i,j)$ 表示活动 j 引起活动 i 返工的返工因子；$\mathrm{RI}(i,j)$ 表示活动 j 引起活动 i 返工的返工影响；$Q(u)$ 表示活动 u 的工作量，单位为“人天”；n 表示项目中活动的数量。

由于返工影响强度表示的是返工量占该任务总工作量的百分比，所以，返工风险值 $\mathrm{RR}_1(i,j)$ 计算得到的是迭代点 DSM(i,j)导致的返工工作量的期望值（单位为“人天”）。

另外，返工风险的大小与迭代发生的时间及迭代的范围有很大关系。迭代发生在项目早期时，由于项目开始不久，其影响的活动数量并不多。但是，如果返工是由项目后期的活动引起的，则会影响到上游一系列活动，因此，迭代越在项目后期发生，其引起的返工风险越大。同时，迭代圈越大，即迭代所涉及的活动数量越多，返工风险应该越大。

由此，针对每个迭代点，我们采用迭代风险因子（Iteration Risk，IR）衡量由迭代的时间和范围（可用 DSM 中迭代到对角线的距离衡量）导致的风险（杨青等，2015），IR 可由式（3-4）计算得到。

$$\mathrm{IR}(i,j)=\exp((j/n)\times(j-i)/n) \tag{3-4}$$

式中，$\mathrm{IR}(i,j)$ 表示活动 j 导致活动 i 返工的时间和范围导致的风险；j/n 表示迭代发生的相对时间对风险值的影响；$(j-i)/n$ 表示迭代相对范围对风险值的影响。

由此，基于迭代风险因子的返工风险可由式（3-5）计算得到。

$$\mathrm{RR}_2(i,j)=\mathrm{RR}_1(i,j)\times\mathrm{IR}(i,j) \tag{3-5}$$

式中，$\mathrm{RR}_1(i,j)$ 表示 DSM 上三角迭代点 DSM(i,j)所导致的返工风险；$\mathrm{RR}_2(i,j)$ 表示考虑迭代时间和范围下的 DSM 上三角迭代点 DSM(i,j)所导致的返工风险。

在计算风险值的大小时，除了应考虑迭代发生的相对时间及其范围，返工风险的传播影响也不应忽略。如图 3-3（a）所示，某活动在接收前馈信息后，若其迭代（反馈）会导致较多的活动发生二次返工，则我们认为该活动导致的返工风险大，本章采用变更传播比（Changed Propagation Ration，CPR）来反映基于返工风险的变更传播影响。本章主要关注信息反馈导致的返工所引发的变更传播影响，因此，定义活动的变更传播比为该活动输出的反馈信息数量与其接收的前馈输入信息数量之比。

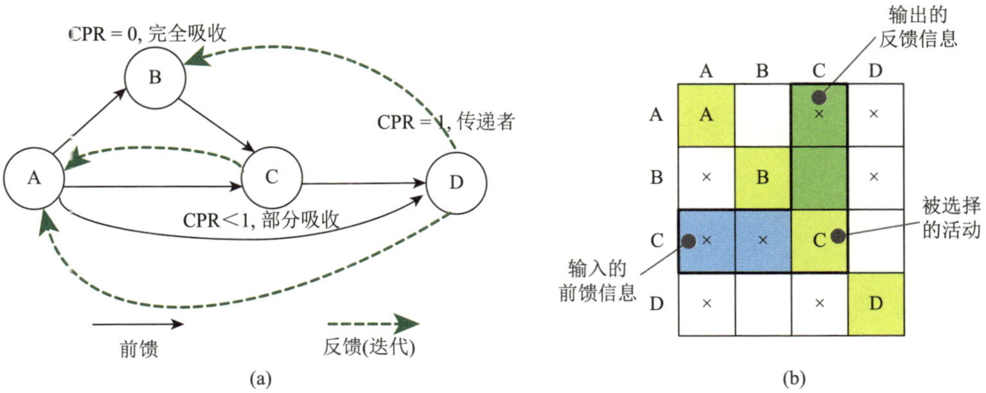

图 3-3　前馈导致反馈的变更传播比 CPR

由图 3-3（b），本章定义活动的 CPR 等于该活动输出的反馈迭代数量与其接收的前馈信息数量之比。因此，活动 j 的由前馈导致的反馈（返工）变更传播比 CPR 可由式（3-6）计算得到。

$$\mathrm{CPR}(j)=\sum_{m=1}^{j-1}\mathrm{DSM}(m,j)\Big/\sum_{k=1}^{j-1}\mathrm{DSM}(j,k) \tag{3-6}$$

式中，$\mathrm{DSM}(m,j)$ 或 $\mathrm{DSM}(j,k)$ 表示流程 DSM 中任意两个活动之间的依赖关系。

由式（3-6）可知，某活动的 CPR 即该活动所对应列的上三角“×”标志数量与该活动所对应行的下三角“×”标志数量之比。

根据 CPR(j)取值的不同，本章定义活动在变更传播中扮演的角色如下。

（1）当$0 \leqslant \mathrm{CPR}(j) < 1$时，即活动 j 输出的返工信息数量小于其所接收的前馈信息数量时，该活动称为变更传播的吸收者（absorber）（其中，当$\mathrm{CPR}(j)=0$时，该活动称为变更传播的完全吸收者，当$0 < \mathrm{CPR}(j) < 1$时，该活动称为变更传播的部分吸收者）。

（2）当 $\mathrm{CPR}(j)=1$ 时，即活动 j 输出的返工信息数量等于其所接收的前馈信息数量时，该活动为变更传播的传递者（carrier）。

（3）当 $\mathrm{CPR}(j)>1$ 时，即活动 j 传递的返工信息数量大于其所接收的信息数量时，该活动为变更传播的放大者（multiplier）。

实际上，活动的变更传播比越大，即其传递的返工信息数量大于其所接收的信息数量，该活动导致的返工风险也越大。因此，基于返工传播和迭代的返工风险可由式（3-7）计算得到。

$$\mathrm{RR}(i,j)=\mu_0\times\mathrm{RR}_1(i,j)\times\exp((j/n)\times((j-i)/n))\times\mathrm{CPR}(j) \qquad (3\text{-}7)$$

式中，μ_0表示大于零的常数。

特别地，若某活动没有接收信息但是有信息反馈，表示风险非常大，在本章的程序中，将该活动的变更传播比 CPR 设定为一个非常大的数。

进一步，整个项目的总返工风险（Total Rework Risk，TRR）可由式（3-8）计算得到，它反映了整个项目的返工工作量。

$$\mathrm{TRR}=\sum_{i=1}^{n}\sum_{j=i+1}^{n}\mathrm{RR}(i,j) \qquad (3\text{-}8)$$

3.2.3 风险预处理与相应的返工影响强度 DSM 矩阵

新产品开发项目（如操作系统产品），在后期发布或确认过程中一旦发生问题，首要的解决方案是通过补丁来完成修改，而不是重新大范围修改，否则修改和测试的工作量通常比较大，同时也会影响已经设计完成的模块和产品的整体发布进度。通过补丁的方案来解决的前提是在活动设计环节，考虑到某活动会出现返工时，可以提前设计一些参数或者接口，使得返工出现时，返工影响会明显减小，从而有效地处理返工工作、降低返工处理难度，很大程度上减小迭代的影响。在软件项目或者嵌入式开发的项目中，这种方式的应用相对比较普遍。

在新产品开发项目中，为了降低返工风险造成的负面影响，我们引入“返工预处理”的方法来降低返工发生所增加的工作量，并提出利用返工预处理（Pretreatment

Work，PW）DSM 矩阵表示上游活动在设计环节，为减小后续返工时的影响，在预处理准备工作上投入的工作量占该活动工作量的百分比（杨青等，2015）。

如图 3-4（b）中，非对角线元素 $\mathrm{PW}(i,j)$表示为降低活动 j 的信息反馈（迭代）对活动 i 的返工影响，活动 i 所做的预处理工作的工作量占其总工作量的百分比，其值在 0 和 1 之间。例如，$\mathrm{PW}(1,3)=0.1$ 表示为应对由活动 C 的信息反馈导致活动 A 的返工，活动 A 需开展预处理工作，其预处理工作量为其初始工作量的 10%。返工预处理相当于对返工进行有计划的管理，控制返工的影响程度。

	A	B	C	D
A	A		0.4	0.5
B	0.7	B		0.6
C	0.3	0.2	C	
D	0.3		0.2	D

(a) 初始的RI矩阵

	A	B	C	D
A	A		0.1	0.2
B		B		0.1
C			C	
D				D

(b) PW矩阵

	A	B	C	D
A	A		0.24	0.18
B	0.7	B		0.36
C	0.3	0.2	C	
D	0.3		0.2	D

(c) 预处理后的RI矩阵

图 3-4　与返工风险相关的 DSM 矩阵

现有文献大多假设活动之间的返工影响是固定不变的。但实际上，新产品开发经理可以凭借以往其他产品的开发经验，事先估测到哪些活动具有较大的返工风险，因此，可以对那些潜在的、会发生返工的活动采取一些预处理措施，使得该活动一旦发生返工，返工影响强度会明显降低，即采取预处理措施后，返工影响矩阵上三角元素的值会降低。

由返工预处理活动的意义，可以分析得到，采取预处理措施前后的返工影响强度矩阵 RI_O 与 RI_N 应该存在以下映射关系。

（1）当预处理矩阵中的某 $\mathrm{PW}(i,j)=0$ 时，则 $\mathrm{RI}_N(i,j)=\mathrm{RI}_O(i,j)$，即返工影响不变。

（2）随着返工预处理值 $\mathrm{PW}(i,j)$ 的增大，$\mathrm{RI}_N(i,j)$ 变小，即 RI_N 是 PW 的单调减函数。

（3）极限情况下，当 $\mathrm{PW}(i,j)\to\infty$ 时，$\mathrm{RI}_N(i,j)\to 0$，即返工预处理工作趋于无穷大时，其返工影响强度应趋于 0。

依据上述假设，我们构建预处理后的返工影响强度 RI_N 的计算公式如下：

$$\mathrm{RI}_N(i,j)=\mathrm{RI}_O(i,j)\times\exp(-\alpha\mathrm{PW}(i,j)) \tag{3-9}$$

式中，$RI_O(i,j)$ 表示预处理前的返工影响强度；$RI_N(i,j)$ 表示预处理后的返工影响强度；$PW(i,j)$ 表示返工预处理的工作量百分比；参数 α 是大于零的常数，表示在返工预处理活动中，活动实施者降低返工影响的能力大小。

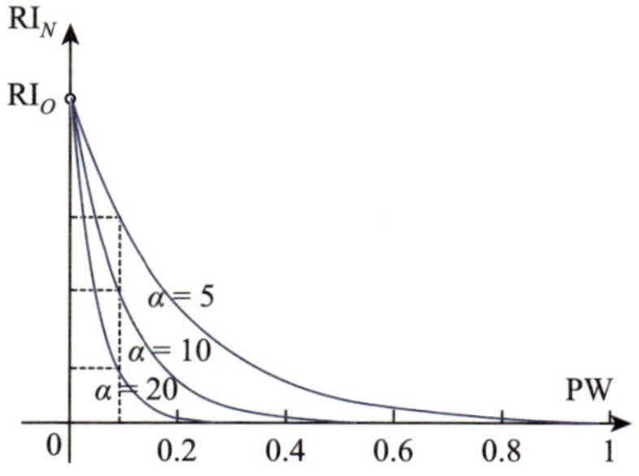

图 3-5　RI_N 与 PW、α 之间的关系

RI_N 与 α 之间的关系如图 3-5 所示，α 的值越大，表明组织的预测和协调返工的能力越强，返工影响降低的程度越明显。例如，上游活动的负责人预测到下游活动引起返工的概率和影响，从而在本部门做相应准备，以降低返工带来的影响。不同的组织拥有不同的 α 值。

如图 3-4（c）所示，活动 D 的信息迭代导致活动 A 发生返工，初始的返工风险值为 $RP(1,4)\times RI(1,4)=0.8\times 0.5=0.4$，对活动 A 采取预处理后，虽然增加了 PW(1, 4) = 0.2 的预处理工作量，但是，预处理后其返工风险降低为 $RP(1,4)\times RI(1,4)=0.8\times 0.18=0.14$，因此，预处理后返工风险降低了 0.4–0.14 = 0.26。

3.2.4　构建项目净收益最大化目标函数——考虑返工风险预处理

由上述分析，如果选择出了某些易受返工影响的环节提前开展一些预处理工作，返工风险会明显地降低。从成本-效益的角度来说，将返工预处理活动所付出的工作量作为成本，而降低的返工风险值作为采取预处理活动所带来的效益。令 DSM 矩阵中上三角 $DSM(i,j)$ 采取返工预处理的成本用 $cost(i,j)$ 表示，它指返工预处理的工作量，等于返工预处理值与该活动工作量的乘积。采取返工预处理所带来的效益可由式（3-10）表示。

$$benefit(i,j)=RR_O(i,j)-RR_N(i,j) \tag{3-10}$$

式中，$RR_O(i,j)$ 和 $RR_N(i,j)$ 分别表示采取预处理前、后的返工风险。

因此，对 DSM 矩阵中上三角 $DSM(i,j)$ 采取预处理工作后的净收益 $NV(i,j)$ 为：

$$NV(i,j)=benefit(i,j)-cost(i,j) \tag{3-11}$$

进一步，整个项目采取返工预处理后的净收益为：

$$NV_P=\sum_{i=1}^{n}\sum_{j=i+1}^{n}NV(i,j)=\sum_{i=1}^{n}\sum_{j=i+1}^{n}(RR_O(i,j)-RR_N(i,j)-cost(i,j)) \tag{3-12}$$

流程 DSM 的排序优化是指在保持每个活动的信息输入和输出关系不变的情况下，通过重新调整各活动的排序，使目标函数最优化。基于返工风险预处理后的净收益，本章提出以采取返工预处理后的项目净收益 NV_P 最大化为目标的流程 DSM 优化目标函数：

$$\text{Max} \quad NV_P = \sum_{i=1}^{n}\sum_{j=i+1}^{n}(RR_O(i,j) - RR_N(i,j)) - \text{cost}(i,j) \tag{3-13}$$

$$\text{s.t.} \quad NV(i,j) = (RR_O(i,j) - RR_N(i,j)) - \text{cost}(i,j) > 0$$

判断是否应采取预处理的准则为：若预处理的工作量小于改进后所带来的风险降低值，即 $NV(i,j) > 0$，则对该迭代采取预处理就是可行的；反之，预处理不可行。

因此，我们以式（3-13）表示的“采取返工预处理后的项目净收益 NV_P”最大化为优化的目标函数，采用遗传算法对流程 DSM 进行排序优化，以获得最优活动排序，缩短项目开发时间，降低项目开发成本。

3.3 案例分析

本章以某信息技术公司开发的 UkeyD168 网络安全产品开发（Network Security Product Development，NSPD）项目为例，验证本章提出的流程 DSM 优化模型。该公司是目前国内投资规模较大的集成电路设计企业，也是一家专业从事大规模集成电路设计、模块及子系统的开发和应用的高新技术企业。公司致力于智能卡产品及通信领域 IC 芯片产品的研制和信息安全类产品及系统的研发。为保障网络身份认证安全，该公司集多年在信息安全领域的技术积累，成功开发出基于 USB 接口的多款 Ukey 网络身份认证产品。UkeyD168 是基于 USB 接口的网络身份认证产品，支持数据的加密和解密；支持多级目录的文件系统，多证书目录结构；支持用户交易信息的显示和交易动作的按键确认。项目经理将该项目划分为 23 个基本活动，分别用 A 到 W 之间的 23 个大写英文字母表示，各项活动的名称及所需时间和费用如表 3-1 所示。

表 3-1 NSPD 项目中各活动相关数据

序号	活动	工作量/人天	工期/天	成本/k$
A	总体框架设计	3	1	3
B	手模设计	28	7	5
C	器件选型	10	5	2
D	COS 开发	150	30	8

续表

序号	活动	工作量/人天	工期/天	成本/k$
E	COS 手册编写	6	3	2
F	PCB 设计	15	5	4
G	COS 测试	60	15	3
H	PCB 加工	20	6	10
I	通信层开发	20	10	3
J	通信层接口手册	5	2	5
K	器件样品采购	14	7	10
L	通信层测试	5	2	3
M	成品试模	3	1	5
N	中间接口层开发	100	20	12
O	接口层手册编写	10	5	2
P	接口层测试	20	10	3
Q	应用层开发	80	20	10
R	客户确认	10	3	1
S	应用层测试	10	5	3
T	包装设计	40	15	2
U	整合测试	30	10	2
V	性能测评	10	3	6
W	小批量试生产	10	3	10

通过调查及专家访谈，得到项目返工概率矩阵 RP 和返工影响矩阵 RI，如图 3-6 所示。

为了验证本章提出方法的有效性，我们与传统流程 DSM 优化方法进行比较，该方法以同时最小化反馈个数和反馈距离为目标函数。本章采用Matlab软件编程，得到优化后的活动 DSM 如图 3-7（a）所示。

另外，对项目流程进行仿真，可以得到项目工期和成本的动态分布特性，从而评估备选方案的工期、费用等的风险水平，从中选取出最优活动执行顺序。因此，由图 3-6 所示的活动排序及返工概率和返工影响强度，对优化前后的项目流程进行 500 次仿真，得到该项目的总时间和费用的均值、方差，如表 3-2 所示。

	A	B	C	D	E	F	G	H	I	J	K	L	M	N	O	P	Q	R	S	T	U	V	W
A	A			0.1	0.3				0.1					0.4									
B	0.1	B			0.3				0.1					0.4									
C	0.2		C																				
D	0.3			D																			
E	0.4				E							0.2				0.3					0.4		
F			0.2			F																	
G				0.1			G																
H						0.2		H															
I					0.3				I								0.1				0.3		
J	0.5									J			0.4		0.5				0.4				
K		0.5						0.4			K												
L	0.7			0.4					0.1			L		0.2				0.3					
M											0.2		M			0.2			0.1			0.3	
N										0.2				N									
O										0.3					O								
P														0.3		P	0.3			0.5			0.2
Q							0.1					0.3			0.5	0.5	Q						
R													0.4					R					
S																	0.1		S				
T	0.2																			T			
U																			0.3		U		
V																					0.2	V	
W																		0.4	0.3	0.1		0.2	W

(a) 返工概率矩阵

	A	B	C	D	E	F	G	H	I	J	K	L	M	N	O	P	Q	R	S	T	U	V	W
A	A			0.1	0.2				0.1					0.3									
B	0.2	B			0.2				0.1					0.3									
C	0.3		C																				
D	0.2			D																			
E	0.3				E							0.2				0.3					0.4		
F			0.3			F																	
G				0.1			G																
H						0.3		H															
I					0.2				I								0.1				0.2		
J	0.5									J			0.3		0.5				0.3				
K		0.5						0.3			K												
L	0.7			0.3					0.1			L		0.1				0.2					
M											0.3		M			0.3			0.1			0.2	
N										0.3				N									
O										0.2					O								
P														0.2		P	0.5			0.2			0.3
Q							0.1					0.2			0.5	0.5	Q						
R													0.3					R					
S																	0.1		S				
T	0.3																			T			
U																			0.2		U		
V																					0.3	V	
W																		0.3	0.2	0.1		0.3	W

(b) 返工影响矩阵

图 3-6　初始的 DSM 矩阵

	O	C	F	S	A	U	D	V	J	N	H	R	L	E	I	B	T	W	P	K	M	G	Q
O	O								1														
C		C			1																		
F		1	F																				
S				S																			1
A					A		1			1				1	1								
U				1		U																	
D					1		D																
V						1		V															
J	1			1	1				J												1		
N									1	N													
H			1								H												
R												R									1		
L					1		1			1		1	L		1								
E					1	1							1	E					1				
I						1								1	I								1
B					1					1				1	1	B							
T					1												T						
W				1				1				1					1	W					
P										1							1	1	P				1
K											1					1				K			
M				1				1											1	1	M		
G							1															G	
Q	1												1						1			1	Q

(a) 传统目标函数的优化结果

	O	D	S	A	T	J	N	U	I	G	V	P	M	R	C	L	E	Q	W	F	B	H	K
O	O					1																	
D		D		1																			
S			S															1					
A		1		A			1		1								1						
T				1	T																		
J	1		1	1		J							1										
N							N																
U			1					U															
I								1	I								1	1					
G		1								G													
V								1			V												
P					1		1					P						1	1				
M			1								1	1	M										1
R													1	R									
C				1											C								
L		1		1			1		1					1		L							
E				1				1				1				1	E						
Q	1									1		1				1		Q					
W			1		1						1			1					W				
F															1					F			
B				1			1		1								1				B		
H																				1		H	
K																					1	1	K

(b) 以返工预处理后的NV_P为目标函数

图 3-7　优化后的 DSM

表 3-2　项目初始状态及采用不同目标优化后的结果

优化目标	优化前	传统目标函数优化结果	新目标函数优化结果
TRR	52.7	16.5	0.02
NV_P		36.19	50.15

续表

优化目标	优化前	传统目标函数优化结果	新目标函数优化结果
反馈个数	23	13	12
反馈距离	156	94	90
费用均值	125.8	121.2	114.6
费用方差	6.8	5.9	1.2
时间均值	89.5	75.8	69.6
时间方差	5.1	4.6	1.4

由表 3-2、图 3-7（a）可知，采用传统优化方法对项目初始状态的活动排序优化后，反馈个数较优化前的流程 DSM 减少了 43.5%，反馈距离减少了 39.7%，同时，费用和时间的均值、方差也有不同程度降低。这说明该算法能有效减少信息的反馈，并降低项目总费用和时间。

采用返工预处理后的项目净收益 NV_P 作为目标函数，其他参数如上设置，进化过程略。优化后的 DSM 矩阵如图 3-7（b）所示。由表 3-2 可见，较优化前的初始流程，采用本章提出的方法优化后的流程 DSM 中的迭代减少了 47.8%，反馈距离降低了 42.3%，费用和时间的均值、方差也得到不同程度降低。另外，与传统优化方法相比，本章提出的方法在反馈点数、反馈距离等指标方面都取得了较好的结果。值得注意的是，如图 3-7（b）所示，采用新的目标函数优化后，项目的后五个活动只发生 2 次返工，返工集中在项目前中期，这可以极大地降低项目返工风险。

由项目总费用与总时间的累积概率图，可知项目在不同费用和不同时间完成的概率。采用本章提出的目标函数进行仿真，优化前后的项目总费用和总时间的累积概率图如图 3-8 所示，联合概率分布如图 3-9 所示。由图 3-8 和图 3-9 可知，采用本章提出的目标函数优化后，项目的总费用和时间的分散程度有较大幅度降低。

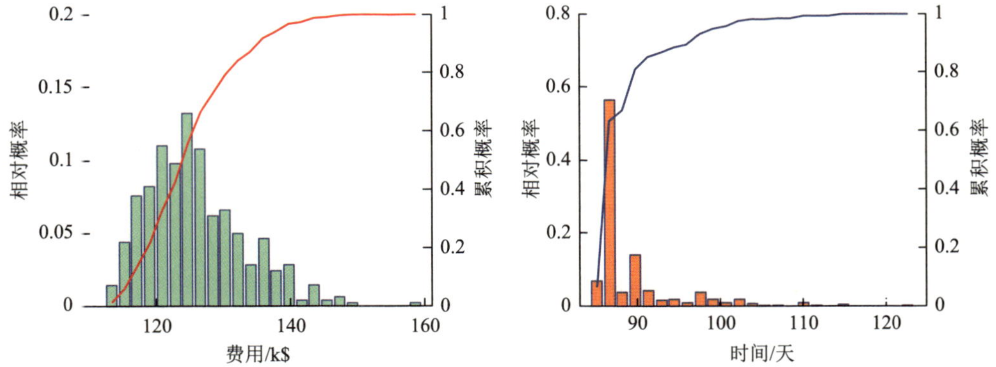

(a) 优化前

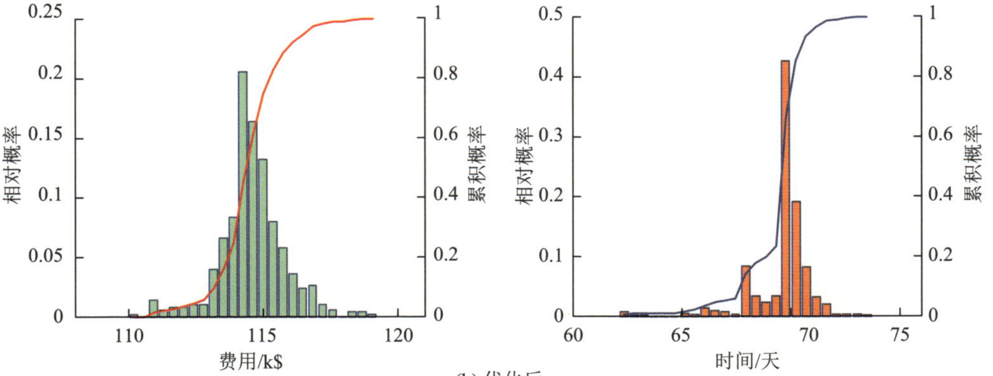

(b) 优化后

图 3-8　采用新目标函数优化前后项目总费用与时间累积概率曲线

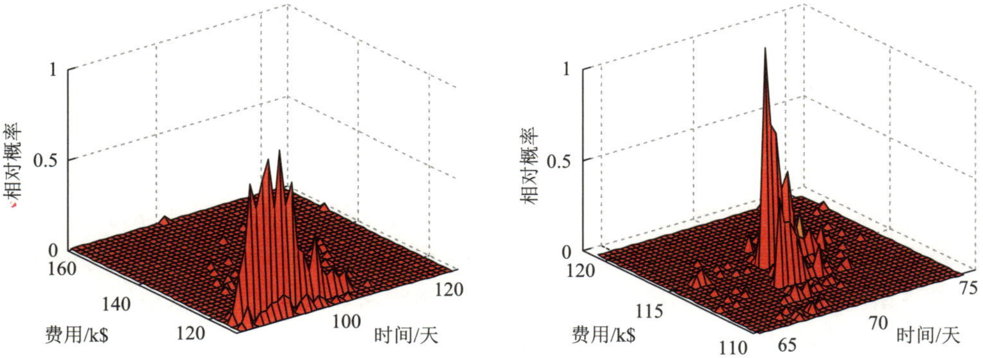

图 3-9　优化前后项目总费用/时间联合概率分布图

比较分析上述计算结果，可得如下结论。

（1）从项目风险的角度：传统目标函数将风险作为参数考虑，而新的目标函数直接通过降低返工风险来进行优化，优化结果显示新的目标函数可明显降低返工导致的项目费用和时间。优化前的 DSM 矩阵存在大量反馈，由表 3-2 可见，采用新方法优化后反馈减少，项目的总费用和时间均值分别降低了 8.9%、22.2%，与传统优化方法相比，新方法优化后结果得到了进一步优化。

（2）从迭代风险的角度：传统的目标函数仅考虑了返工的协调成本和协调时间，而本章考虑了返工风险发生的相对时间和范围，将“迭代因子”加入优化目标函数的计算中，目的是将返工发生的时间提前，从而减少项目总风险。优化前流程 DSM、采用传统优化方法和本章提出的优化方法，得到的各迭代风险因子之和 IR 分别为 28.7、17.1、15.3，表明本章提出的优化方法可使迭代风险明显降低。由此可验证本章提出的模型可以有效地降低返工的时间因素导致的风险。

（3）从返工预处理的角度：由于新的排序优化过程中，加入了返工预处理活动，使得一旦发生返工，返工的影响强度会明显降低，由表 3-2 可见，较传统方法，采取预处理后，项目的总返工风险 TRR 得到较大幅度降低，相应的净收益 NV_P 提高了 38.6%。由图 3-8 和图 3-9 可见，新方法优化后，项目费用和时间均值和方差有较大的降低，数据更趋于稳定和集中。

（4）从变更传播的角度：通过变更传播比建立的返工风险评价函数能更加全面地反映返工风险对整个项目的影响。新的目标函数在返工因子的基础之上，考虑了变更的传播影响，目的是通过减少变更放大者，使得变更影响降低。一般说来，费用高和时间长的活动发生变更对项目的费用和时间影响大，本例中，对于工作量较大的四个活动 N、D、Q、T，其优化前的 CPR 分别是 3、1、0.5 和 1，优化后，N、D、Q 和 T 活动的 CPR 分别降低为 1、0、0 和 0，也就是说 N 活动由变更的放大者变成了变更的传递者，D、Q 和 T 活动由变更的传递者变成了变更完全吸收者。除此之外，对其他活动的变更传播比也变小。活动的变更传播比变小，意味着变更影响变小，有益于节约项目费用和缩短时间。

3.4　总结

本章首先采用流程 DSM 方法研究了返工的变更传播机理，在返工概率矩阵的基础上建立了返工因子矩阵，并引入变更传播比表示活动在变更传播下所扮演的角色；其次，量化了迭代的时间和范围对迭代风险的影响；再次，采用返工预处理方法降低返工影响强度，建立了预处理后返工影响强度的计算模型；最后，构建了基于返工预处理的净收益 DSM 流程优化目标函数，综合了返工预处理、变更传播比和返工风险的时间因素的影响，对流程 DSM 进行排序优化。

算例分析结果表明，以本章提出的优化目标进行新产品开发流程优化，不仅可以明显降低项目费用和时间，还可以降低返工风险。

参考文献

杨青，吕杰峰. 2010. 基于 DSM 返工风险评价矩阵的项目优化与仿真[J]. 系统工程理论与实践，30（9）：1665-1671.

杨青，单晨，唐尔玲. 2015. 基于返工风险传播和预处理的研发项目流程 DSM 优化[J]. 系统工程理论与实践，35（6）：1501-1508.

Fang C，Marle F. 2013. Dealing with project complexity by matrix-based propagation modelling for project risk analysis[J]. Journal of Engineering Design，24（4）：239-256.

Fu Y，Li M Q，Chen F Z. 2012. Impact propagation and risk assessment of requirement changes for software development projects based on design structure matrix[J]. International Journal of Project Management，30（3）：363-373.

Huo L A，Guo H Y，Cheng Y Y，et al. 2020. A new model for supply chain risk propagation considering herd mentality and risk preference under warning information on multiplex networks[J]. Physica A：Statistical Mechanics and Its Applications，545：123506.

Li R M，Yang N D，Zhang Y L，et al. 2021. Impacts of module-module aligned patterns on risk cascading propagation in complex product development（CPD）interdependent networks[J]. Physica A：Statistical Mechanics and Its Applications，564：125531.

第 4 章

采用流程 DSM 分析研发项目中的重叠并行性

4.1 引言

产品设计在激烈的市场竞争中日益重要，这使得公司比以往任何时候都更关注缩短产品设计周期，并行工作被视为缩短研发时间的核心技术。因此，项目活动之间的关系除了通常的“开始-结束”外，还可以采用“开始-开始”“结束-开始”“结束-结束”等搭接关系，并用单代号网络图来描述这四种活动依赖关系，进一步，采用时间间隔（Lag，或称为时间滞后量）描述活动之间的逻辑关系。为了更完整地描述活动之间的并行性，本章采用重叠迭代模型（overlapping iteration modeling）来描述活动之间的并行关系。

研发活动之间常存在顺序重叠和反馈重叠，重叠并行性会加快项目的进度，但又存在返工风险（Meier et al.，2015；Lin et al.，2015）。设计结构矩阵（DSM）法是描述研发项目中活动之间关系的有效方法，传统的 DSM 描述活动之间信息流，认为某工作完全结束，才将信息传递给另一工作。实际上，通过活动的重叠并行执行，尽管会增加返工风险，但项目进度却得到了有效压缩（Yang et al.，2014b）。

为此，本章采用 DSM 信息输出时间因子（进化度）和信息输入时间因子（敏感度）矩阵及返工风险矩阵，以更完整地描述重叠及其对返工、项目工期和成本的影响，提出了活动重叠时间的计算方法，以及顺序重叠与反馈重叠导致的返工时间的计算方法。同时，还提出了活动重叠带来成本变化和返工导致成本增加的计算模型。针对某案例活动排序优化问题，以最大化时间缩短总量为目标函数进行优化，结果显示项目的持续时间、反馈距离、返工时间和总成本等均得到了明显的降低。

4.2　采用 DSM 矩阵描述流程中的重叠

4.2.1　研发项目中的重叠并行性

在研发项目中，通过活动重叠并行性可以大幅度缩短产品开发周期（Krishnan et al.，1997；Terwiesch and Loch，1999；Yin et al.，2019），下面是研发流程中三个典型的情景（Yang et al.，2014a）。

1. 情景 1：顺序过程

图 4-1 为一个典型的顺序过程（Sequential Process，SP），上游活动输出信息后，下游活动才能开始执行。在图 4-1 中，有两个关键的审查点——“最终规范审查”（Final Specification Review，FSR）和“生产审查”（Production Review，PR），它们均有可能导致迭代或返工。通常情况下，迭代的次数取决于产品的复杂性、顾客需求的不确定性、项目团队的经验以及其他因素。

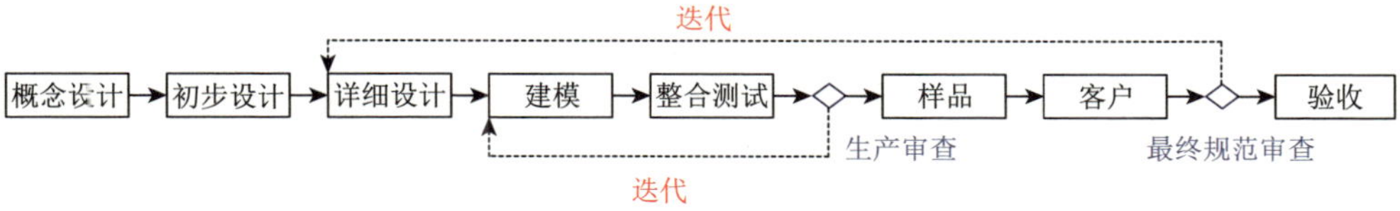

图 4-1　情景 1：顺序过程

2. 情景 2：具有前置-风险的强制重叠过程

为了加速研发进程，可以采用具有前置-风险的强制重叠过程（Forced overlapped processes with lead-risk，FOLR）（图 4-2）。在初始过程中，“建模”活动可以分解为两个子活动——“建模固定模块”和“建模可变模块”，前者不需要上游活动传递的信息就可以执行。因此，它可以在上游活动输出信息前开始，相当于是一个前置时间（lead）。此外，“样品”和“建模可变模块”两个活动也可以重叠并行执行。但是，重叠并行会导致返工风险。

3. 情景 3：具有前置-风险的强制并行重叠过程

为进一步缩短项目持续时间，可以构建具有前置-风险的强制并行重叠过程（Forced parallel overlapped processes with lead-risk，FPOLR）。如图 4-3 所示，“建模可变模块”可被分解为三个子模块，“测试”活动被分解成对应每个子模块的三个子测试。由于它们之间相互独立，不存在输入-输出交互关系，所以这些子活动可以并行执行。此外，生产审查这个长迭代（范围较大的迭代）也被分解为3个范围较小的短迭代。

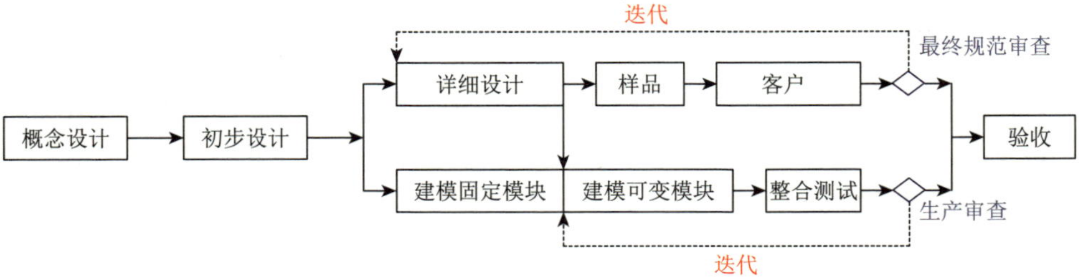

图 4-2　情景 2：具有前置-风险的强制重叠过程

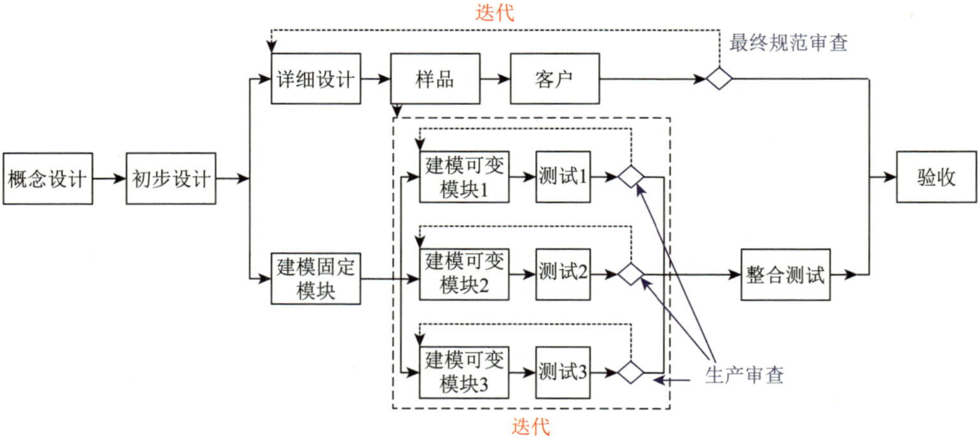

图 4-3　情景 3：具有前置-风险的强制并行重叠过程

与情景 2 相比，情景 3 的并行性得到了进一步的提高。因此，我们可以不断改进项目的并行性水平，以缩短项目的周期时间。

对于上述流程，可以采用仿真的方法计算整个流程的周期时间，并分析不确定因素对周期时间的影响（Yang et al.，2014a；杨青和吕杰峰，2010）。进一步，我们对重叠并行性的最基本特性进行分析和建模，并在此基础上建立基于重叠的流程 DSM。

4.2.2　活动间的重叠过程建模

两个活动间最基本的重叠过程，可以划分为顺序重叠和反馈重叠两种情况。

1. 顺序重叠

顺序重叠即顺序执行的上游活动与下游活动之间的重叠。传统观点认为，当上游活动结束后，才将信息输出给下游活动。但实际上，下游活动可以不用等上游活动完全结束后才开始。如图 4-4（a）阴影部分 1 所示，下游活动 C 并没有等上游活动 B 完全结束后才开始工作，二者可以并行进行。

另外，下游活动接收上游活动初始信息开始工作后，由于设计活动之间常存在耦合性，即上游活动不断传递信息给下游活动的同时，下游活动也会将信息迭代给上游活动（即重叠迭代），直至下游活动接收其需要的源于上游活动的最终信息。如图 4-4（a）阴影部分 2 所示，上游活动 B 传递信息给下游活动 C，活动 C 将信息迭代给活动 B，直至活动 C 接收其所需的最终信息。

因此，阴影部分 1 和 2 构成了上下游活动之间的顺序重叠（即并行进行）。而并行工作通常会导致返工，为此，本章提出了顺序重叠导致的返工时间延长[如图 4-4（a）阴影部分 3 所示]，它的长短是并行部分（阴影部分 1 与 2 之和）的函数。

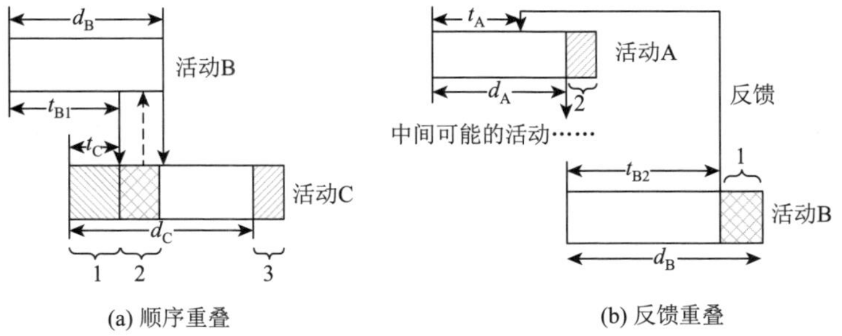

图 4-4　两个活动间重叠描述示意图

2. 反馈重叠

以往研究只考虑了顺序重叠，认为下游活动在完全完工后才将信息反馈给上游活动，但实际上，下游活动只要能为上游活动提供足够信息便可反馈给上游活动，反馈过程中也存在重叠并行性。

为此，本章提出了反馈重叠，如图 4-4（b），下游活动 B 完成一定工作量后便可将信息反馈给上游活动 A，而不需要等其完全结束后才进行，此时上游活动返工和下游活动剩余工作重叠（即并行进行），即反馈重叠，如图 4-4（b）中阴影部分 1 所示；另外，反馈重叠导致 A 活动的返工时间延长，如图 4-4（b）中阴影部分 2 所示。

4.2.3 采用 DSM 矩阵描述流程中的重叠及其对返工风险的影响

本章采用信息输出时间因子（Information Output Time Index，IOI）和信息接收时间因子（Information Receiving Time Index，IRI，也称为信息输入时间因子），以描述顺序重叠（或反馈重叠）。如图 4-4，活动 A、B、C 的持续时间分别是 d_A，d_B 和 d_C；t_{B1} 表示 B 活动信息开始顺序输出给下游活动时其已执行的时间，t_{B2} 表示 B 活动信息开始反馈输出时其已执行的时间，t_C 表示信息到达活动 C 时其已执行的时间，t_A 表示活动 A 接收到反馈信息时其已执行的时间。

因此，在顺序重叠情况下，B 活动传递信息给 C 活动的输出时间因子 $\text{IOI} = t_{B1}/d_B$，C 活动接收 B 活动信息的输入时间因子 $\text{IRI} = t_C/d_C$；在反馈重叠情况下，B 活动信息反馈给 A 活动的输出时间因子 $\text{IOI} = t_{B2}/d_B$，A 活动接收 B 活动信息的输入时间因子 $\text{IRI} = t_A/d_A$。

本章采用 DSM 信息输出和输入时间因子矩阵及返工风险矩阵，以更完整地描述两种重叠及其对返工的影响。

（1）信息输出时间因子矩阵——O 矩阵。如图 4-5（a），该矩阵非对角线上的数字 $O(i, j)$ 表示活动 j 的信息输出时间因子。其取值范围为(0, 1]，取值为 1 时表示 j 活动完全完工时才向活动 i 输出信息。其中，下对角线的数字表示顺序重叠情况下，上游活动向下游活动输出信息的时间因子，上对角线的数字表示反馈重叠情况下，下游活动向上游活动反馈信息的时间因子。矩阵的对角线上，可以采用数字表示相应活动的持续时间（该图略）。例如，图中下对角线中 $O(3,2) = 0.7$ 表示第二列对应的活动 B 进行到其时间的 70%时便可以给第三行对应的活动 C 提供信息；上对角线中的 $O(1,3) = 0.8$ 表示第三列对应的活动 C 完成其工作时间的 80%时即可反馈输出信息给第一行对应的活动 A。

A	B	C	D
A		0.8	
1	B	0.5	
	0.7	C	
1		0.9	D

(a) O矩阵

A	B	C	D
A		0.3	
0	B	0.4	
	0.2	C	
0.2		0.3	D

(b) I矩阵

A	B	C	D
A		0.8	
0.8	B	0.9	
	0.7	C	
0.9		0.7	D

(c) RP矩阵

A	B	C	D
A		0.1	
0.3	B	0.2	
	0.2	C	
0.1		0.2	D

(d) RI矩阵

图 4-5 描述活动重叠及返工风险的各 DSM 矩阵

（2）信息输入时间因子矩阵——I 矩阵，它指接收信息的活动的时间因子矩阵。如图 4-5（b），该矩阵非对角线上的数字 $I(i,j)$ 表示活动 i 的信息输入时间因子，其取值范围为[0, 1)，取值为 0 表示活动 i 在一开始执行时就需要接收活动 j 提供的信息。对角线上的数字可以用来表示相应活动持续时间。例如，图中 $I(3,2)=0.2$ 表示活动 C 进行到其时间的 20%时开始接收来自活动 B 的信息。

（3）由于风险是概率与影响强度的函数，因此，可以采用返工概率矩阵和返工影响强度矩阵描述重叠导致的返工风险（杨青和吕杰峰，2010）（见第 3 章）。如图 4-5（c）中非对角线 $\mathrm{RP}(i,j)$ 的值表示返工概率。上对角线数值表示下游活动导致上游活动返工（一次返工）的概率，下对角线元素表示上游活动返工所导致接收其信息的下游活动发生返工（二次返工）的概率。另外，如图 4-5（d）所示，返工影响强度矩阵 $\mathrm{RI}(i,j)$ 表示若返工发生，返工工作量占该活动总工作量的百分比，它反映了返工工作量的不确定性。

4.2.4　考虑活动重叠的项目时间计算模型

由图 4-4，可以建立如下所示的简化计算模型（杨青和黄建美，2011）。更加详细的计算模型，请见 4.3 节。

1. 基于顺序重叠的项目持续时间计算

用 ES 和 EF 分别表示各活动的最早开始时间和最早结束时间，则：

$$\mathrm{ES}(i)^{*}=\mathrm{Max}(\mathrm{ES}(j)+O(i,j)\times O(j,j)-I(i,j)\times I(i,i)),\quad j\in[i-1,n] \tag{4-1}$$

$$\mathrm{ES}(i)=\begin{cases}\mathrm{ES}(i)^{*}, & \mathrm{ES}(i)^{*}>0\\ 0, & \mathrm{ES}(i)^{*}\leqslant 0\end{cases}\quad i\in[1,n] \tag{4-2}$$

$$\mathrm{EF}(i)=\mathrm{ES}(i)+I(i,i)+(I(i,j)\times I(i,i)+(1-O(i,j))\times O(j,j))\times \mathrm{RI}(i,j) \tag{4-3}$$

式中，$I(i,j)\times I(i,i)$ 表示图 4-4（a）中阴影部分 1，即下游活动开始接收上游活动提供信息时已经执行的时间；$(1-O(i,j))\times O(j,j)$ 表示图 4-4（a）中阴影部分 2，即上游活动提供信息的迭代时间；$(I(i,j)\times I(i,i)+(1-O(i,j))\times O(j,j))\times \mathrm{RI}(i,j)$ 表示顺序重叠导致的返工时间［图 4-4（a）中阴影部分 3］。n 表示项目活动数量，此处暂不考虑返工概率。本章将项目顺序执行的时间称为项目的持续时间。

因此，整个项目的持续时间为：

$$T_c=\mathrm{Max}[\mathrm{EF}(i)],\quad i\in[1,n] \tag{4-4}$$

2. 基于反馈重叠导致的返工时间计算

1）反馈导致的返工时间计算

如图 4-4（b）所示，下游活动在完成一定工作量后（O矩阵值），即可为上游活动反馈信息，反馈通常导致上游活动返工，且上游活动返工又会导致接收其信息的下游活动发生返工，即二次返工。因此，整个项目反馈导致的返工时间RT为：

$$\mathrm{RT}=\sum_{i=1}^{n}\left(\sum_{j=i+1}^{n}(O(i,j)\times\mathrm{RP}(i,j)\times\mathrm{RI}(i,j))\times\sum_{u=i}^{n}(\mathrm{time}(u)\times\mathrm{RP}(u,i)\times\mathrm{RI}(u,i))\right)\tag{4-5}$$

式中，$\mathrm{time}(u)$表示活动u的持续时间；$O(i,j)\times\mathrm{RP}(i,j)\times\mathrm{RI}(i,j)$表示某一活动反馈给上游活动导致其返工，即一次返工；$\sum_{u=i}^{n}(\mathrm{time}(u)\times\mathrm{RP}(u,i)\times\mathrm{RI}(u,i))$表示上游活动返工后，导致接收其信息的其他活动返工，即二次返工。

2）反馈重叠时间计算

下游活动反馈信息给上游活动后，下游活动仍在继续剩余部分，即$(1-O(i,j))$的工作，即反馈重叠，如图 4-4（b）中阴影部分 1 所示。重叠并行性可缩短项目时间。由于式（4-5）中RT已包含了反馈重叠时间，因此在计算项目反馈导致的实际返工时间时应将其剔除。反馈重叠导致时间增量计算如下。

下游活动的信息反馈使上游活动返工，导致其时间的延长［如图 4-4（b）中阴影部分 2］为：

$$T_1'=O(i,i)\times\mathrm{RI}(i,j)\times\mathrm{RP}(i,j),\quad i\in[1,n]$$

下游活动信息反馈给上游活动时，下游活动未完工部分，即反馈重叠的时间［如图 4-4（b）中阴影部分 1］为：

$$T_2'=(1-O(i,j))\times O(j,j),\quad j\in[i+1,n]$$

由此，下游活动对上游活动的反馈重叠导致的时间增量为：

$$\Delta T(i,j)=\begin{cases}O(i,i)\times\mathrm{RI}(i,j)\times\mathrm{RP}(i,j)-(1-O(i,j))\times O(j,j), & T_1'>T_2'\\ 0, & T_1'<T_2'\end{cases}\tag{4-6}$$

进一步，整个项目反馈重叠导致的时间增量为$\Delta T=\sum_{i=1}^{n}\sum_{j=i+1}^{n}\Delta T(i,j)$。

3. 基于重叠并行性的 DSM 优化目标函数

如前所述，由于RT中已经包含了ΔT，因此，反馈导致的项目返工时间为：

$$T_R=\mathrm{RT}-\Delta T\tag{4-7}$$

由以上项目的顺序执行时间［式（4-4）］及反馈导致的项目返工时间［式（4-7）］，

得到基于活动重叠并行性的项目总时间如式（4-8）所示，以此作为 DSM 矩阵优化目标函数。

$$\text{Min}\quad \text{Obj} = \omega_1 T_c + \omega_2 T_R = \omega_1(\text{Max}[\text{EF}(i)]) + \omega_2(\text{RT} - \Delta T),\quad i \in [1, n] \qquad (4\text{-}8)$$

式中，ω_1、ω_2 表示权重系数，且 $\omega_1 + \omega_2 = 1$。

由上面的初步分析，可以建立更加全面的与重叠并行性相关的进度与成本模型。

采用式（4-8）进行流程 DSM 优化的算例见文献（杨青和黄建美，2011）。

4.3　流程重叠并行性对进度的影响

4.2 节建立的信息输出时间因子 O 矩阵和信息输入时间因子 I 矩阵，也可以用进化度 E 和敏感度 S 的概念来表述（详见下章阐述）。因此，在本书中，信息输出时间因子 O 矩阵 = 进化度 E 矩阵，信息输入时间因子 I 矩阵 = 敏感度 S 矩阵。

由 4.2 节建立的与重叠相关的 DSM 矩阵，可以构建更加全面的项目时间与成本计算模型（Yang et al.，2012）。

4.3.1　计算两个活动间的重叠时间

活动之间的总重叠时间是交换初始信息前的重叠时间和交换初始信息之后的重叠时间之和。在图 4-6 和图 4-7 中，活动 i 和 j 之间相互依赖，在初始信息交流之前活动 j 已经执行的时间是提前时间。由于下游活动的开始时间可以晚于或早于上游活动，在初始信息交流之前，计算重叠时间存在两种情况（图 4-6 的阴影部分 1）。

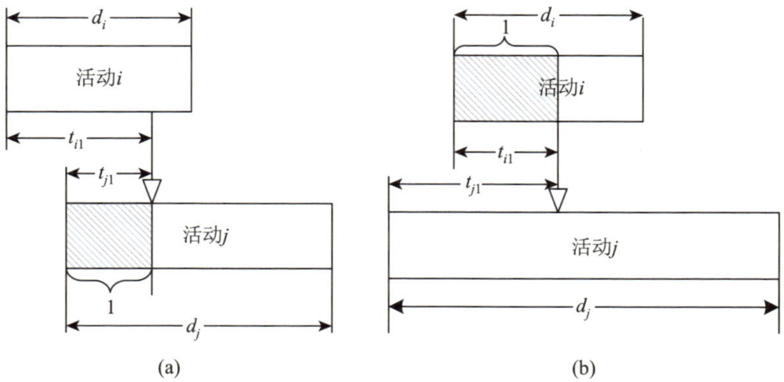

图 4-6　初始信息交流前的重叠时间

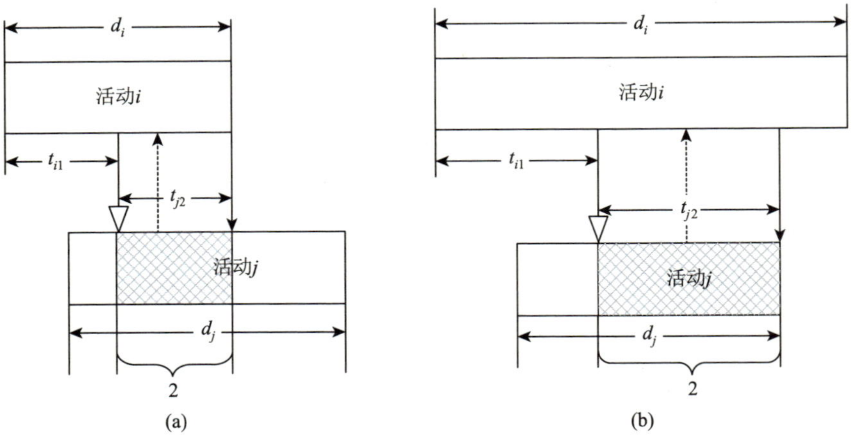

图 4-7　初始信息交流后的重叠时间

图 4-6 中，d_i 表示活动 i 的持续时间，t_{i1} 表示活动 i 发送信息前的时间，d_j 表示活动 j 的持续时间，t_{j1} 表示活动 j 接收信息前的时间。

因此，初始信息交流前的重叠时间可以用如下公式计算：

$$T_{OV1}(i,j)=\begin{cases}I(i,j)\times D(j), & O(i,j)\times D(i)>I(i,j)\times D(j)\\ O(i,j)\times D(i), & 其他\end{cases} \tag{4-9}$$

式中，j 表示当前活动；i 表示上游活动；$D(i)$ 和 $D(j)$ 表示活动 i 和 j 的持续时间；这里，当阅读文献（Yang et al.，2014b；Yang et al.，2012）时，本章中的信息输出 $O(i,j)$ 矩阵 = 进化度矩阵 $E(i,j)$，信息输入 $I(i,j)$ 矩阵 = 敏感度矩阵 $S(i,j)$（Yang et al.，2014b；Yang et al.，2012）。

同样，计算交流初始信息以后的重叠时间，也有两种情况（见图 4-7 阴影部分 2）。可用如下公式计算：

$$T_{OV2}(i,j)=\begin{cases}(1-O(i,j))\times D(i), & (1-O(i,j))\times D(i)<(1-I(i,j))\times D(j)\\ (1-I(i,j))\times D(j), & 其他\end{cases} \tag{4-10}$$

如果活动 j 与多个上游之间存在并行活动，活动 j 的总重叠时间就是：

$$T_{OV}(j)=\text{Max}(T_{OV}(i,j))=\text{Max}(T_{OV1}(i,j)+T_{OV2}(i,j)),\quad i=1,2,\cdots,j-1 \tag{4-11}$$

此外，除了具有耦合关系的重叠并行过程，上游和下游活动之间没有信息交换的并行过程也有助于缩短项目周期时间，本章定义项目的并行率为：

$$R_{CO}=\sum_{i=1}^{n}(T_{OV}(i)+T_{PA}(i))\Big/D \tag{4-12}$$

式中，$T_{PA}(i)$表示平行时间；D 表示项目工期［由式（4-24）计算］。

4.3.2　计算重叠导致的返工时间

通常来说，活动的并行性会缩短项目工期，但也会增加项目中与并行有关活动的返工风险。为此，进一步分析并行导致的返工时间。

1. 顺序重叠导致的返工时间增量

顺序重叠导致的返工量是两部分工作并行时间 $T_{OV}(i,j)$ ［见式（4-11）］的函数，并行量越大，返工越多，这体现了“并行会增加返工风险”这一基本假设。这里，假设这两部分重叠所导致的返工概率相等，则顺序重叠导致 j 活动的返工时间［图 4-4（a）中阴影部分 3］可表示为：

$$\Delta T_1(i,j)=f_1 f_2 T_{OV}(i,j)\mathrm{RI}(i,j)\mathrm{RP}(i,j),\quad i>j \tag{4-13}$$

式中，$i>j$ 表示信息的传递发生在 DSM 矩阵的下三角；f_1 表示活动的复杂程度和技术继承性；f_2 表示开发团队的能力和经验。

在计算时，依次计算 DSM 矩阵中每个活动由接收输入信息过程中的并行性导致的返工时间。即在 DSM 矩阵中，对于接收信息的活动 i，行 i 不变，而列 j 由 1 到 $i-1$ 变化，因此计算的是 DSM 矩阵下三角部分。

如图 4-8，对于活动 j，接收来自上游活动导致的顺序重叠返工总量为：

$$\Delta T_1(j)=\sum_{i=1}^{j-1}\Delta T_1(i,j) \tag{4-14}$$

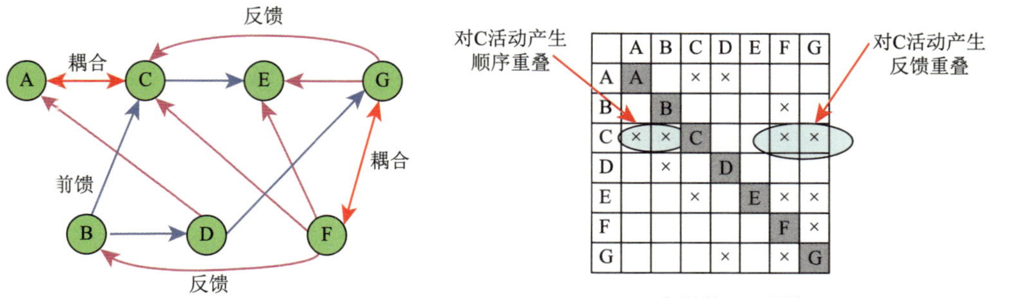

(a) 设计活动之间的信息流　　(b) 初始的DSM矩阵

图 4-8　活动 i 的所有顺序重叠与反馈重叠示意图

2. 反馈导致的当前活动返工时间增量

反馈重叠导致时间增量如图 4-4（b）中阴影部分 2 所示。通常认为，返工工作量与开始接收信息变更的时间、工作持续时间及返工强度相关。

影响返工的因素包括：①上游活动接收下游反馈的时间及影响强度，即 $I(i,j)$ 越小，返工量越小，$\mathrm{RI}(i,j)$ 越小，返工量也越小；②上下游之间的距离 $L(i,j)$，距离越长，导致的返工量越大，本章用距离指数函数表示 $L(i,j)^{\alpha}$；③活动的复杂程度和技术继承性，用系数 f_3 表示；④开发团队的能力和经验，用系数 f_4 表示。

因此，下游活动的信息反馈使上游活动返工的时间［如图 4-4（b）中阴影部分 2］为：

$$\Delta T_2(i,j)=f_3 f_4 D(j) L(i,j)^{\alpha} I(i,j)\mathrm{RI}(i,j)\mathrm{RP}(i,j),\quad p<\mathrm{RP}(i,j),\quad i<j \tag{4-15}$$

式中，j 表示当前工作；i 表示上游活动。

由上式，$i<j$ 表示信息的传递发生在 DSM 矩阵的上三角。在计算时，依次计算 DSM 矩阵中每个活动有信息反馈时导致的返工时间，即在 DSM 矩阵中，对于反馈信息的活动 j，列 j 不变，而行 i 由 1 到 $j-1$ 变化，因此计算的是 DSM 矩阵上三角部分。

如图 4-8，对于 j 活动，接收来自下游活动反馈信息而导致的反馈重叠返工总量为：

$$\Delta T_2(j)=\sum_{j=i+1}^{n}\Delta T_2(i,j) \tag{4-16}$$

式中，n 表示项目活动数量。

3. 反馈重叠导致的间接返工（迭代）时间增量

如图 4-4（b）所示，下游活动在完成一定工作量后，即可为上游活动反馈信息，反馈通常导致上游活动返工，且上游活动返工又会导致接收其信息的下游活动发生返工，即间接返工。因此，整个项目反馈导致的间接返工时间为：

$$T_{IR}=f_5 f_6\sum_{i=1}^{n}\left(\sum_{j=i+1}^{n}(O(i,j)\times\mathrm{RP}(i,j)\times\mathrm{RI}(i,j))\sum_{u=i+1}^{n}(D(u)\times\mathrm{RP}(u,i)\times\mathrm{RI}(u,i))\right) \tag{4-17}$$

式中，f_5 和 f_6 表示系数；$D(u)$ 表示活动 u 的持续时间；$O(i,j)\times\mathrm{RP}(i,j)\times\mathrm{RI}(i,j)$ 表示某一活动反馈给上游活动导致其返工，即直接返工；$\sum_{u=i+1}^{n}(D(u)\times\mathrm{RP}(u,i)\times\mathrm{RI}(u,i))$ 表示上游活动返工后，导致接收其信息的其他活动返工，即间接返工。

所以，由上述可知，项目由于活动重叠并行性导致项目总的时间缩短量为：

$$\Delta T=\sum_{i=1}^{n}(T_{OV}(i)-(\Delta T_1(i)+\Delta T_2(i)))-T_{IR} \tag{4-18}$$

4.3.3 项目工期计算

与关键路径法类似，可以通过计算各活动的最早时间参数来计算项目工期。本章提出用最早输出信息时间（EO）和最早接收信息时间（ER）来描述产品研发过程中的信息流。EO 是一个活动已完工部分能输出信息的尽可能早的时间，ER 是一个活动可以接收信息的尽可能早的时间。

1. 计算活动的最早接收信息时间

对于下游活动来说，最早开始接收信息的时间为上游活动输出信息的时间，当一个活动有多个上游活动给它提供信息（即多个紧前时），只有当它们提供的信息都被接收到，下游活动才能开展其剩余的工作。

如果一个下游活动只有一个上游活动，那么：

$$\mathrm{ER}(j)=\mathrm{EO}(i,j),\quad i<j \tag{4-19}$$

因此，当一个下游活动有多个上游活动时，其最早可能接收输入信息以便开展其剩余工作的时间为：

$$\mathrm{ER}(j)=\mathrm{Max}\{\mathrm{EO}(i,j)\},\quad i<j \tag{4-20}$$

而上游活动 i 开始输出信息的时间为：

$$\mathrm{EO}(i,j)=O(i,j)\times D(i) \tag{4-21}$$

2. 计算活动最早开始时间

对于每个活动的最早开始时间，就是其最早可以开始接收信息的时间，再减去预准备的时间。当一个活动接收多个上游活动且其预准备的提前时间不同时，为避免下游活动过早开始而导致的等待时间，如，当一个活动接收两个上游活动的信息，一个可以提前 5 天时间做准备工作，而另外一个可以提前 3 天时间做相应的准备工作，取较小值（3 天），相应计算公式为：

$$\mathrm{ES}(j)=\mathrm{Max}\{\mathrm{ER}(j)-I(i,j)\times D(j),0\},\quad i<j \tag{4-22}$$

为避免活动的 $\mathrm{ES}(j)$ 出现负值的情况，若上式计算得 $\mathrm{ES}(j)<0$，取其最早开始时间为 0。

简单的例子如图 4-9 所示。

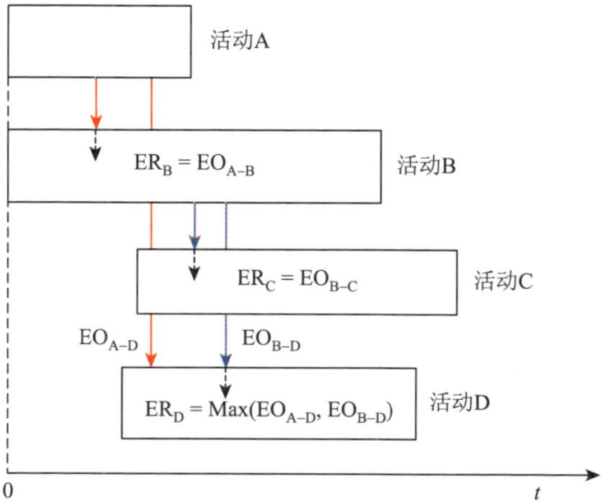

图 4-9　计算活动最早时间

3. 计算项目工期

因此，每个活动的最早完成时间为最早开始时间加上持续时间及返工时间：

$$EF(j) = ES(j) + D(j) + \Delta T_1(j) + \Delta T_2(j), \quad i < j \tag{4-23}$$

整个项目的工期为：

$$D = \mathrm{Max}(EF(j)), \quad j = 1, 2, \cdots, n \tag{4-24}$$

4.4 流程重叠并行性对成本的影响

4.4.1 重叠导致的成本变化

由上面的分析可知，重叠与返工对成本的影响为：①重叠并行性导致成本变化，通常，重叠导致项目的间接成本降低，但有可能增加沟通和人力资源等直接成本；②重叠引起返工成本变化，通常，重叠会导致返工风险增加，使间接成本增加但使直接成本降低。为此，本章构建基于重叠与返工的间接成本和直接成本模型。

1. 重叠并行性导致的间接成本降低

重叠导致的间接成本与项目工期变化值存在函数关系，并行性导致的整个项目间接成本降低 C_{OV}：

$$C_{OV} = \sum_{i=1}^{n} f_{IN}(D_0 - D) \tag{4-25}$$

式中，f_{IN} 表示项目的边际间接成本；D 表示项目在过程重叠情况下的持续时间，可以由式（4-24）得到；D_0 表示初始无重叠时项目的最早完成时间。

2. 重叠并行性导致的沟通成本增加

通常，信息沟通越晚，则变更造成的影响越大，导致的成本越大，沟通能够减少会导致大量成本的返工。顺序重叠导致的沟通成本为：

$$C_{CO1}(i,j) = f_{CO}\mathrm{Min}((1 - O(i,j)) \times D(i), (1 - I(i,j)) \times D(j)) \tag{4-26}$$

式中，f_{CO} 表示项目的边际沟通成本；$\mathrm{Min}((1 - O(i,j)) \times D(i), (1 - I(i,j)) \times D(j))$ 表示两个活动之间的顺序重叠量，为图 4-7 中阴影部分 2。

反馈重叠导致的沟通成本为：

$$C_{CO2}(i,j) = f_{CO}(j - i)^{\alpha} \times I(i,j) \times D(i) \times \mathrm{RI}(i,j) \times \mathrm{RP}(i,j) \tag{4-27}$$

式中，$(j-i)$ 表示反馈距离；α 表示系数。

因此，总的沟通成本为：

$$C_{CO}(i)=\sum_{j=1}^{n}(C_{CO1}(i,j)+C_{CO2}(i,j)) \tag{4-28}$$

3. 重叠并行性导致的人力资源成本增加

$$C_{\text{hu}}(i,j)=f_{\text{hu}}T_{OV2} \tag{4-29}$$

式中，f_{hu} 表示项目的边际人力资源成本。

4.4.2　返工导致的成本增加

1. 反馈导致的直接返工成本增加

返工时间是沟通时间的函数，下游活动开始接收上游信息的时间越早，上下游之间重叠越早，返工时间越短。因此，本章定义两两活动重叠导致的一次直接返工成本增加值是每个活动接收信息（即 S 值）的函数。另外，上三角的反馈距离对项目时间与成本也有直接的影响：若反馈距离长，则说明反馈导致的间接返工活动多，项目的返工时间增加；若反馈距离长，返工成本增加，总成本增加。

$$C_{DR}(i)=\sum_{j=1}^{i-1}f_{DR}I(i,j)(\Delta T_1(i)+\Delta T_2(i)) \tag{4-30}$$

式中，f_{DR} 表示 i 活动与 j 活动之间的边际直接返工成本。

2. 间接返工成本增加

它是指返工导致其他下游活动再次发生返工所引起的成本增加。可由下式计算：

$$C_{IR}(i)=f_{IR}(i)\sum_{j=i+1}^{n}(O(i,j)\times \text{RP}(i,j)\times \text{RI}(i,j))\sum_{u=i+1}^{n}(\text{Cost}(u)\times \text{RP}(u,i)\times \text{RI}(u,i))) \tag{4-31}$$

式中，$\text{Cost}(u)$ 表示活动 u 本身的成本；$\text{RP}(i,j)$ 和 $\text{RI}(i,j)$ 分别表示返工概率和返工影响强度矩阵中活动 i 和 j 之间交互作用的值；$O(i,j)\times \text{RP}(i,j)\times \text{RI}(i,j)$ 表示某一活动反馈给上游活动导致其返工，即直接返工；$\sum_{u=i+1}^{n}(\text{Cost}(u)\times \text{RP}(u,i)\times \text{RI}(u,i))$ 表示上游活动返工后，导致接收其信息的其他活动再次发生返工，即间接返工。

因此，重叠并行性导致的项目总成本增量为：

$$\Delta C=\sum_{i=1}^{n}(C_{DR}(i)+C_{IR}(i)+C_{CO}(i)+C_{\text{hu}}(i)-C_{OV}(i)) \tag{4-32}$$

4.5 案例分析

1. 案例背景与初始参数

某公司进行一种航天产品的初始设计，该项目共包含 14 个设计活动，它们各自活动本身的持续时间和成本如表 4-1 所示。其他参数的取值为：$f_1 = 1.5$，$f_2 = 1$，$f_3 = 4$，$f_4 = 1$，$f_5 = 1$，$f_6 = 5$，$f_{CO} = 4\text{k\$/d}$，$f_{\text{hu}} = 2\text{k\$/d}$，$f_{IN} = 1\text{k\$/d}$。该项目初始 DSM 矩阵如图 4-10 所示。

表 4-1　活动的初始参数

序号	活动	持续时间/天	成本/k$	边际直接返工成本 f_{DR}/k$
A	用户要求分析	10	20	4
B	估算总体设计参数	8	30	4
C	发动机论证和计算	9	40	4
D	飞行力学分析	8	25	5
E	产品长度/外形设计	10	48	4
F	弹性设计	30	42	15
G	空气动力设计	50	600	15
H	姿态控制设计	12	78	4
I	载荷设计	60	930	15
J	结构设计	70	800	15
K	装配工艺设计	9	400	4
L	电器设计	20	300	10
M	质量、质心设计	23	35	10
N	确定总体设计参数	4	50	4

2. 以时间压缩量最大化为优化目标进行流程 DSM 优化

DSM 的排序优化问题属于组合优化中的 NP-hard 问题，对于一个具有 n 个活动的 DSM 矩阵而言，总共最多有 $n!$ 个可行解，计算工作量巨大。因此，可利用基于 Matlab 的遗传算法求解。

适应度函数是遗传算法寻优的依据，一般而言，目标函数等同于适应度函数。遗传算法作为 DSM 优化的主要算法，目标函数的选取对于 DSM 优化问题至关重要。

	A	B	C	D	E	F	G	H	I	J	K	L	M	N
用户要求分析 A														
估算总体设计参数 B	×		×											
发动机论证和计算 C	×	×		×									×	
飞行力学分析 D	×	×	×			×	×			×	×			
产品长度/外形设计 E	×	×	×						×				×	
弹性设计 F	×	×			×					×				
空气动力设计 G	×				×	×				×				
姿态控制设计 H	×			×		×	×		×			×		
载荷设计 I	×		×	×		×	×				×			
结构设计 J	×								×			×	×	
装配工艺设计 K	×	×		×										
电器设计 L	×	×												
质量、质心设计 M	×	×			×					×				
确定总体设计参数 N	×							×		×		×		

(a) 初始信息流矩阵

A	B	C	D	E	F	G	H	I	J	K	L	M	N
0.8		0.9											
0.9	0.8		0.7									0.4	
0.9	0.4	0.5			0.8	0.8			0.8	0.7			
0.9	0.8	0.9						0.7				0.8	
0.9	0.4			0.4					0.4				
0.9				0.5	0.3				0.8				
0.9			0.9		0.8	0.9		0.6			0.6		
0.9		0.5	0.3		0.6	0.7				0.6			
0.9								0.5			0.6	0.4	
0.9	0.7		0.8										
0.9	0.6												
0.9	0.6			0.5					0.8				
0.9							0.9		0.9		0.6		

(b) 初始RP矩阵

	A	B	C	D	E	F	G	H	I	J	K	L	M	N
用户要求分析 A														
估算总体设计参数 B	0.8		0.9											
发动机论证和计算 C	1	0.8		0.7									0.5	
飞行力学分析 D	1	0.8	0.9			0.8	0.8			0.8	0.7			
产品长度/外形设计 E	1	0.8	0.9						0.8				0.6	
弹性设计 F	1	0.8			0.8					0.3				
空气动力设计 G	1				0.8	0.9				0.8				
姿态控制设计 H	1			0.9		0.8	0.9		0.7			0.6		
载荷设计 I	1		0.8	0.9		0.9	0.7				0.8			
结构设计 J	1								0.8			0.7	0.8	
装配工艺设计 K	1	0.7		0.8										
电器设计 L	1	0.8												
质量、质心设计 M	1	0.9			0.9					0.8				
确定总体设计参数 N	1							0.9		0.9		0.6		

(c) 初始*E*矩阵

A	B	C	D	E	F	G	H	I	J	K	L	M	N
0.8		0.1											
0.2	0.1		0.1									0.1	
0.2	0.1	0.2			0.2	0.1			0.2	0.2			
0.1	0.1	0.1						0.1				0.1	
0.2	0.1			0.1					0				
0.2				0.2	0.2				0.1				
0.1			0.2		0.1	0.1		0.1			0.2		
0.1		0.2	0.2		0.2	0.2				0.1			
0.2								0.4			0.1	0.1	
0.1	0.1		0.3										
0.2	0.1												
0.2	0.3			0.2					0.2				
0							0		0		0		

(d) 初始*S*矩阵

图 4-10　项目初始各 DSM 矩阵

大多数 DSM 优化目标都关注于使 DSM 矩阵上三角反馈数量最小化，从而减少反馈；另外一些目标函数则是使 DSM 矩阵对角线以上的反馈标记尽量靠近对角线；还有些目标函数把 DSM 矩阵中的信息交互关系的标记尽量推向矩阵的左下角为目标以提高产品开发过程的并行性；但是，事实上，对于项目经理来说，缩短项目工期才是 DSM 优化的最终目标。

由于重叠通常会导致返工风险，任何使活动重叠的尝试都要在确保提高项目进度的同时，重叠的负面影响也是最小的。因此，建立以项目时间缩短总量最大为优化目标的函数为：

$$\text{Max}\quad \Delta T=\sum_{i=1}^{n}(T_{OV}(i)-(\Delta T_1(i)+\Delta T_2(i)))-T_{IR}$$

$$\text{s.t.}\quad \Delta C=\sum_{i=1}^{n}(C_{CO}(i)+C_{\text{hu}}(i)+C_{DR}(i)+C_{IR}(i)-C_{OV}(i))<\Delta C'$$

式中，$\Delta C'$ 表示成本增加值的上限。

优化后的结果见图 4-11，优化前后的甘特图见图 4-12，优化前后与时间和成本相关的输出结果见表 4-2 和表 4-3。

	A	B	F	L	C	E	D	K	H	G	I	J	M	N
用户要求分析 A														
估算总体设计参数 B	×				×									
弹性设计 F	×	×				×						×		
电器设计 L	×	×												
发动机论证和计算 C	×	×					×						×	
产品长度/外形设计 E	×	×			×						×		×	
飞行力学分析 D	×	×	×		×			×		×		×		
装配工艺设计 K	×	×					×							
姿态控制设计 H	×		×	×			×			×	×			
空气动力设计 G	×		×			×						×		
载荷设计 I	×		×		×		×	×		×				
结构设计 J	×			×							×		×	
质量、质心设计 M	×	×				×						×		
确定总体设计参数 N	×			×					×			×		

图 4-11　优化后的流程 DSM

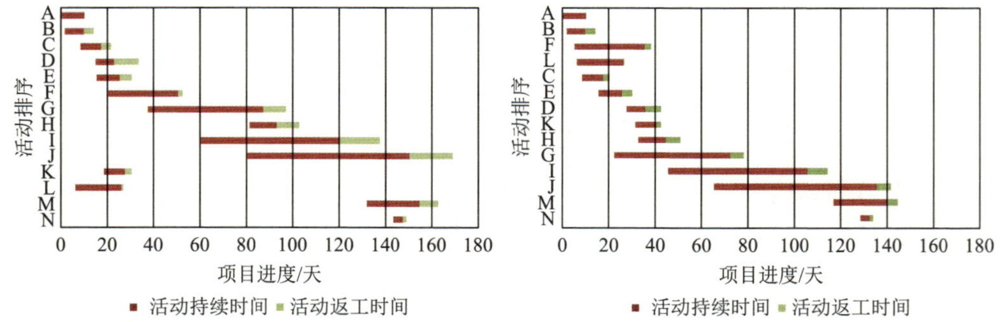

(a) 优化前　　(b) 优化后

图 4-12　优化前与优化后的甘特图

表 4-2　优化前后与时间相关的主要输出结果

	初始排序、无重叠	初始排序、有重叠	优化排序后、有重叠
时间压缩总量/天	0	43.9	59.2
项目最早完成时间 EF/天	270.0	168.9	146.9
反馈点数之和	16	16	14
所有反馈点的反馈距离之和	61	61	52
顺序重叠导致的返工时间/天	0	42.9	45.9
反馈重叠导致的直接返工时间/天	124.7	41.4	21.0
反馈重叠导致的间接返工时间/天	128.0	9.6	7.5
重叠时间/天	0	137.8	133.6
并行时间/天	0	30.5	50.0
项目并行率	0	62.3%	68.4%

表 4-3　优化前后与成本相关的主要输出结果

	初始排序、有重叠	优化排序后、有重叠
间接成本降低/k$	26.92	32.83
沟通成本/k$	294.20	251.40
人力资源成本/k$	126.40	115.20
直接返工成本/k$	848.80	572.00
间接返工成本/k$	143.50	106.70
总成本增量/k$	1385.98	1012.47

由图 4-12 和表 4-2 可见，以时间缩短量 ΔT 最大为优化目标，当活动之间的重叠越多时，ΔT 也会越大，相应地，活动的结果显示出项目的 EF 降低，较多的活动在项目初期开始工作。

（1）由初始的 DSM 图和甘特图可见，K、L 的紧前活动少，它们可以比较早开展二作，但是，由于它们对其他的活动有反馈，所以，优化后的 DSM 矩阵将它们调整到项目的早期开展，这样就降低了反馈。

对于 K 活动，K 活动需要 A、B 和 D 的信息，同时给 D、I 传递信息，K 与 D 存在耦合关系，那么 K 活动只要处于活动 A 和 B 之后，活动 I 之前，就是一个反馈最小的、合理的排序。优化以后的排序可以看出，消除了初始排序下 K 活动对 I 活动可能出现的信息反馈。

对于 L 活动，优化前后 L 活动的开始时间没有变化，只是其排序发生调整而已，那么，也就不会引起信息流的变化。也就是说，在早期一个时间段，虽然 L 活动排在后面，但是它给其他开始较晚的活动的信息传递并不是反馈的，而是前馈。

L 活动需要 A 和 B 的信息，同时给 H、J、N 传递信息，那么 L 活动只要处于活动 A 和 B 之后，活动 H、J、N 之前，就是一个局部不存在反馈的、合理的排序。事实上，优化以后的排序确实如此，消除了初始排序下 L 活动对 H、J 活动可能出现的信息反馈，从微观的角度说明了优化的有效性。

（2）对于活动时间较长的活动 G、I、J，优化后调整到项目的后期执行，有利于缩短项目的周期时间。

由表 4-2 可见，优化后 DSM 的 EF，与初始没有重叠的情况相比缩短了 45.6%，与初始有重叠的情况相比缩短了 13.0%，说明降低是明显的。另外，重叠并行性导致的项目时间缩短量增加了 34.9%。

由优化后的 DSM 图可见，活动的并行性有助于缩短项目的时间。DSM 矩阵上三角活动的反馈距离对项目时间与成本的影响包括：①对时间的影响，若反馈距离长，则说明反馈导致的间接返工活动多，项目的返工时间增加；②对成本的影响，若反馈距离长，返工成本增加，总成本增加。由此，在计算 ΔT_2 的式中增加了 f_1、f_2、$(j-i)^{\alpha}$ 后，增加了返工导致的反馈对结果的影响。

表 4-2 中 EF 为项目中所有信息流之间传递的关系中均为“Finish-Start”时计算的时间，由此得到整个项目持续时间。

尽管优化后重叠量略有降低，但是无信息交流活动之间的并行量提高，因为，优化后项目的总并行度有所提高。另外，优化后有信息交流的活动之间重叠量降低，有利于降低顺序重叠导致的返工，但在本例中，由于返工影响强度矩阵发生了变化，使顺序重叠导致的返工时间增加。

以初始排序、有重叠情况为基准，计算得到各主要成本的变动值见表 4-3。

并行性导致的间接成本降低由式（4-25）计算得到。由表 4-3 可知，优化后，反馈活动减少，因此反馈导致的直接返工成本和间接返工成本都有所降低，而且由于项目持续时间缩短，所以间接成本也降低。

3. 敏感性分析

活动 I 的敏感性分析如图 4-13 所示，可见 $S(i,j)$越大或者 $E(i,j)$越小都会使得重叠量更大。结果表明，DSM 进化度对项目时间和成本的影响比敏感度大。在重叠一定的情况下［即 $S(i,j)$和 $E(i,j)$一定］，影响项目工期和成本的关键因素是迭代距离和迭代次数，尤其是对于返工概率、返工影响较大而自身持续时间较长的活动。

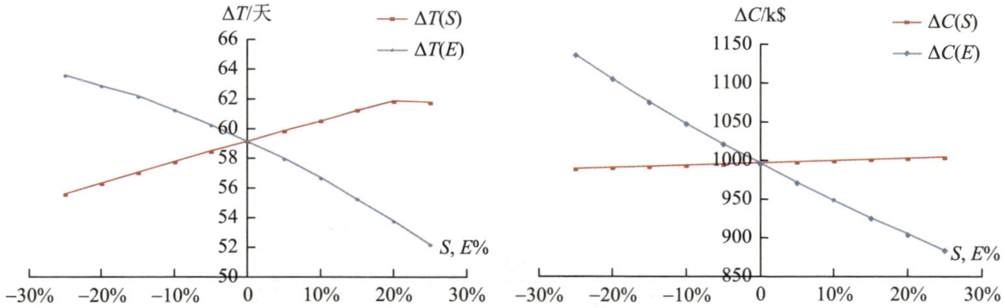

图 4-13　活动 I 的 $E(i,j)$和 $S(i,j)$对项目工期和成本的影响

4. 仿真分析

杨青和吕杰峰（2010）开发了基于不考虑活动重叠情况下 DSM 的离散事件仿真算法，以估算项目优化前与优化后工期和成本的概率分布和累积概率分布（Cumulative Distribution Function，CDFs）。本章将该算法拓展至存在活动重叠情况下的 DSM 仿真算法（Yang et al.，2012），图 4-14 至图 4-17 显示了通过 500 次仿真得到的概率分布图和累积概率图。

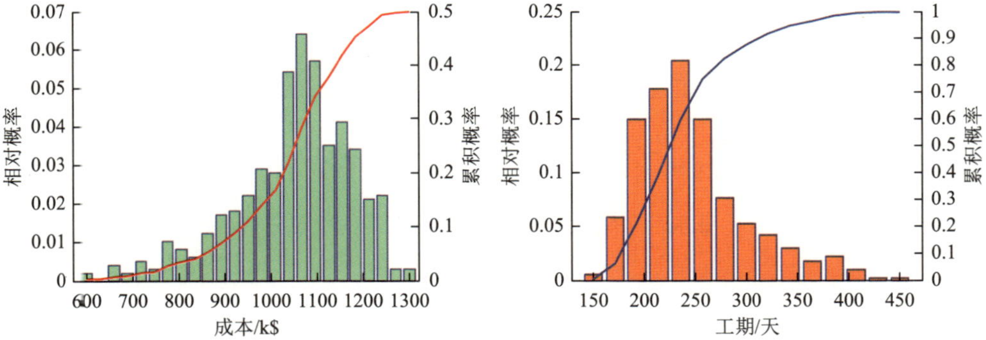

(a) 初始排序、无重叠时成本　　(b) 初始排序、无重叠时工期

图 4-14　初始排序、无重叠时成本与工期的概率分布和累积概率

图 4-14 和图 4-15 显示了初始排序、无重叠情况下工期和成本的仿真概率分布图和累积概率图。成本的平均值 $E[C]$ 是 1056.8k$，标准差 σ_C 为 128.0k$。工期的平均值 $E[S]$ 为 243.2 天，标准差 σ_S 为 56.2 天。

图 4-16 和图 4-17 显示了优化排序后、有重叠情况下工期和成本的仿真概率分布图和累积概率图。成本的平均值 $E[C]$ 是 434.0k$，标准差 σ_C 为 24.7k$。工期的平均值 $E[S]$ 为 207.8 天，标准差 σ_S 为 26.7 天。相比于初始排序、有重叠情况，项目的平均工期缩短了 14.6%。优化以后，工期和总成本得到显著缩短，表明本章的优化模型有助于降低项目的进度和费用风险。

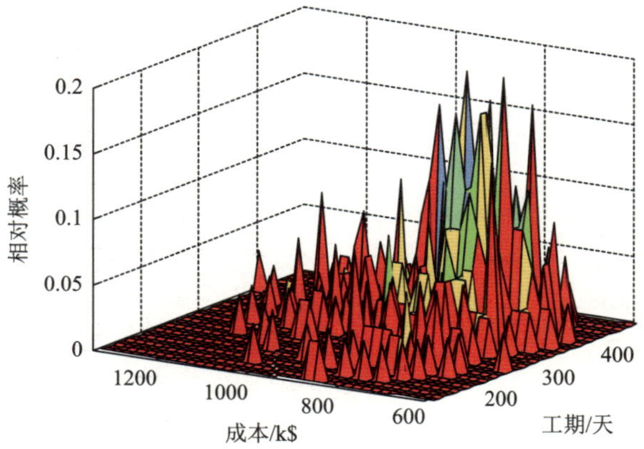

图 4-15　初始排序、无重叠情况下工期和成本联合分布

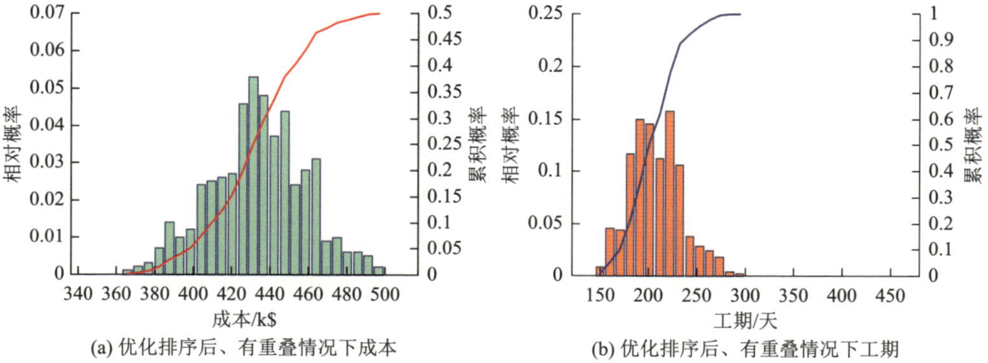

(a) 优化排序后、有重叠情况下成本　　(b) 优化排序后、有重叠情况下工期

图 4-16　优化排序后、有重叠情况下成本与工期的概率分布和累积概率

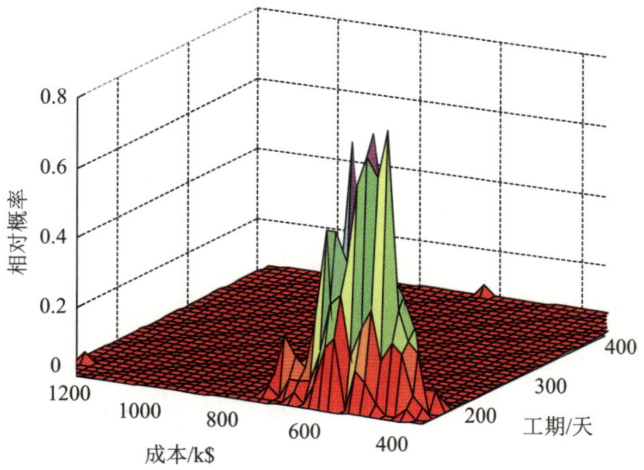

图 4-17　优化排序后、有重叠情况下工期和成本联合分布

4.6　总结

并行工作被视为缩短研发周期的有效方法。首先，本章采用流程 DSM 分析了研发项目中的顺序重叠和反馈重叠；其次，为量化重叠的影响，建立了信息输出时间因子 *O* 矩阵和信息输入时间因子 *I* 矩阵（需注意：第 5 章分别采用进化度 *E* 矩阵和敏感度 *S* 矩阵表示）；再次，构建了重叠时间计算模型和返工时间计算模型，以及项目工期计算模型；最后，结合典型案例，以项目时间缩短总量最大化为目标函数对流程 DSM 进行优化，并进行了敏感性和仿真分析。

参考文献

杨青，黄建美. 2011. 基于活动重叠的 DSM 项目时间计算及排序优化[J]. 系统工程理论与实践，31（3）：496-504.

杨青，吕杰峰. 2010. 基于 DSM 返工风险评价矩阵的项目优化与仿真[J]. 系统工程理论与实践，30（9）：1665-1671.

Krishnan V，Eppinger S D，Whitney D E. 1997. A model-based framework to overlap product development activities[J]. Management Science，43（4）：437-451.

Lin J，Qian Y J，Cui W T，et al. 2015. An effective approach for scheduling coupled activities in development projects[J]. European Journal of Operational Research，243（1）：97-108.

Meier C，Browning T R，Yassine A A，et al. 2015. The cost of speed：Work policies for crashing and overlapping in product development projects[J]. IEEE Transactions on Engineering Management，62（2）：237-255.

Terwiesch C，Loch C H. 1999. Measuring the effectiveness of overlapping development activities[J]. Management Science，45（4）：455-465.

Yang Q，Lu T，Yao T，et al. 2014a. The impact of uncertainty and ambiguity related to iteration and overlapping on schedule of product development projects[J]. International Journal of Project Management，32（5）：827-837.

Yang Q，Yao T，Lu T，et al. 2014b. An overlapping-based design structure matrix for measuring interaction strength and clustering analysis in product development project[J]. IEEE Transactions on Engineering Management，61（1）：159-170.

Yang Q，Zhang X F，Yao T. 2012. An overlapping-based process model for managing schedule and cost risk in product development[J]. Concurrent Engineering：Research and Applications，20（1）：3-17.

Yin F P，Gao Q，Ji X. 2019. Simulation and optimization of overlapped iteration process with multi-coupled activities based on value analysis[J]. Concurrent Engineering：Research and Applications，27（1）：57-67.

第 5 章

活动间的依赖关系对项目组织设计的影响

5.1 引言

当今复杂系统的新产品开发（Product Development，PD）项目通常需要管理组织单元和活动之间的大量接口。与制造过程不同，PD 过程的重要特征可以用“创造性”“创新性”“迭代性”等来描述。同时，PD 过程也是一个复杂的交互网络，其中设计活动的重叠和迭代是基本特征。在并行开发的 PD 中，活动间重叠是提高项目绩效的关键。但对于执行这些重叠活动的团队来说，重叠也增加了团队之间的沟通和协调。

因此，优化信息流对加快产品开发具有重要意义。DSM 方法是一种强大的网络建模工具，可以表示构成系统的要素及其相互作用，从而突出 PD 中的系统架构，包括流程架构、产品架构和组织架构。尽管每个系统架构关注不同的交互作用（如沟通、信息流和输入输出关系），但是不同架构之间存在着内在的关系。研究发现，降低沟通和协调的复杂性是许多企业调整其组织架构的主要原因。因此，为了方便信息交换与沟通，通过对组织结构进行重新设计，执行具有强耦合性活动的组织单元可以被安排到相邻的位置，即聚类（clustering）到同一个类或组中。

研究表明，活动间的重叠对组织单元之间的协调、沟通和互动有显著影响。组织架构 DSM 中组织单元间的依赖关系强度（即耦合度），很大程度上取决于执行重叠活动的组织单元之间的沟通和协调。因此，本章试图探讨以下问题。

（1）如何采用 DSM 测量执行重叠活动的组织单元之间的依赖强度？

（2）如何考虑重叠情况下的耦合度和协调时间，构建合适的聚类准则？

为此，我们建立了敏感度和进化度 DSM 模型来描述重叠，并依据活动间的重叠和沟通频率测度团队间的依赖强度，以此进行组织设计。

5.2　执行重叠活动的团队间依赖强度

5.2.1　上游活动进化度和下游活动敏感度矩阵

1. 流程重叠并行性

流程中的重叠并行性分析如前所述（见第 4 章）。需要注意的是，在本章中，上游活动的进化度 E 矩阵和下游活动的敏感度 S 矩阵，等同于第 4 章的 O 矩阵和 I 矩阵。

如图 5-1 所示为顺序重叠过程模型。在具有前置时间 t_{B1} 的前馈重叠过程中，下游活动 B 在接收上游活动 A 输出信息前能够开始执行，上游活动 A 也能在完成之前释放初始信息给下游活动 B。此外，活动并发性（包括前置和重叠时间）通常会导致返工。

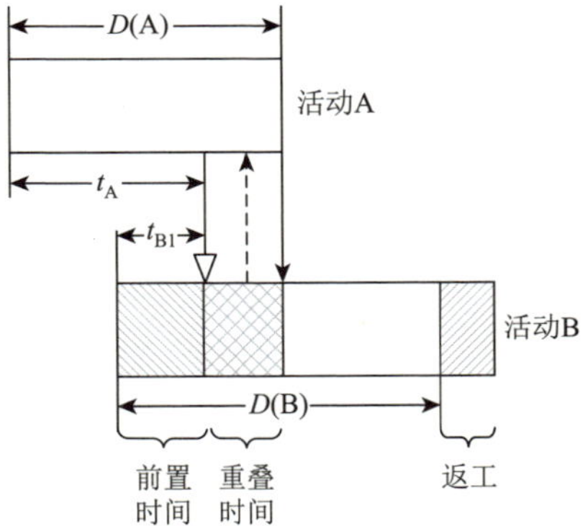

图 5-1　具有前置–风险的前馈重叠模型

如前所述，我们可以采用信息输出时间因子（IOI）和信息接收时间因子（IRI）的概念来描述具有强制重叠过程模型。IOI 定义为活动输出信息之前已经完成的百分比。IRI 定义为活动接收信息之前已经完成的百分比。例如，活动 A 和 B 的持续时间分别对应图 5-1 的 D(A)和 D(B)。对于前馈重叠过程，如果活动 A 输出信息需要 t_A 单位的时间，那么它的 IOI = t_A/D(A)。如果活动 B 接收信息时已经被执行 t_{B1}，那么它的 IRI = t_{B1}/D(B)。

2. 活动间重叠对耦合度的影响

重叠活动之间的信息交流实际上代表了组织单元需要将信息分配给这些活动，因此耦合度反映了组织单位之间的沟通和协调频率。图 5-2 所示为重叠对耦合度的影响。图 5-2（a）表示，当下游活动 j 的 IRI 值固定时，上游活动 i 对应不同 IOI 值的三种情景，其中，情景 1 中重叠时间达到最大值，情景 3 中取值最小。IOI 的递增导致沟通（图 5-2 中阴影部分所示）和耦合度的减少。因此，上游耦合度随着 IOI 的函数是非增[如图 5-2（c）所示]的。

另外，我们假设上游设计活动所发送的信息是随着时间逐渐成熟的，即一个进化的过程，越早发送的信息进化程度（即成熟度）越低。在重叠过程中，上游活动的进化度是指随着时间的延续，上游产生的信息从初始形式到最终值的改进过程。IOI 能够表示在特定时间点上游活动的进化度：IOI 越大意味着该活动输出信息时间越晚，越接近其最终值，因此，上游活动进化度是随着 IOI 的递增函数[见图 5-2（d）]。

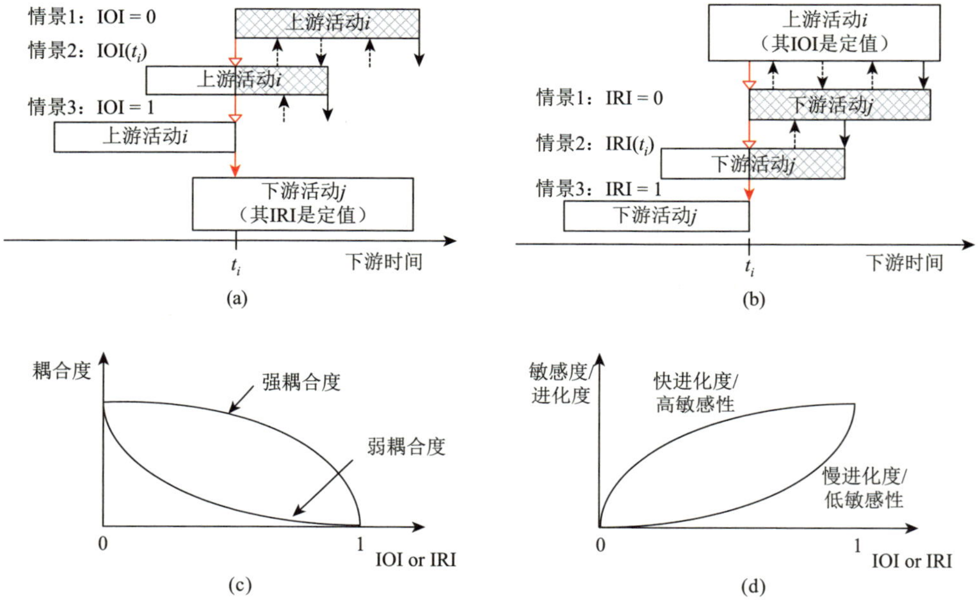

图 5-2　IOI 和 IRI 对耦合度、敏感度和进化度的影响

图 5-2（b）表示当上游活动的 IOI 值固定时，下游活动对应不同 IRI 值的三种情景。在情景 1 中，重叠时间达到最大值，情景 3 中取值最小。当上游活动的 IOI 值固定，IRI 越小，下游活动接收信息越早，重叠时间越长，从而导致更多的沟通和更大的耦合度。因此，下游耦合度随着 IRI 的函数是递减的[如图 5-2（b）所示]。另外，在重叠过程中，如果上游活动的信息代表着下游活动的变化，下游活动接收该信息越晚（即更大的 IRI），将会产生越多的协调和返工。我们用下游活动的敏感度来表示所需协调和返工时间的大小。因此，下游活动的敏感度函数亦是递增的[如图 5-2（d）所示]。

一般情况下，我们可以通过重叠时间测量耦合度。在极端情况下，当 IOI = 1 或者 IRI = 1 时，两个活动之间的依赖关系是顺序依赖，同时我们认为此时的耦合度最弱。例如，iPhone 5 手机的产品研发项目包括在美国加利福尼亚州进行“产品规格设计”，以及在中国深圳进行“工程设计”。如果“产品规格设计”活动仅仅在完成后输出信息，那么两个活动之间没有重叠，我们假设执行这些活动的团队之间所需的沟通相对于执行重叠活动的团队是可以忽略不计的。因此，我们可以把它们安排到不同的团队（类）里，并认为它们之间的耦合度为零。当 IOI<1 或 IRI<1 时，两个活动之间的依赖关系是相互依赖，即两个活动是重叠的。耦合度随着 IOI 和 IRI 的降低而增加，当 IOI = 0 和 IRI = 0 时，达到最大。

图 5-2 也能够描述反馈重叠中 IOI 和 IRI 的影响（Yang et al.，2014b），此时，活动 i 表示释放反馈信息的下游活动，而活动 j 表示接收下游反馈信息的上游活动。

3. 敏感度 DSM 和进化度 DSM

DSM 是描述前馈和反馈过程的一个有用的工具。DSM(i, j)是一个矩阵，其中对角线上的单元格代表活动。非对角线单元格(i, j)中的标记或数字表示存在信息交互。上三角中的标记表示信息从上游活动传递到下游活动，而下三角中的标记表示反馈信息从下游活动传递到上游活动。采用标记“●”或“×”的传统的二元 DSM 可以被数字化的 DSM 所替代，如返工概率 DSM 和返工影响 DSM。然而，现有基于 DSM 的模型没有考虑重叠和相应的相互强度。因此，我们拓展了 Krishnan 等（1997）提出的上游进化度和下游敏感度的概念，并提出使用 IOI 的进化度函数和 IRI 的敏感度函数的进化度 DSM 和敏感度 DSM。

在本章中，上游进化度是指上游活动初始值到最终值的更新细化（Yang et al.，2014b），例如，上游活动越晚释放信息（即上游活动 IOI 较大），上游传递的信息越接近最终值，从而上游和下游活动之间所需的协调和沟通越少。下游敏感度是指如果上游信息发生变更，则下游活动需要协调，并调整返工的幅度（Yang et al.，2014b），例如，下游活动接收变更的上游信息越晚（即下游活动 IRI 较大），所需协调和沟通的时间越长。

如图 5-3 所示为进化度 DSM 和敏感度 DSM 的一个例子。根据图 5-2（d）以及上述分析，在进化度 DSM 中，$E(i, j)$表示把信息输出给活动 j（第 j 列）的活动 i（第 i 行）的进化度。$E(i, j)$是 IOI 的函数。例如，我们假设活动 B 和 D 之间的进化度函数和敏感度函数如图 5-3 所示。如果 IOI = 0.5，根据进化度函数，那么它的进化程度为 0.8。因此，在进化度 DSM 中 $E(4, 2) = 0.8$。同样地，在敏感度 DSM 中，$S(i, j)$表示从活动 j 接收信息的活动 i 的敏感度。$S(i, j)$是 IRI 的函数。例如，活动 D 从活动 B 接收信息，如果它的 IRI = 0.4，那么它的敏感度是 0.2。因此，在敏感度 DSM 中 $S(4, 2) = 0.2$。

5.2.2　执行重叠活动的团队间依赖强度测度

本章提出的耦合度模型描述了重叠过程的特征。我们假设重叠时间越长，执行重叠活动的团队之间需要的通信和协调越多（在本章的研究中忽略其他因素，如信息流的规模和重要性的影响)。弱的交互作用意味着团队之间所需的沟通和协调越少。对于重叠过程，耦合度主要取决于重叠度和协调频率。

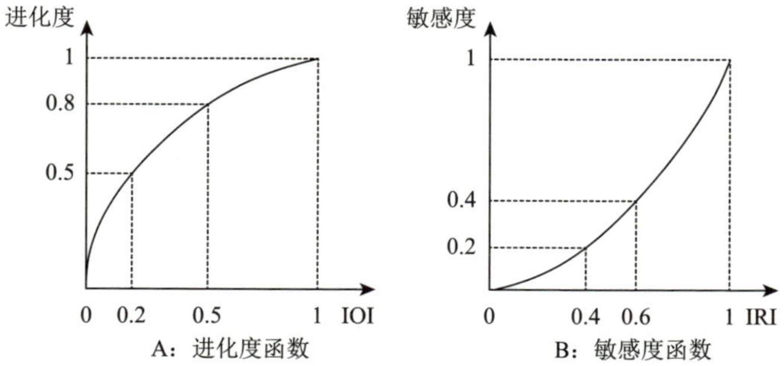

	A	B	C	D
A	A		0.7	
B	0.7	B		
C	0.6		C	0.7
D		0.8	0.5	D

$E(i,j)$

	A	B	C	D
A	A		0.4	
B	0.2	B		
C	0.1		C	0.2
D		0.2	0.2	D

$S(i,j)$

图 5-3　进化度 DSM 和敏感度 DSM

1. 活动之间的重叠度

正如我们前面所提到的，在本章中，我们假设当对组织单元进行聚类时，没有重叠活动的团队之间的沟通可以忽略不计。如图 5-4 所示，活动 i 和 j 之间的关系是相互依赖重叠的。由于下游活动的完成时间可以晚于或早于上游活动，所以存在两种在初步信息交换后计算重叠时间的情况。

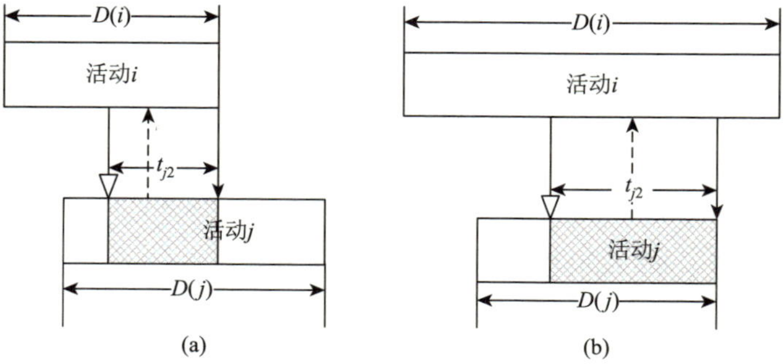

图 5-4　初步信息交换后的重叠时间

初步信息交换后的重叠时间（即图 5-4 中的阴影区域）可以计算如下：

$$T_{OV}(i,j)=\begin{cases}(1-E(i,j))\times D(i), & (1-E(i,j))\times D(i)<(1-S(i,j))\times D(j)\\(1-S(i,j))\times D(j), & \text{其他}\end{cases} \tag{5-1}$$

式中，j 表示当前活动；i 表示上游活动；$D(i)$和 $D(j)$分别表示活动 i 和 j 的持续时间。

我们把活动 i 和 j 之间的重叠度（overlapping ratio，OR）定义为重叠时间与两个相关活动持续时间最小值之比。

$$\mathrm{OR}(i,j)=\frac{T_{OV}(i,j)}{\mathrm{Min}\{D(i),D(j)\}} \tag{5-2}$$

2. 重叠活动之间的相对协调频率

根据对重叠活动之间沟通和不确定性的分析，重叠活动 i 和 j 之间的协调频率可以计算如下：

$$\mathrm{CF}(i,j)=1+\varepsilon(2E(i,j)-1) \tag{5-3}$$

图 5-5 描述了式（5-3）的变化过程。参数 ε 是 CF(i,j)的形状参数，其取值区间为[−1, 1]，并被称为进化度参数。当 $\varepsilon>0$ 时，CF(i,j)随着 $E(i,j)$递增，对应慢进化度，这意味着信息交换和协调频率开始时比较缓慢，并随着时间增加而增加[如图 5-2（d）所示]。相反地，当 $\varepsilon<0$ 时，CF(i,j)随着 $E(i,j)$递减，对应快进化度。

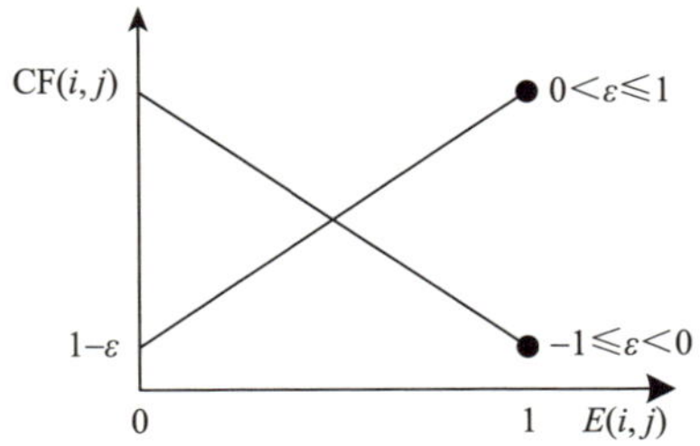

图 5-5　重叠活动之间的沟通协调频率

为了获得活动之间的相对协调频率，我们采用双向比较计划来计算协调频率的相对值。图 5-6 给出了基于 $E(i,j)$和 $S(i,j)$（如图 5-3 所示）相对协调频率的例子。

	A	B	C	D
A	A		0.6	
B	0.6	B		
C	0.8		C	0.6
D		0.4	1	D

CF(i,j)

	A	B	C	D
A	A		1	
B	1	B		
C	0.57		C	0.43
D		0.29	0.71	D

RCF$_r(i,j)$

	A	B	C	D
A	A		0.37	
B	0.43	B		
C	0.57		C	1
D		1	0.63	D

RCF$_c(i,j)$

	A	B	C	D
A	A		0.61	
B	0.65	B		
C	0.57		C	0.65
D		0.53	0.67	D

RCF(i,j)

图 5-6　相对沟通协调频率

首先，我们计算每行的相对协调频率：

$$\mathrm{RCF}_r(i,j)=\mathrm{CF}(i,j)\Big/\sum_{j=1}^{N}\mathrm{CF}(i,j),\quad i\neq j \tag{5-4}$$

显然，我们可以得到$\sum_{j=1}^{N}\mathrm{RCF}_r(i,j)=1$。

然后，每列的相对协调频率计算如下：

$$\mathrm{RCF}_c(i,j)=\mathrm{CF}(i,j)\Big/\sum_{i=1}^{N}\mathrm{CF}(i,j),\quad i\neq j \tag{5-5}$$

同样地，我们可以得到$\sum_{i=1}^{N}\mathrm{RCF}_c(i,j)=1$。

因此，矩阵 $\mathrm{RCF}_r(i,j)$ 描绘了每一行活动之间的相对协调频率，较大的 $\mathrm{RCF}_r(i,j)$ 的值意味着：与输入信息给活动 i 的其他活动相比较，活动 i 和 j 之间需要更多的协调时间。同样地，矩阵 $\mathrm{RCF}_c(i,j)$ 描绘的是每一列表示活动之间的相对协调频率，较大的 $\mathrm{RCF}_c(i,j)$ 意味着与从活动 j 接收信息的其他活动相比较，活动 i 和 j 需要更多的协调。

最后，活动 i 和 j 之间总的协调时间可以通过对 $\mathrm{RCF}_c(i,j)$ 和 $\mathrm{RCF}_r(i,j)$ 进行几何平均获得：

$$\mathrm{RCF}(i,j)=\sqrt{\mathrm{RCF}_r(i,j)\times\mathrm{RCF}_c(i,j)} \tag{5-6}$$

根据式（5-1）～式（5-6），我们提出了一个数值化的 DSM 来测量基于重叠和协调的相对耦合度（Interaction Strength based on Overlapping and Coordination，ISOC）。与定义返工风险类似，ISOC 定义为重叠度和相对协调频率的函数，其中 OR 反映了重叠程度，RCF 反映了重叠过程中的沟通概率。因此 ISOC 可以由式（5-7）获得：

$$\mathrm{ISOC}(i,j)=\mathrm{OR}(i,j)\times\mathrm{RCF}(i,j) \tag{5-7}$$

式中，$\mathrm{OR}(i,j)$ 和 $\mathrm{RCF}(i,j)$ 分别表示活动 i 和 j 的 OR 和 RCF。

由式（5-7），我们建立了两个团队在执行重叠活动过程中所产生的依赖关系，进一步，采用 5.4 节的聚类方法，可以进行组织聚类（读者可以跳过 5.3 节，直接阅读 5.4 节）。此外，我们也研究了在跨时区的情况下，分布在全球的不同研发团队因执行并行活动而产生的依赖关系（请见 5.3 节）。

5.3 全球产品开发项目中团队间的依赖强度

在上节的基础上，本节建立全球产品开发（Global Product Development，GPD）项目团队间的依赖强度测度模型（Yang et al.，2015）。

5.3.1　与时间距离（时差）相关的团队间依赖强度

时差导致的时间距离增加了团队之间技术协调沟通的复杂性。时间距离可能是全球分布团队的主要障碍（Tripathy and Eppinger，2011；Pashaei and Olhager，2019；Taylor and Ahmed-Kristensen，2018）。较短的时差可能不会显著改变成员间的互动方式，此种情况下，可以采取类似轮班工作制、弹性工作制等减少时间离散的策略和远程通信手段。然而，当团队成员位于多个时区时，特别是当时区差异较大时，类似协调会议和调度电话这样简单的事情就变成了难度较高的任务。随着团队所跨时差的增加，用于同步通信的每日重叠窗口将会减少。通常，较长的时区跨度会产生更多的协调问题。

图 5-7 展示了在考虑了因时差而带来每天重叠工作时间的情况下，进行重叠过程团队间的沟通。它将工作日分成了两个不同的部分，即每天重叠工作时间（Daily Overlapping Working Hours，DOWH）和每天非重叠工作时间（Daily Non-Overlapping Working Hours，NOWH）。DOWH 是指负责重叠活动的团队在工作日进行同步沟通（通信）的时间。NOWH 是指团队之间在工作日进行非同步沟通（通信）的时间。较短的 DOWH 将导致同步通信的机会窗口缩短。因此，我们假设沟通频率随 DOWH 的增加而增加。

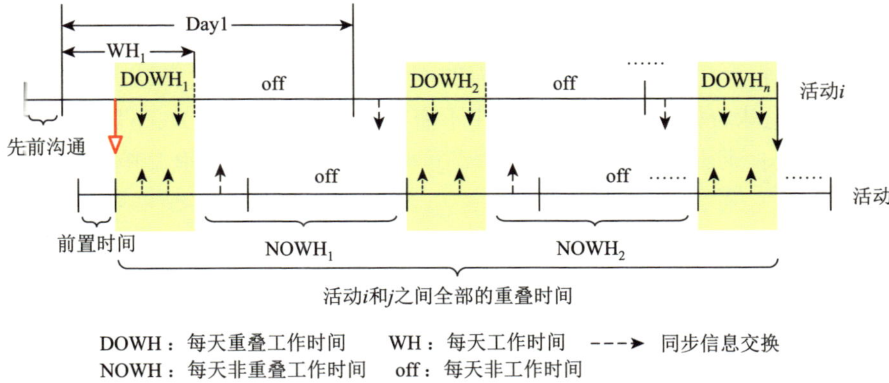

图 5-7　考虑每天重叠工作时间的全球分布团队间沟通

根据地点 i 和 j 每天工作时间的差异，计算团队 i 和 j（分别位于地点 i 和 j）之间的 DOWH，此时有三种情况，如式（5-8）～式（5-10）。

情况 1　$\mathrm{WH}(i)=\mathrm{WH}(j)$

$$
\begin{aligned}
&\text{若}\quad |\mathrm{TZ}(i,j)|<13,\quad \mathrm{DOWH}(i,j)=\mathrm{WH}(i)-|\mathrm{TZ}(i,j)|\\
&\text{若}\quad |\mathrm{TZ}(i,j)|\geqslant 13,\quad \mathrm{DOWH}(i,j)=|\mathrm{TZ}(i,j)|-(24-\mathrm{WH}(i,j))
\end{aligned}
\tag{5-8}
$$

式中，WH(i)和WH(j)分别表示地点 i 和 j 的工作时间；TZ(i, j)表示团队 i 和 j 之间的时差。

情况 2　WH(i)＞WH(j)

$$\begin{aligned}&\text{若}\ |TZ(i,j)|<13,\quad DOWH(i,j)=WH(j)-|TZ(i,j)|\\&\text{若}\ |TZ(i,j)|\geqslant 13,\quad DOWH(i,j)=|TZ(i,j)|-(24-WH(j))\end{aligned}\tag{5-9}$$

情况 3　WH(i)＜WH(j)

$$\begin{aligned}&\text{若}\ |TZ(i,j)|<13,\quad DOWH(i,j)=WH(i)-|TZ(i,j)|\\&\text{若}\ |TZ(i,j)|\geqslant 13,\quad DOWH(i,j)=|TZ(i,j)|-(24-WH(j))\end{aligned}\tag{5-10}$$

因为团队 i 和 j 的总工作时间是他们的工作时间之和减去他们重叠的工作时间（图 5-7），所以本章将团队 i 和 j（即地点 i 和 j）之间的每天重叠工作时间比例（Daily Overlapping Working Hours Ratio，DOWR）定义为 DOWH 与团队 i 和 j 总工作时间的比值。

$$DOWR(i,j)=\frac{DOWH(i,j)}{WH(i)+WH(j)-DOWH(i,j)}\tag{5-11}$$

如前所述，本章假设重叠活动之间的 DOWR 和重叠时间均可以帮助团队增加沟通机会，提高沟通频率，因此与时间距离相关的依赖强度可由式（5-12）计算。

$$DS_{TD}(i,j)=\ln(\alpha\times T_{OV}\times DOWR+1)+\lambda_0\tag{5-12}$$

式中，λ_0 表示内在沟通频率的程度，是不依赖于 DOWH 的系数；T_{OV} 表示活动 i 和 j 之间的重叠时间；α 表示组织在沟通过程中减少误解和不确定性的能力。

图 5-8 描述了式（5-12）的变化过程，依赖强度与 DOWR 是递增的函数关系。本章假设执行非重叠活动的团队间所需的沟通可以忽略不计。在式（5-12）中，$T_{OV}\times DOWR$ 意味着如果项目进度计划中不需要重叠时间，那么 DOWR 就不会对依赖强度产生影响。所以，$T_{OV}\times DOWR$ 强调重叠活动是分析 DOWR 影响的前提条件。

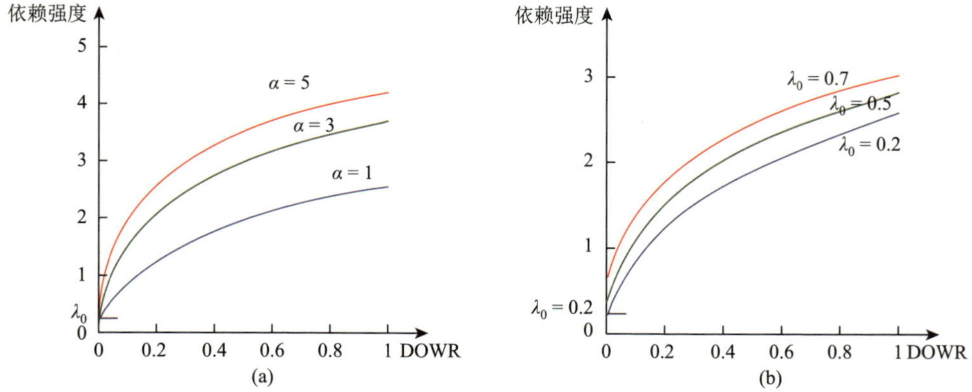

图 5-8　与时间距离相关的依赖强度

参数α表示组织减少误解和沟通不确定性的能力。α值越小，协调和沟通也会越少[如图 5-8（a）所示]。α用于测度与任务相关的沟通，它用 1～5 来表示，例如，1 表示非常清晰的理解，5 表示非常不清晰的理解。

因为λ_0代表的是不依赖于 DOWH 的内在沟通频率，如团队i和j可以在非工作时间通过 E-mail 沟通，所以当内在沟通频率程度越高时（即λ_0越大），依赖强度就会越大[如图 5-8（b）所示]。λ_0可表示为在非工作时间处理信息（如 E-mail）的时间与工作时间的比值，取值范围为[0, 1]。

5.3.2 与空间距离相关的团队间依赖强度

空间距离从多个方面影响 GPD 项目的沟通和协调，它不仅降低了沟通的欲望，而且增加了文化和语言方面的障碍。团队间同步沟通（通信）的概率随着空间距离的增大而显著降低。重要的是，已有研究表明距离是影响沟通的非线性因素。此外，较大的空间距离往往意味着两个团队在文化或语言上存在明显的差异，空间距离会增加与文化和语言相关的沟通协调难度。因此，在 GPD 项目中，空间距离对沟通有着复杂的影响。

空间距离可以由空间距离指数来计算：

$$\mathrm{SD}(i,j)=\frac{\mathrm{KM}(i,j)\times N(i)\times N(j)}{[(N^2-N)/2]} \tag{5-13}$$

式中，$\mathrm{KM}(i,j)$表示团队i和j所在位置之间的距离，单位为 km；$N(i)$和$N(j)$分别表示团队i和j的人数；N表示项目中的全部人数。

本章将团队i和j（即地点i和j）之间的相对空间距离（Relative Spatial Distance，RSD）定义为他们之间的空间距离与项目中最大空间距离的比值。

$$\mathrm{RSD}(i,j)=\frac{\mathrm{SD}(i,j)}{\mathrm{Max\ SD}} \tag{5-14}$$

事实上，应用信息技术（Information Technology，IT）可以降低空间距离产生的影响。组织的沟通能力可以通过基于互联网的 IT 工具来提升，如 E-mail 和在线论坛等平台能够加强利益相关者之间的协调和沟通。

因此，与空间距离相关的依赖强度可由式（5-15）得到。

$$\mathrm{DS}_{\mathrm{SD}}(i,j)=\frac{a+b\exp(-\beta\times\mathrm{RSD}(i,j))}{a+b}\mu_0 \tag{5-15}$$

式中，μ_0表示项目中基于 IT 的内在技术交流频率；β表示源于空间距离的文化和语言差异对组织沟通和协调的影响；a和b表示系数。

图 5-9 描述了式（5-15）的变化过程。依赖强度与空间距离的函数关系是递减的。在空间距离逐渐增大的前期，距离显著影响空间离散，之后影响逐渐减弱。换句话说，两个团队之间的空间距离越长（即相对空间距离越大），协调和沟通就会越来越少。

现有研究表明，当空间距离达到某一阈值时，它将不会显著影响团队之间的依赖强度，例如，相距 200km 的团队间与相距 2000km 的团队间，距离对沟通频率的影响基本一样。如图 5-9（a）所示，与空间距离相关的依赖强度随 RSD 的增长而降低，并最终趋近于其最小值 $\frac{a}{a+b}\mu_0$。在极限情况下，当 $\mathrm{RSD}=1$ 时，$\mathrm{DS}_{\mathrm{SD}}(i,j)=\frac{a}{a+b}\mu_0$。反之，当 $\mathrm{RSD}=0$ 时，依赖强度将会达到其最大值，即 $\mathrm{DS}_{\mathrm{SD}}(i,j)=\mu_0$。

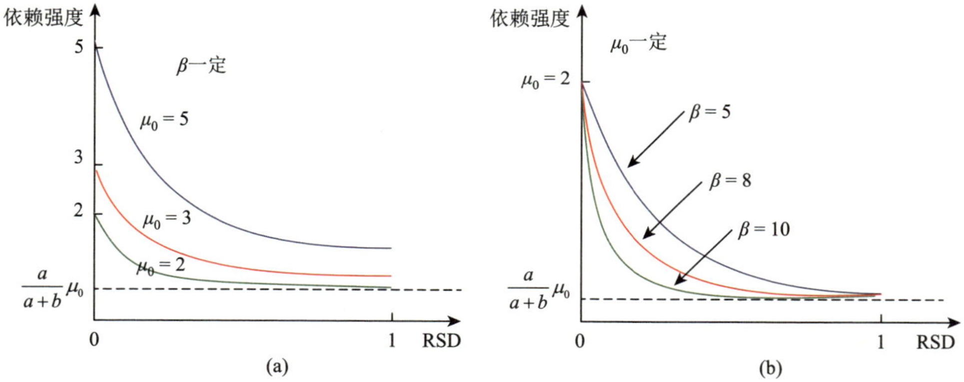

图 5-9　与空间距离相关的依赖强度

图 5-9 还展示了形状参数 β 和 μ_0 是如何影响依赖强度的。μ_0 表示一个项目中基于 IT 的内在技术沟通频率，可用 1～10 来表示（如 1 代表弱的内在技术沟通频率，10 代表强的内在技术沟通频率）。若在 GPD 项目中选取了有效的 IT 工具，则意味着团队之间将很少依赖于面对面的沟通，所以相应的依赖强度也会变小[如图 5-9（a）所示]。因为语言和文化的差异增加了沟通的难度，所以团队之间的语言和文化差异越大（即 β 越大），所产生的沟通就会越少[如图 5-9（b）所示]。沟通难度用 1～10 来表示。例如，1 代表一个团队很容易从另一个团队得到他们所需的信息，10 代表沟通不清晰，并且团队不知道什么时候完成任务。

5.3.3　GPD 团队间集成的协调依赖强度

测度 DSM 元素间的依赖关系是开展聚类分析的决定性因素之一。如图 5-10 所示，本章提出了一个新的依赖度评级方案，采用 DSM 计算 GPD 项目团队间的集成协调依赖强度（Integrated Coordinative Dependency Strength，ICDS）。ICDS 刻画了 GPD 项目中的协调驱动因素和协调障碍（Yang et al., 2015），若团队 i 和 j 之间有越强的协调驱动因素和越弱的协调障碍因素，则意味着它们之间具有越强的依赖关系。图 5-10 中，$\mathrm{DS}_{\mathrm{TCS}}(i,j)$ 和 $\mathrm{DS}_{\mathrm{TCF}}(i,j)$ 分别是源于技术沟通强度的依赖强度（Dependency Strength，DS）和源于技术沟通频率的依赖强度，$\mathrm{DB}_{\mathrm{TD}}(i,j)$ 和 $\mathrm{DB}_{\mathrm{SD}}(i,j)$ 分别代表地点 i（团队 i）和地点 j（团队 j）之间与时间距离有关的协调障碍程度（Degree of Coordination Barrier）和与空间距离有关的协调障碍程度（Yang et al., 2015）。$\mathrm{DS}_{\mathrm{TCS}}(i,j)$ 和 $\mathrm{DS}_{\mathrm{TCF}}(i,j)$ 对 ICDS 有着积极影响，而 $\mathrm{DB}_{\mathrm{TD}}(i,j)$ 和 $\mathrm{DB}_{\mathrm{SD}}(i,j)$ 则对 ICDS 有着消极影响。

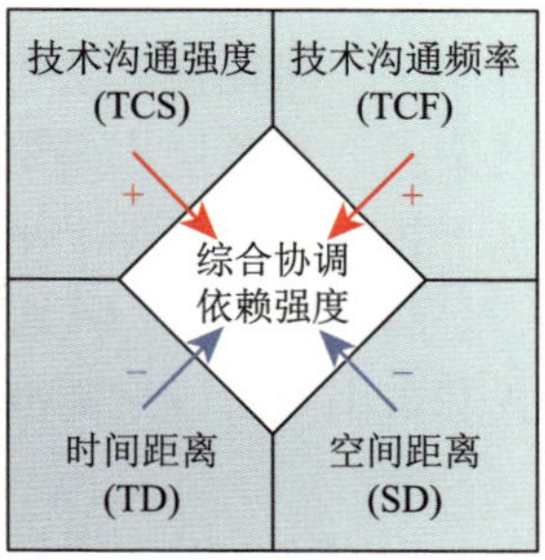

图 5-10　使用 DSM 测度集成的协调依赖强度

所以，ICDS 可由式（5-16）计算得到：

$$\mathrm{ICDS}(i,j)=\frac{\omega_1\mathrm{DS}_{\mathrm{TCS}}(i,j)+\omega_2\mathrm{DS}_{\mathrm{TCF}}(i,j)}{\omega_3\mathrm{DB}_{\mathrm{TD}}(i,j)+\omega_4\mathrm{DB}_{\mathrm{SD}}(i,j)} \tag{5-16}$$

式中，$\omega_1,\omega_2,\omega_3$ 和 ω_4 均表示权重系数，$\omega_1+\omega_2=1$，$\omega_3+\omega_4=1$。

$\mathrm{DB}_{\mathrm{TD}}(i,j)$ 和 $\mathrm{DB}_{\mathrm{SD}}(i,j)$ 可由以下公式得出：

$$\mathrm{DB}_{\mathrm{SD}}(i,j)=\frac{1}{\mathrm{DS}_{\mathrm{SD}}(i,j)} \tag{5-17}$$

$$\mathrm{DB}_{\mathrm{TD}}(i,j)=\frac{1}{\mathrm{DS}_{\mathrm{TD}}(i,j)} \tag{5-18}$$

ICDS 影响因素的优先次序为（图 5-10）：①技术沟通强度是一个主导性因素，如果不存在源于产品特征的技术交流，那么其他任何因素均不能测量 ICDS；②时间距离对团队绩效的消极影响大于空间距离产生的影响。所以式（5-16）中的 $\omega_3>\omega_4$。

5.4　两阶段 DSM 聚类准则

无论是由 5.2 节建立的基于重叠的团队间依赖强度，或者由 5.3 节建立的 GPD

团队间依赖强度，在量化团队间的耦合度（依赖关系强度）之后，下一步都是将团队聚类成类（组），以降低管理的复杂性。

聚类是静态 DSM（即组织 DSM 和产品 DSM）常用的优化方法，它通过寻找 DSM 中相对独立或相互作用最小的元素子集（即类或组），以实现模块化组织/产品设计。早期的聚类算法是由 Alexander 提出的，现有的聚类算法有竞标法（bid）、排序法、路径搜索法、有向图法、“自下而上”和“自上而下”方法、基于划分的聚类、基于层次的聚类，以及基于社会网络分析的聚类算法、基于邻域传播和基于相似性的聚类准则。

两阶段 DSM 聚类法是经典的静态 DSM 聚类方法（Yang et al., 2014b），这里，我们采用两阶段聚类准则对组织 DSM 进行聚类分析。

5.4.1 第一阶段聚类准则——最大化 ADS

如果团队聚集在一起，此时团队交流主要发生在组内，而不是组间，协调的复杂性就会降低。因此，通常来说，组织聚类准则的首要目的是使组内耦合度最大化。如图 5-11 所示，对于一个项目，耦合度较强的团队大多都被划分到一个类中，此时类间的外部耦合度较弱。

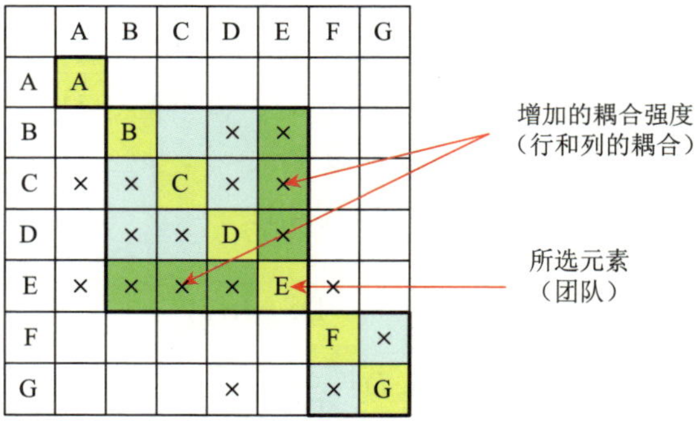

图 5-11 ADS 聚类准则图例

因此，第一阶段聚类准则是最大化“增加的类内平均依赖度”（Added Average Dependency Strength，ADS）。如图 5-11 所示，ADS 表示所选元素（图中的 E 元素）对该类中其他元素之间的依赖强度（耦合度）之和，与类 k 中增加的单元数（图 5-11 中 E 的列、行）之比，可由式（5-19）计算。

$$\text{Max}\quad \text{ADS}(\text{cluster}_k)=\frac{\left(\sum_{j=n_k}^{m_k-1}\text{ISOC}(j,m_k)+\sum_{k=n_k}^{m_k-1}\text{ISOC}(m_k,k)\right)^{\alpha}}{2(cl_k-1)} \tag{5-19}$$

式中，cl_k 表示聚类 k 的规模；n_k 和 m_k 分别表示类 k 中第一个元素和最后一个元素；$\sum_{j=n_k}^{m_k-1}\text{ISOC}(j,m_k)+\sum_{k=n_k}^{m_k-1}\text{ISOC}(m_k,k)$ 表示被选取的元素与类中其他所有元素的相对耦合度之和；α 是一个惩罚系数，可以通过调整来提高我们提出的聚类算法的性能。

注意，$\text{ADS}(\text{cluster}_k)$ 是对聚类算法中随机选择的元素进行计算的。$\text{ADS}(\text{cluster}_k)$ 在算法中的作用就像一个竞标值 bid（Yang et al.，2014b）。DSM 中任何元素（团队）被选中的概率都是一样的。一旦某个团队被选中，算法就会从每个聚类中计算出一个 bid。此时 bid 被用来衡量聚类中的团队与被选中的团队之间的耦合度的强弱。

5.4.2 第二阶段聚类准则

从组织的角度来看，并行工程关注于团队之间的协调策略。聚类可以优化团队架构，显著降低并行产品开发过程中的协调复杂性。我们假设，通过降低协调的复杂性，可以减少整个过程的持续时间和协调成本。聚类的目标是通过组织重组来降低协调复杂度，因此，这里建立的第二阶段聚类准则为：将总协调时间最小化，包括内部和外部的协调时间（图 5-12）。

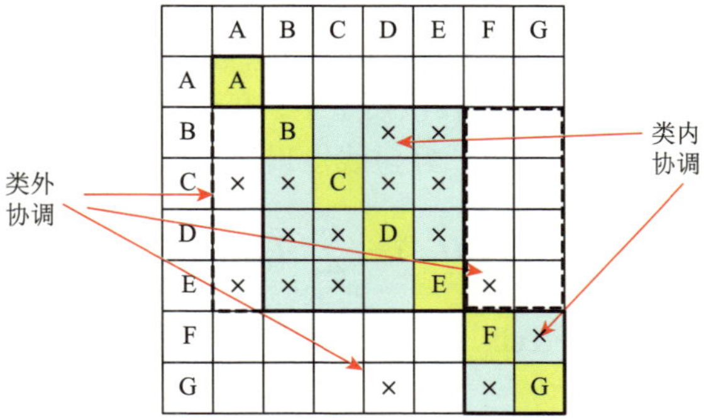

	A	B	C	D	E	F	G
A	A						
B		B		×	×		
C	×	×	C	×	×		
D		×	×	D	×		
E	×	×	×		E	×	
F						F	×
G				×		×	G

图 5-12　内部和外部协调的示例

1. 类内协调时间

内部协调时间（Internal Coordination Time，ICT）是指聚类内部由协调和相互沟通而产生的时间延迟。影响聚类内的沟通和协调时间的因素包括项目内部的不确定性、团队的数量、总重叠时间、组织的能力等。而决定内部协调时间的关键因素是类内的信息变更率。类 k 内的信息协调频率（Coordination Frequency，CF）为：

$$\mathrm{CF}(cl_k)=\mu_0\exp\left\{-\frac{1}{(\mathrm{Max}((cl_k-(cl_0-1)),1))^{\eta}}\right\} \tag{5-20}$$

式中，μ_0 表示项目固有的信息不确定性；cl_0 表示项目中每个类的合理规模（即每组中团队的理想数量）；η 是惩罚系数，可以通过调整来反映聚类结果对信息变更率的不同影响（图 5-13）。

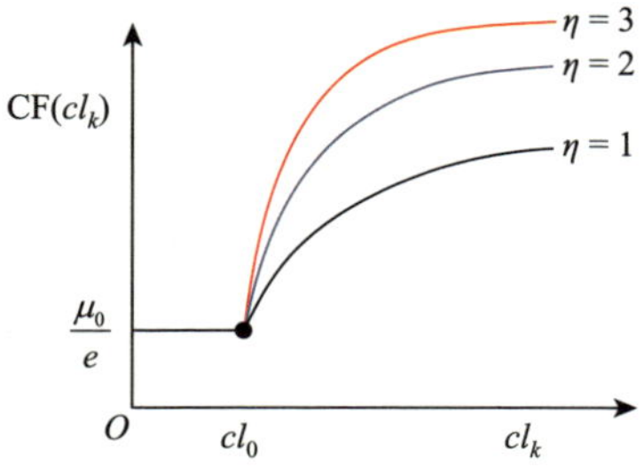

图 5-13　类内的信息协调频率

如图 5-13 所示，当聚类中的元素数量超过理想数量时，沟通协调频率会显著增加。如果 $cl_k \leqslant cl_0$，则 $\mathrm{Max}\{(cl_k-(cl_0-1)),1\}=1$，此时聚类中的团队沟通是有效的。相反，如果 $cl_k > cl_0$，则 $\mathrm{Max}\{(cl_k-(cl_0-1)),1\}=cl_k-cl_0+1$，此时沟通更加复杂，而且信息变更率也随之增加。$\mu_0$ 和 cl_0 对于一个项目而言是固定的。

因此，内部协调时间可计算为：

$$\mathrm{ICT}=\sum_{k=1}^{N_C}\left(\left(\sum_{i=n_k}^{m_k}\sum_{j=n_k}^{m_k}T_{OV}(i,j)\right)\times\mathrm{CF}(cl_k)\right),\quad i\neq j \tag{5-21}$$

式中，N_C 表示 DSM 中类的数量。

2. 类外协调时间

外部协调时间（External Coordination Time，ECT）是指聚类外团队之间的协调时间。ECT 与重叠时间有关。在该模型中，可以计算 DSM 中每个类 k 外的上对角线和下对角线的外部协调度，经过线性累加，总的 ECT 为：

$$\mathrm{ECT}=\sum_{k=1}^{N_C}\left(\sum_{i=n_k}^{m_k}\left(\sum_{j=1}^{n_k-1}T_{OV}(i,j)+\sum_{j=m_k+1}^{N}T_{OV}(i,j)\right)\times\mathrm{CF}(\mathrm{cell\_out})\right) \tag{5-22}$$

与式（5-20）相似，CF(cell_out) 表示类外的沟通频率，可由式（5-23）得到。$\sum_{i=n_k}^{m_k}\left(\sum_{j=1}^{n_k-1}T_{OV}(i,j)\right)$ 和 $\sum_{i=n_k}^{m_k}\left(\sum_{j=m_k+1}^{N}T_{OV}(i,j)\right)$ 分别表示类 k 外的下对角线（左侧）和上对角线（右侧）的外部协调度（图 5-12）。

$$\mathrm{CF}(\mathrm{cell\_out})=\mu_0\exp\left\{-\frac{1}{(\mathrm{Max}((\mathrm{cell\_out}-(\mathrm{cell\_out}_0-1)),1))^{\lambda}}\right\} \tag{5-23}$$

式中，cell_out 表示类外元素的总数；$\mathrm{cell\_out}_0$ 表示类外合理的元素个数；λ 表示惩罚系数，可以通过调整数值来提高我们提出的聚类算法的性能。

3. 总协调时间

为了减少协调工作，第二阶段的聚类目标是最小化加权总协调时间（Total Coorcination Time，TCT），它包括 ICT 和 ECT。

$$\text{Min}\quad \text{TCT} = \omega_1\text{ICT} + \omega_2\text{ECT} \tag{5-24}$$
$$\text{s.t.}\quad cl_k \leqslant cl_0$$

式中，ω_1,ω_2 表示对应的权重参数，且 $\omega_1 + \omega_2 = 1$

本章采用改进的聚类算法。首先，最大化增加的类内平均依赖度（ADS）值，将 DSM 中的元素划分到具有最大 ADS 的聚类中，以构建最佳的模块化结构。然后，通过最小化 TCT 进一步细化结构。需要注意的是，一般来说，最大化 ADS 和最小化 ECT 对模块结构有一些正相关的影响：如果强耦合的元素聚类到同一组，外部协调时间将会减少。然而，ADS 与 ICT 之间的关系更为复杂。因此，在最大化 ADS 和最小化 TCT 之间存在一个权衡。然而，我们提出的两阶段聚类算法在最大化 ADS 和最小化 TCT 之间保持了很好的平衡，在聚类中不仅有最大的 ADS，也有最小的 TCT。为了避免陷入局部最优，我们采用了模拟退火算法。

5.5 案例分析

本章以航天设备产品开发项目为例，验证 5.2 节和 5.4 节所提出的概念和模型[5.3 节相关的算例见 Yang 等（2015）]。如表 5-1 所示，该项目包含 22 个团队，每个团队执行一个独特的活动。图 5-14 显示了原始的数字化 DSM，其中每个点代表基于重叠和协调的耦合度（ISOC），它由式（5-7）计算。在这里，耦合度的标度分别为 0.5、1.5、2.5、3.5 四个等级（见图 5-14 图例）。原始 DSM 中有大量的耦合标记，这表明管理的复杂性大。在式（5-19）～式（5-24）中，根据项目经理的知识和经验进行评估可得 $cl_0 = 11$，$\omega_1 = 0.1$，$\omega_2 = 0.9$，$\varepsilon = -1$，$\mu_0 = 0.5$，$\lambda = 0.5$，$\alpha = 25$，$\eta = 1$。

表 5-1　团队和他们在航天设备产品开发中执行的活动持续时间

序号#	团队	活动持续时间/小时	序号#	团队	活动持续时间/小时
1	概念设计	27	4	进行材料分析	8
2	开发产品配置	8	5	进行气动设计	10
3	编制测试计划	20	6	进行可行性分析	4

续表

序号#	团队	活动持续时间/小时	序号#	团队	活动持续时间/小时
7	编制主进度计划	15	15	编制初步制造方案	4
8	制定详细的时间表	5	16	制订最终装配方案	10
9	编制预算	10	17	制订初步装配方案	4
10	进行电路设计	8	18	制订最终制造方案	10
11	进行详细的系统分析	15	19	制造	54
12	进行载荷分析	8	20	测试	20
13	确定设计参数	8	21	安装	60
14	绘制零件图纸	30	22	验证	78

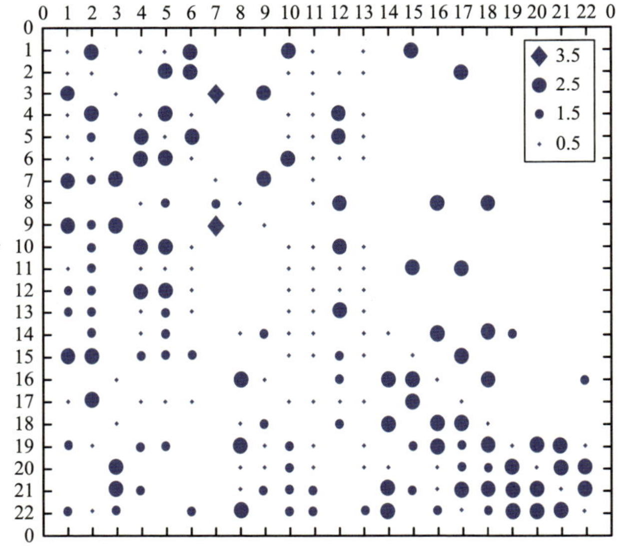

图 5-14 显示 ISOC 的初始 DSM

图 5-15（a）显示聚类后的 DSM 被分解为若干小的组。在聚类后的 DSM 中，具有强耦合度的团队在一个聚类中，团队[1, 2, 4, 5, 6, 10, 11, 12, 13, 15, 17]，[19, 20, 21, 22]，[8, 14, 16, 18]和[3, 7, 9]被聚为四个不同的类。聚类后，管理复杂性显著降低。对聚类结果的另一个观察结果是 DSM 元素与同行或同列的其他元素有很强的依赖性，被整合到一个组中。从图 5-15（b）可以看出，聚类算法在 50 次运行前已经收敛。

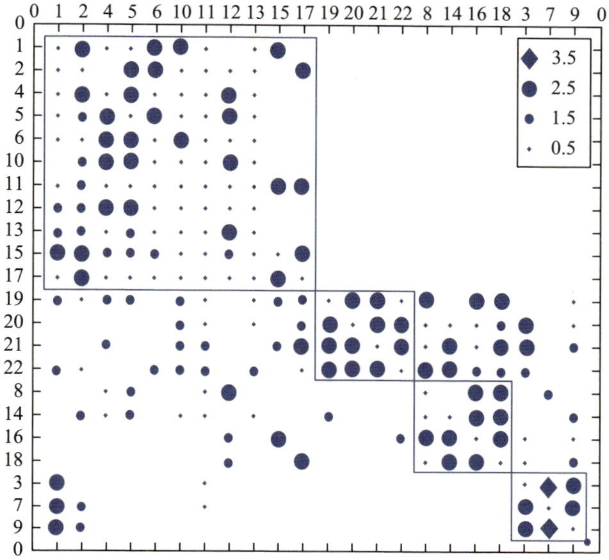

(a) 聚类后的DSM

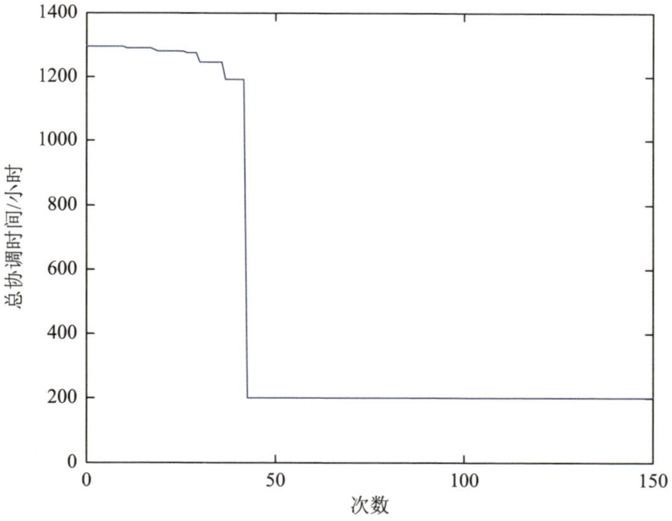

(b) 典型的收敛过程

图 5-15　显示 ISOC 的 DSM 聚类结果

我们将本章提出的聚类方法与两种方法进行了比较：①将 Thebeau 建立的协调成本聚类模型应用于本章提出的 DSM；②利用我们的聚类算法对二元 DSM 进行聚类。结果如图 5-16 和表 5-2 所示。首先，我们应用 Thebeau 的聚类模型对图 5-14 所示的原始数字化 DSM 进行聚类。结果显示[见图 5-16（a）]，虽然创建了 7 个聚类，但类外的外部标记（外部协调）比采用本章提出的聚类方法更多。进一步，我们将提出的聚类算法应用到二元 DSM 中，结果表明许多元素不能在任何模块中进行聚类，即许多类只包含一个元素[见图 5-16（b）]，这表明采用我们提出的聚类算法对二元 DSM 进行聚类是低效的。

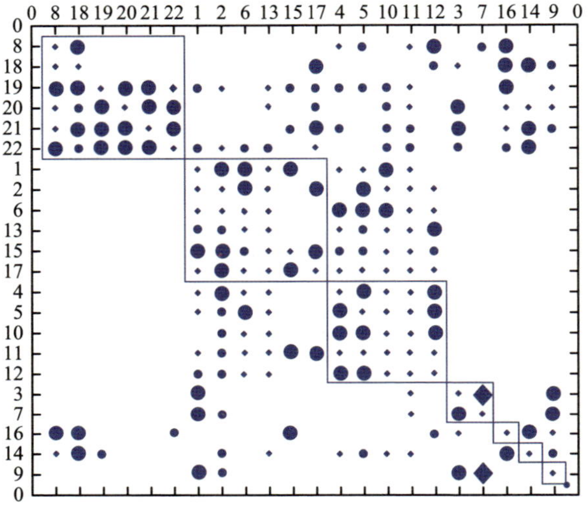

(a) 比较实验1：Thebeau的模型

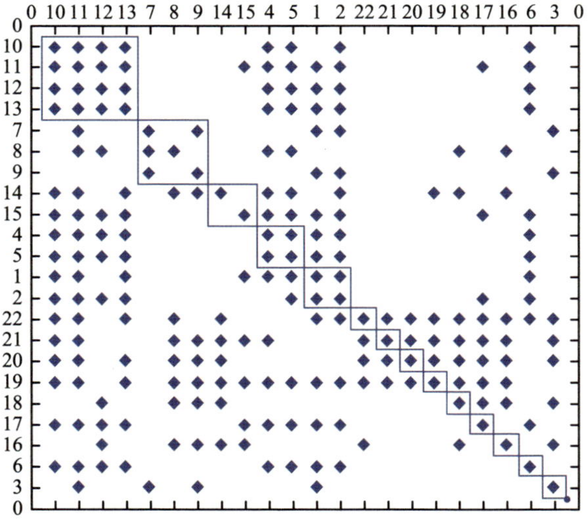

(b) 比较实验2：二元DSM

图 5-16　比较实验的结果

表 5-2　实验结果

项目	初始的 DSM	以 ADS 为聚类目标	比较实验 1：Thebeau 的模型	比较实验 2：二元 DSM
NDD	—	0.131	0.140	0.409
类的数量	—	4	7	14
类外标记的数量	197	75	91	179
内部协调时间/小时	—	14.6	13.14	6.18
外部协调时间/小时	1295.4	174.3	1259.6	1286.5
总协调时间/小时	1295.4	188.9	1272.7	1286.5

我们采用数字化依赖密度（Numerical Dependency Density，NDD）来评价聚类效果，即块（类）外非零元素的总耦合度之和（Total Interaction Strength，TIS）与块（类）外元素总数之比。

$$NDD = TIS / cell\_out$$

实验结果如表 5-2 所示，由于类间的外部协调大大减少，采用本章建立的模型得到的聚类后 DSM 的 TCT 为 188.9 小时，与原始 DSM 相比有大幅度降低。与比较实验 1 中采用 Thebeau 的聚类目标模型得到的聚类结果，以及比较实验 2 中使用我们的聚类算法进行二元 DSM 聚类相比，聚类后 DSM 的 NDD 和总协调时间均有明显的降低。因此，本章提出的聚类数字化 DSM 优于其他替代方案。

图 5-17 分别显示了式（5-19）和式（5-23）中参数 α 和 λ 对聚类结果的灵敏度分析。对于 NDD[图 5-17（a）和图 5-17（b）]，使用大 α 可以减少 NDD，并提高聚类性能。因为即使活动之间的耦合度很弱，使用大 α 也可以强调活动之间的耦合度。类似地，使用一个小的 λ 有助于减少类外元素的数量，增加每个类的规模。因为当类外有很多元素时，它给目标函数设置了一个大的惩罚系数。图 5-17（c）表明，大的 α 和小的 λ 通常会导致聚类规模的减小。但是如果 α 很小（即 $\alpha = 1$），聚类规模函数在 λ 上是凹的，这表明在这种情况下，如果 λ 也很小，类外元素的惩罚系数将是弱的。此外，使用较小的 λ 有助于减少原始的 TCT [图 5-17（d）]。

我们选取团队 19 作为例子，分析 $E(i,j)$和 $S(i,j)$对协调时间的敏感性（图 5-18）。首先，考虑 $E(i, 19)$和 $S(i, 19)$在类[19, 20, 21, 22]中的三个层次，即分别为 0.9、0.5 和 0.1。我们固定 $E(i, 19)$和 $S(i, 19)$，然后分别令 $j = 20, 21, 22$，以改变 $E(19, j)$和 $S(19, j)$的值，看看 ICT 和 ECT 的变化情况。由于增加 $E(i, j)$或 $S(i, j)$的值意味着减少重叠，因此当 $E(19, j)$和 $S(19, j)$中的 $j = 20, 21, 22$ 时，团队 19 与其他团队的耦合度减小。这可能导致团队 19 从聚类[19, 20, 21, 22]中被移除，并被添加到新的类[8, 14, 16, 18, 19]中，同时减少了 ICT 和 ECT。结果表明，耦合度是 $E(i, j)$和 $S(i, j)$

的递减函数，$E(i,j)$和 $S(i,j)$的偏差可能导致聚类的变化。因此，对于项目经理来说，多个团队之间的关系要比执行耦合活动的两个团队之间的关系更重要。

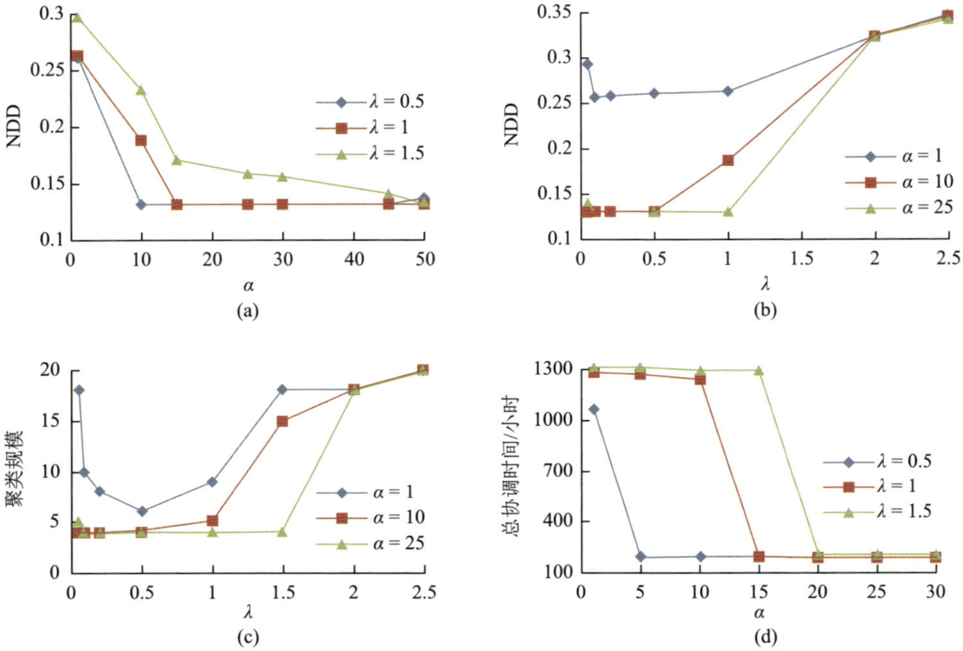

图 5-17　λ 和 α 参数对聚类的敏感性分析

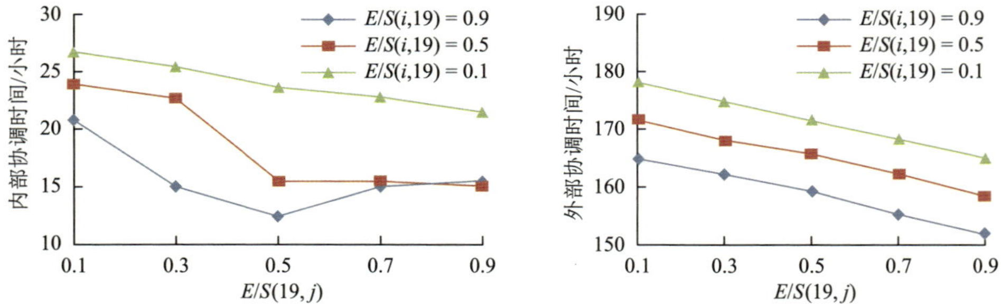

图 5-18　$E(i, j)$和 $S(i, j)$对协调时间的敏感性分析

5.6　总结

研发项目的流程对组织设计有重要影响，研发项目通常采用并行和重叠的方法缩短项目的周期。

首先，本章分析了活动间重叠对执行这些活动的团队间依赖关系的影响，进而建立了团队间依赖强度测度模型。其次，我们讨论了执行并行活动的 GPD 团队间的依赖强度模型，即测度跨时空团队之间依赖强度的模型。最后，采用经典的两阶段聚类准则，本章以 ADS 为聚类目标对组织 DSM 进行了聚类分析和组织设计。

参考文献

Krishnan V，Eppinger S D，Whitney D E. 1997. A model-based framework to overlap product development activities[J]. Management Science，43（4）：437-451.

Pashaei S，Olhager J. 2019. Product architecture，global operations networks，and operational performance：an exploratory study[J]. Production Planning & Control，30（2/3）：149-162.

Taylor T P，Ahmed-Kristensen S. 2018. Global product development projects：measuring performance and monitoring the risks[J]. Production Planning & Control，29（15）：1290-1302.

Tripathy A，Eppinger S D. 2011. Organizing global product development for complex engineered systems[J]. IEEE Transactions on Engineering Management，58（3）：510-529.

Yang Q，Kherbachi S，Hong Y S，et al. 2015. Identifying and managing coordination complexity in global product development project[J]. International Journal of Project Management，33（7）：1464-1475.

Yang Q，Yao T，Lu T，et al. 2014b. An overlapping-based design structure matrix for measuring interaction strength and clustering analysis in product development project[J]. IEEE Transactions on Engineering Management，61（1）：159-170.

第 6 章

基于相似性的项目组织聚类——从社会网络分析的视角

6.1 引言

组织 DSM 聚类的目的是将依赖关系强的团队（或个人）集合到一个类内，使得类内的团队（或个人）的联系尽可能多，类外的团队（或个人）的联系尽可能少。这样不仅可以提高团队之间沟通的效率，有利于缩短产品开发周期，而且可以有效降低组织结构的复杂程度，提高管理的有效性。

关于组织设计的原则，除了考虑使依赖性强的团队聚类在一起，基于团队间的相似性也是一个重要的聚类原则，相应地，可以采用谱聚类算法。谱聚类算法是一种高性能聚类算法（Mur et al.，2016；Bothorel et al.，2015），通过它易于找到全局最优解，可以避免传统的 DSM 聚类算法容易陷入局部最优解的缺点。如何度量元素之间的相似性是影响谱聚类效果的重要因素。近年来，学者们致力于构建合适的相似性矩阵，如图分割和数学建模，然而，这些方法忽略了研发项目实际的管理挑战。

实际上，研发项目中团队间的沟通构成了一个相互联系的网络，我们可以采用社会网络分析（SNA）和复杂网络的相关理论对研发项目进行分析，通过量化研发项目网络的结构相似性和属性相似性，进而对研发组织网络进行聚类和组织设计。

因此，本章探索项目组织设计中的两个关键问题：如何采用 SNA 方法量化研发团队间的结构相似性和属性相似性？如何基于相似性对研发组织进行聚类分析和组织设计？本章主要内容如图 6-1 所示（Yang et al.，2019）。

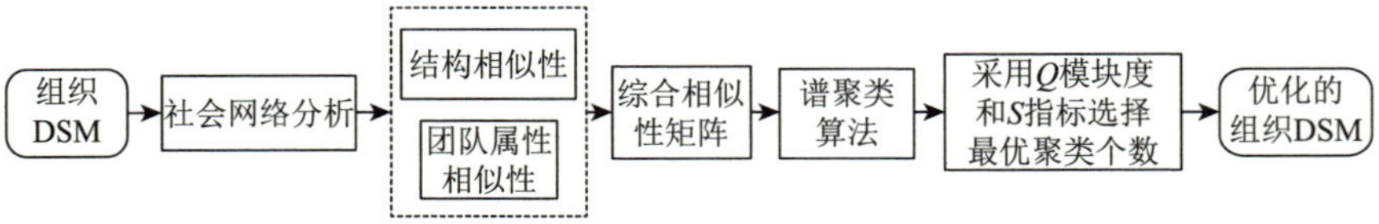

图 6-1　本章的内容结构

6.2　组织网络中的连接强度和社会凝聚力

6.2.1　活动重叠对团队间依赖关系的影响

在研发组织网络中，团队间的二元交互（interaction）是指团队间开展研发活动产生的信息交换。研发过程的基本特征是重叠和迭代，这导致了团队间的信息交换。每个团队可以被视为组织网络中的信息源或接收者（Sosa，2014；Sosa et al.，2015）。可以根据他们执行的重叠活动间依赖关系来确定他们之间的二元交互关系。

并行工程中的重叠和迭代是产品开发过程的基本特征，产品开发过程中活动之间的依赖关系分为顺序和耦合。在顺序活动中，团队间的协调可以忽略不计，我们主要关注耦合过程。耦合依赖是指一个设计活动中信息的变化必将影响其他设计活动，既有信息传递，又有大量的信息反馈和迭代，其动态特征表现为经过活动间信息的多次迭代和反馈，共同形成一个设计回路来完成其设计任务[图 6-2（a）]。重叠过程加强了耦合关系。重叠是指下游活动在上游活动完成前开始，图 6-2（b）和图 6-2（c）说明了组织重叠的二元交互作用，从信息源（上游团队）将初始技术信息发送给接收者（下游团队），然后接收者进行反馈/迭代。在图 6-2（b）中，重叠时间为耦合信息交换发生的时间。重叠的结果增加了沟通（如执行耦合活动的团队间的双向信息交换），这是团队二元交互关系的主要驱动力。前置时间 t_j 是指接收者在上游活动向其传递信息前，接收者已经执行的时间。

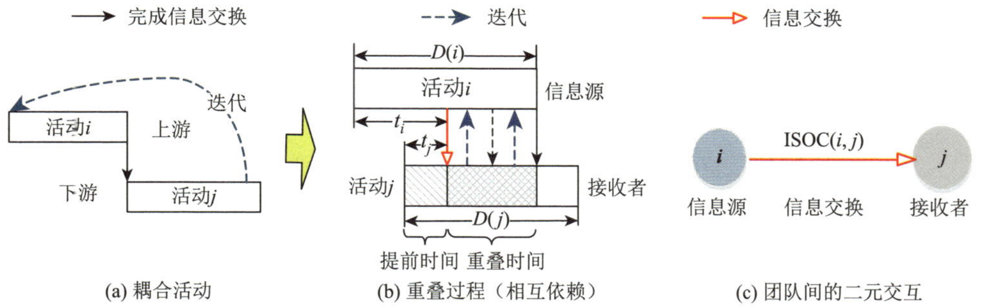

图 6-2　基于重叠过程的组织二元交互关系

如第 4 章和第 5 章所述（Yang et al.，2019），重叠时间对团队间二元交互的影响可以采用上游活动进化度和下游活动敏感度来测度。在图 6-2（b）中，活动 i 和 j 的持续时间分别为 $D(i)$和 $D(j)$。上游进化度可以采用其在信息输出之前已经完成的活动百分比来度量。下游敏感度可以采用其在信息输入之前已经完成的活动百分比来度量。如果上游活动在 t_i 时间释放上游活动 i 的信息，则其进化度 $E(t_i)=t_i/D(i)$。如果下游活动 j 在从活动 i 接收信息时已经执行了 t_j 时间，则其敏感度 $S(t_j)=t_j/D(j)$。

为了测度二元交互强度，首先建立了与信息源进化度和接收者敏感度相关的依赖模型［详见第 5 章和文献（Yang et al.，2014b）］。

与信息源进化相关的依赖关系（DSE）可近似构建线性函数如下：

$$\mathrm{DSE}(t_i)=1-\varepsilon(2E(t_i)-1) \tag{6-1}$$

式中，$\varepsilon\in[-1,1]$ 表示进化速度参数。

计算重叠时间：

$$T_{OV}(i,j)=\begin{cases}(1-E(t_i))\times D(i), & (1-E(t_i))\times D(i)<(1-S(t_j))\times D(j)\\(1-S(t_j))\times D(j), & \text{其他}\end{cases} \tag{6-2}$$

与接收者敏感度（DRS）相关的依赖关系由重叠程度（即 T_{OV} 与 D_i+D_j 的比值）决定，计算方法如下：

$$\mathrm{DRS}(t_j)=\mu\ln\left(\alpha\frac{T_{OV}}{D_i+D_j}\times S(t_j)+1\right) \tag{6-3}$$

式中，μ 表示设计活动的不确定性，如果某项活动具有较高的技术复杂性，μ 就会很大；α 表示团队减少设计过程中不确定性的能力和经验。

由式（6-1）～式（6-3），我们采用式（6-4）来测度执行重叠活动的研发团队间二元交互作用强度（即两个团队间的依赖强度），它反映了与重叠时间相关的沟通频率。

$$\mathrm{ISOC}(i,j)=\mathrm{DSE}(t_i)\cdot\mathrm{DRS}(t_j) \tag{6-4}$$

6.2.2 团队间的连接强度——从社会网络分析的视角

从行为学的角度来看，团队在研发项目流程中沟通的意愿或动机对信息交换频率有重要影响，这种意愿取决于接收者与信息源的社会关系深浅（Burt，2009）。因此，我们采用二元（社会）嵌入性来分析二元交互（即 ISOC）如何影响研发团队间技术交流的意愿和倾向。

在社会网络背景下，二元（社会）嵌入性由两部分组成：连接强度和社会凝聚力。连接强度表示信息源和接收者在直接二元交互中花费的时间和精力相对于整个网络的函数，社会凝聚力表示二者被强第三方关系（即共同连接者）包围的程度。因此，连接强度反映的是团队的直接关系，社会凝聚力反映的是团队的间接关系。

在复杂网络中，两个节点间的连接强度是一个术语，它表示这两个节点的依赖关系强度占网络中其他节点依赖强度的比重。根据信息发送者和接收者之间关系的紧密程度，节点间的连接可以分为强连接（strong tie）和弱连接（weak tie）。强连接指的是网络中直接关联节点之间的连接，弱连接指在网络中由于“邻接节点”的存在而使得节点之间产生的连接。

影响团队间连接强度的因素包括沟通频率和情感亲密度（Reagans and McEvily，2003）。然而，情感亲密度数据并不容易获得，我们假设团队在情感上接近于技术协调交互，所以连接强度是交互强度的函数。

在复杂网络中，团队 i 和 j 之间的连接强度表示相对于所有 i 的相邻团队，团队 i 如何将其时间或精力分配给工作中与之交互的 j 团队（Sosa，2014）。本书采用设计结构矩阵（DSM）方法计算连接强度。在 DSM 中，列表示每个元素的输入，行表示输出[图 6-3（b）]。图 6-3 为测度团队间连接强度示例。采用 DSM，连接强度（Tie Strength，TS）可以表示为团队 i 和 j 之间的交互强度与团队 i 所有相邻团队的总交互强度比。

$$\mathrm{TS}(i,j)=\frac{\mathrm{ISOC}(i,j)+\mathrm{ISOC}(j,i)}{\sum_{q=1}^{n}(\mathrm{ISOC}(i,q)+\mathrm{ISOC}(q,i))},\quad i\neq j \tag{6-5}$$

式中，$\mathrm{ISOC}(i,j)$ 表示 i 到 j 的交互强度；$\sum_{q=1}^{n}(\mathrm{ISOC}(i,q)+\mathrm{ISOC}(q,i))$ 表示团队 i 与其在组织网络中的所有相邻节点（即团队）q 之间的总交互强度。

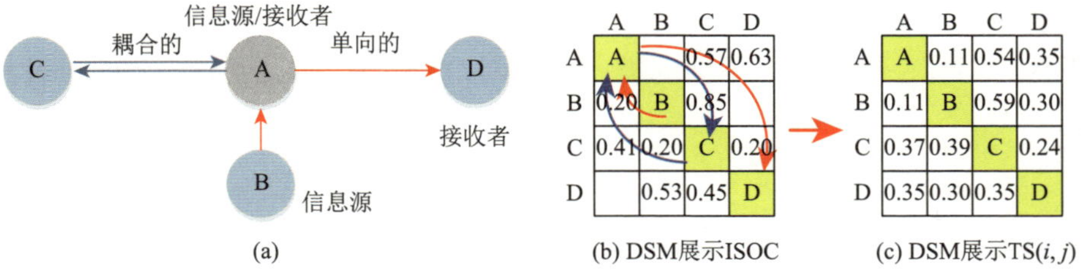

图 6-3　DSM 测度团队间连接强度

6.2.3　团队间的社会凝聚力

社会凝聚力指信息源和接收者与共有关系（即共同的第三方）花费的时间/精力的函数。图 6-4 说明了团队之间的社会凝聚力，其中团队 i, j 和 k 团队被共有关系连接。结构等价性导致社会凝聚力，这是两个团队由于共同的第三方联系而形成的一种间接的结构性联系。

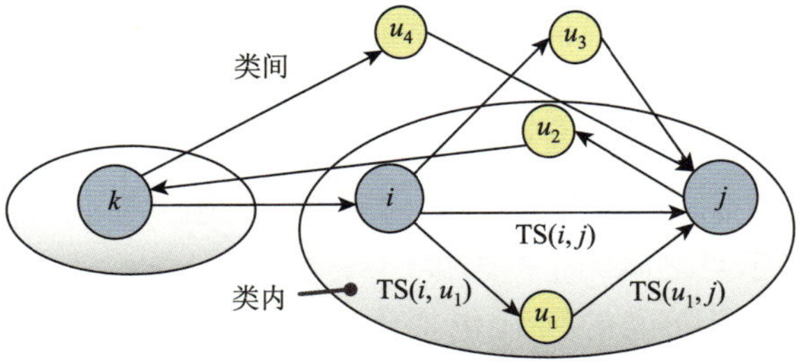

图 6-4　社会凝聚力与类内/类外的协调者

团队 i 到 j 的社会凝聚力可用式（6-6）计算。

$$\mathrm{SC}(i,j)=\sum_{u\in\Gamma(i)\cap\Gamma(j)}\mathrm{TS}(i,u)\cdot\mathrm{TS}(u,j),\quad u\neq i,j \tag{6-6}$$

式中，$\Gamma(i)$ 表示团队 i 的邻域集合，共有关系集合用 u 表示，即 $\Gamma(i)$ 和 $\Gamma(j)$ 的交集。

因此，我们可以计算出社会嵌入度，即连接强度和社会凝聚力之和。

$$\mathrm{SE}(i,j)=\mathrm{TS}(i,j)+\sum_{u\in\Gamma(i)\cap\Gamma(j)}\mathrm{TS}(i,u)\cdot\mathrm{TS}(u,j),\quad u\neq i,j \tag{6-7}$$

图 6-4 展示了类内/类外的协调者。协调者或“经纪人”介于两个没有直接联系的团队间，它充当一个“中介”连接两者。我们将传统的协调者概念（包括内部协调者、外部协调者、守门人和联络者）扩展到类内协调者和类间协调者。

类内协调者（如 u_1）协调属于同一类的团队间的关系。类间协调者负责协调至少一方属于不同类内的关系：①不同类内的外部协调者（如 u_3）协调同一类内的两个团队之间的工作；②协调者/守门人（如 u_2）与其中一个团队位于同一类内，而另一团队属于不同的类；③协调/联络者（如 u_4）与协调的二者分属不同的类。

6.3　建立类内和类间与社会嵌入相关的中心性指标

网络中心性指团队间存在一定数量的连接或一定比例的冗余关系，通常与团队绩效相关。因此，中心性越大（如度中心性 DC 或中介中心性 BC），意味着与开发过程相关的复杂任务可以分散到更多的团队中，从而取得更好的组织绩效。度中心性测度一个团队与网络中其他团队的直接连接情况，反映团队在社会网络结构中的位置或优势，体现其在组/类中的“权利”。中介中心性表示控制或促进团队间信息交换的潜力。从信息流的角度来看，具有较高中介中心性的节点可以控制节点间信息流相对较大的一部分信息。组织网络中，中介中心性高与个体绩效评分呈正相关。以往对中介中心性和度中心性的研究集中在个体上，本章我们将在模块化的水平上分析这些指标。

我们将探讨如何优化组织结构，其中类内的中介中心性和度中心性更大，而类间的中介中心性和度中心性更小，这意味着类内团队间有更多的直接和间接沟通，即“紧密联系”的类。

6.3.1　类内和类间的度中心性

本章提出了基于直接连接强度的类内和类间度中心性的概念。给定类 K 中的团队 i，该团队的类内标准化度中心性定义为类 K 中团队 i 的入度和出度与除自身外的其他团队的最大连通度之比。

$$\mathrm{DC}_{\mathrm{intra}}(K_i)=\left(\sum_{j=n_k}^{m_k}\mathrm{TS}(i,j)+\sum_{j=n_k}^{m_k}\mathrm{TS}(j,i)\right)\Big/2(cl_k-1) \tag{6-8}$$

式中，cl_k 表示类 K 的大小；n_k 和 m_k 分别表示类 K 中的第一个关系和最后一个关系。

同样，给定类 K 内的团队 i 的标准化类间中心性为：

$$\mathrm{DC}_{\mathrm{inter}}(K_i)=\left(\sum_{j=1}^{N}\mathrm{TS}(i,j)+\sum_{j=1}^{N}\mathrm{TS}(j,i)-\left(\sum_{j=n_k}^{m_k}\mathrm{TS}(i,j)+\sum_{j=n_k}^{m_k}\mathrm{TS}(j,i)\right)\right)\Big/2(N-cl_k) \tag{6-9}$$

然后，模块化团队的类内和类间度中心性为其包含团队的类内和类间度中心性之和。

6.3.2　类内和类间的中介中心性

我们基于社会凝聚力来测度类内和类间的中介中心性。中介中心性是基于节点的最短路径。中介中心性大表示一个节点可以通过相对最短路径到达许多其他节点，或者它位于连接其他节点的最短路径的可能性高。给定类 K 的团队 u，其类内中介中心性为：

$$\mathrm{BC}_{\mathrm{intra}}(K_u)=\sum_{i,j,u\in K,i<j}\frac{\sigma_{i,j}(K_u)}{\sigma_{i,j}}\Big/(cl_k-1)(cl_k-2) \tag{6-10}$$

式中，$\sigma_{i,j}$ 表示 i 团队和 j 团队之间最短的间接联系。如果间接联系发生在类内，它就具有沟通桥梁的作用，促进类内团队间的交流。近似的中介中心性可以由每个团队的相邻关系（即共有联系人）获得。

社会凝聚力（SC）可以反映团队间通过共有联系人而产生的最短的、间接的联系。因此，我们提出了基于社会凝聚力的类内和类间中介中心性的概念。

给定类 K 中的团队 u，团队的标准化类内中介中心性表示团队间总的社会凝聚力，即类 K 内的共同团队 u 作为类 K 内的协调者的凝聚力，与整个组织网络的总社会凝聚力之比。

$$\mathrm{BC}_{\mathrm{intra}}(K)=\left(\mathrm{SC}(K)\Big/\sum_{i=1}^{N}\sum_{j=1}^{N}\mathrm{SC}(i,j)\right)\Big/(cl_k-1)(cl_k-2) \tag{6-11}$$

式中，$\mathrm{SC}(K)=\sum_{i=n_k}^{m_k}\sum_{j=n_k}^{m_k}\mathrm{SC}(i,j)$ 表示同一类 K（如图 6-4 中的 u_1）的协调团队与连接团队的社会凝聚力。类内中介中心性越大表示类内间接关系网络越强大，可促进团队之间的沟通。

类间中介中心性表示类间协调者的社会凝聚力（如图 6-4 中的 u_2、u_3、u_4）与整个组织网络的总社会凝聚力之比。

$$\mathrm{BC}_{\mathrm{inter}}=\frac{\left(\sum_{i=1}^{N}\sum_{j=1}^{N}\mathrm{SC}(i,j)-\sum_{K=1}^{N_C}\mathrm{SC}(K)\right)\Big/\sum_{i=1}^{N}\sum_{j=1}^{N}\mathrm{SC}(i,j)}{(N-1)(N-2)} \tag{6-12}$$

式中，N_C 表示类的总个数。

类内中介中心性和度中心性越大，意味着类内团队可以获得大部分有效信息并在类内成员之间快速传播。

6.4 研发团队间相似性的度量

如图 6-5 所示，我们可以由组织网络中的结构相似性和团队属性相似性，测度团队间集成的相似性。

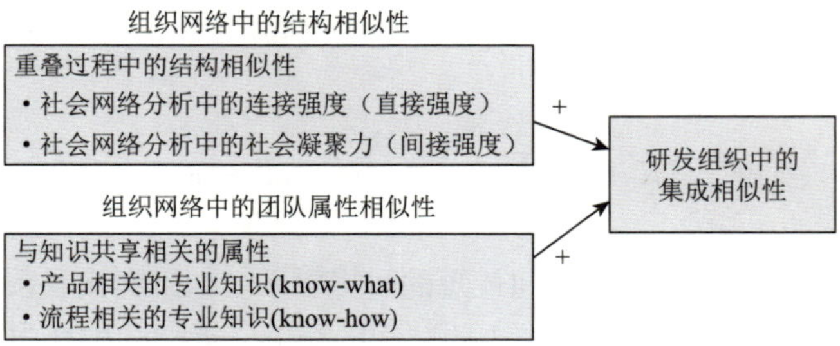

图 6-5　研发团队间相似性的度量

6.4.1 结构相似性

首先，构建基于社会嵌入性的结构相似性度量，它是连接强度和社会凝聚力之和（图 6-6）。研发团队通过强大的连接强度直接联系在一起，或通过强大的社会凝聚力（即许多共有联系），形成较高的相似度。例如，图 6-6（a）中，团队 i, j, k, l 彼此直接连接。这些团队关系的强弱很大程度上取决于信息从一个团队转移到另一个团队的可能性，因此这些团队由于较强的连接强度而具有较高的相似性。

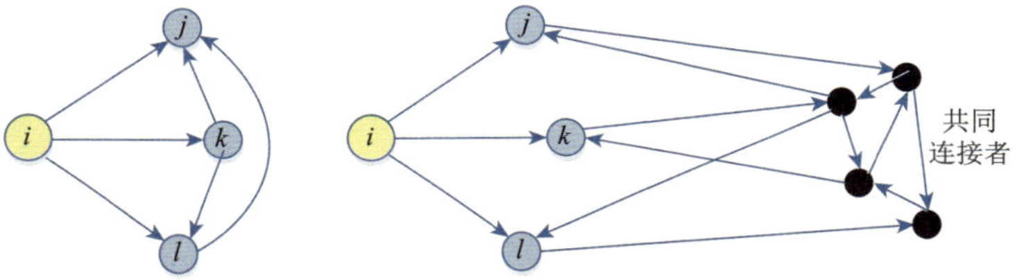

(a) 强连接强度　　(b) 强社会凝聚力

图 6-6　社会嵌入性对结构相似性的影响

如果两个团队/个人由于许多共同伙伴产生关联，那么他们更愿意分享知识，促进技术沟通。因此，基于社会凝聚力（即共有邻居）的结构相似性可以有效地刻画组织网络中任意两个相邻节点的局部连接密度。例如，图 6-6（b）中，虽然团队 j, k, l 没有直接联系，但是这些团队由于有较强的共同关系而具有较高的相似性。共同第三方的存在会加强相互依赖的团队间信息共享的倾向。

基于社会嵌入性，我们构建了采用余弦相似性度量的结构相似性，节点间的余弦相似性可由式（6-13）确定。

$$S_{\text{cosine}}(i,j)=\frac{|\Omega(i)\cap\Omega(j)|}{\sqrt{|\Omega(i)|\cdot|\Omega(j)|}} \tag{6-13}$$

式中，$\Omega(i)$ 表示节点 i 的邻居节点集合，包括 i 本身，$|\Omega(i)\cap\Omega(j)|$ 表示 i 和 j 的共同邻居集合。

余弦相似性最初应用在无向无权网络中。然而，研发组织网络是加权有向网络，换句话说，团队之间的依赖关系是有向（如 $A\rightarrow B$，可能不存在反向关系）且加权（即正实数）的。因此，首先建立了一个加权无向网络图的相似性。图 $G=(V,E,\text{TS})$，V 表示图 G 中的节点，E 表示节点间的连接（即边），$\text{TS}(i,j)$ 表示节点间边的权重。通常，E 由邻接矩阵表示。对于节点 $i\in V$，$\text{TS}(i,i)=1$。节点 i 的结构邻域 $\Omega(i)$ 是包含其相邻节点及其自身的集合：$\Omega(i)=\{j\in V\mid(i,j)\in E\}\cup\{i\}$。

因此，我们用式（6-14）表示结构相似性矩阵，它构建了加权无向网络中任意两个相邻节点的局部连接密度。

$$\mathrm{Sim}_{\mathrm{structure}}(i,j)=\frac{\sum_{u\in\Omega(i)\cap\Omega(j)}\mathrm{TS}(i,u)\cdot\mathrm{TS}(u,j)}{\sqrt{\sum_{u\in\Omega(i)}\mathrm{TS}^2(i,u)}\cdot\sqrt{\sum_{u\in\Omega(j)}\mathrm{TS}^2(j,u)}} \quad (6\text{-}14)$$

为了构建研发项目组织网络的结构相似性，结合前文所述强连接强度和社会凝聚力可以形成高度相似性。式（6-14）中，节点（或团队）i 的结构邻域 $\Omega(i)$ 表示与其直接连接的相邻节点集合。假设 $\mathrm{TS}(i,i)=1$，如果 i 表示信息源且 $i=u$，则 $\mathrm{TS}(i,u)\cdot\mathrm{TS}(u,j)=\mathrm{TS}(i,i)\cdot\mathrm{TS}(i,j)=\mathrm{TS}(i,j)$。所以，可以构建式（6-15）。

$$\sum_{u\in\Omega_S(i)\cap\Omega_S(j)}\mathrm{TS}(i,u)\cdot\mathrm{TS}(u,j)=\mathrm{TS}(i,j)+\sum_{u\in\Gamma_S(i)\cap\Gamma_S(j)}\mathrm{TS}(i,u)\cdot\mathrm{TS}(u,j) \quad (6\text{-}15)$$

式中，$\Omega_S(i)=\{u\,|\,(i,u)\in E\}\cup\{i\}$ 表示当 i 为信息源时，其相邻节点及其自身的集合。$\Gamma_S(i)=\{u\,|\,(u,j)\in E\}$ 表示当 i 为信息源时，其相邻节点集合。$\Omega(i)$ 和 $\Gamma(i)$ 的不同在于 $\Omega(i)$ 包含 i 自身。

因此，采用组织 DSM，组织网络的结构相似性如下所示：

$$\mathrm{Sim}_{\mathrm{structure}}(i,j)=\frac{\mathrm{TS}(i,j)+\sum_{u\in\Gamma_S(i)\cap\Gamma_S(j)}\mathrm{TS}(i,u)\mathrm{TS}(u,j)+\mathrm{TS}(j,i)+\sum_{u\in\Gamma_R(i)\cap\Gamma_R(j)}\mathrm{TS}(j,u)\mathrm{TS}(u,i)}{\sqrt{\sum_{u\in\Gamma_S(i)\cup\Gamma_R(i)}(\mathrm{TS}(i,u)+\mathrm{TS}(u,i))^2}\cdot\sqrt{\sum_{u\in\Gamma_S(j)\cup\Gamma_R(j)}(\mathrm{TS}(j,u)+\mathrm{TS}(u,j))^2}}$$

（6-16）

式中，$\Gamma_R(i)=\{u\,|\,(i,u)\in E\}$ 表示当 i 为接收者时，i 的相邻节点。$\Gamma_S(i)=\{u\,|\,(u,i)\in E\}$ 表示当 i 为信息源时，i 的相邻节点。

根据式（6-16），结构相似性可表述为：

$$\mathrm{Sim}_{\mathrm{structure}}(i,j)=\frac{\mathrm{SE}(i,j)+\mathrm{SE}(j,i)}{\sqrt{\sum_{u\in\Gamma_S(i)\cup\Gamma_R(i)}(\mathrm{TS}(i,u)+\mathrm{TS}(u,i))^2}\cdot\sqrt{\sum_{u\in\Gamma_S(j)\cup\Gamma_R(j)}(\mathrm{TS}(j,u)+\mathrm{TS}(u,j))^2}}$$

（6-17）

6.4.2 团队属性相似性

除了节点间的关系外，节点属性也会影响聚类效果。团队所需的专业知识是影响沟通和知识共享的关键因素。专业知识包括两个关键组成部分：know-what 和 know-how。其中，know-what 表示对值得追求的各种现象的欣赏，know-how 则表示对构成现象的产生过程的理解。本章中，我们将其扩展到研发项目背景下，

know-what 表示产品相关的专业知识（product-related expertise），如产品组件或子系统。know-how 表示流程相关的专业知识（process-related expertise），如产品开发项目生命周期过程中设计、制造和测试。因此，产品相关和流程相关的专业知识可以表示产品开发团队的属性。

与产品相关的专业知识与产品开发的特定功能和架构属性相关，它表示对满足客户需求的特定项目或产品配置的理解。例如，在新产品开发背景下，设计师应该有产品相关的专业知识，如发动机、车身或电气设备。通过模块化产品开发组织，可以保留产品特征知识。

与流程相关的专业知识与产品开发项目生命周期中的过程相关，关于如何执行生命周期特定阶段相关活动的知识可以通过经验积累。在研发项目中，与过程相关的专业知识表示对过程/程序的理解。

流程相关和产品相关的专业知识高度相似的团队意味着他们在一个项目中执行相似的产品和流程，因此他们应该模块化在一个组中，以促进知识共享。为了度量团队属性的相似性，我们用两部分表示：①团队在不同专业领域沟通/努力的参与程度；②不同领域的专业知识重叠。

团队 i 在专业领域 k 的参与程度（ID）定义为团队 i 在专业领域 k 中所需的工作量与其在所有专业领域中的总工作量的比率。

$$\mathrm{ID}(i,k) = z(i,k) \Big/ \sum_{k=1}^{N_K} z(i,k) \qquad (6\text{-}18)$$

式中，$z(i,k)$ 表示团队 i 在专业知识 k 领域花费的工作量或时间；N_K 表示专业领域的数量。

图 6-7 为测度参与程度矩阵的示例，“团队专业知识领域”［图 6-7（a）］中每一行的数值表示每个团队在不同领域所花费的工作量或时间。

	1	2	3
团队 A	6	14	
团队 B	20	14	6
团队 C		12	
团队 D	6		24
团队 E			12

(a) “团队专业知识领域” 矩阵

	1	2	3
团队 A	0.3	0.7	
团队 B	0.5	0.35	0.15
团队 C		1	
团队 D	0.2		0.8
团队 E			1

(b) 矩阵 *ID*

	A	B	C	D	E
团队 A	A	0.31	0.35	0.23	0.18
团队 B	0.31	B	0.21	0.24	0.19
团队 C	0.35	0.21	C	0.18	0.24
团队 D	0.23	0.24	0.18	D	0.36
团队 E	0.18	0.19	0.24	0.36	E

(c) 属性相似性DSM

图 6-7　基于 DSM 的团队属性相似性测度示例

专业知识重叠（EO）指团队间相同专业领域的比例。专业知识重叠反映了团队间共同专业知识的程度，有助于团队内部沟通和知识转移。Reagans 和 McEvily（2003）构建了测度团队 i 和 j 的专业知识重叠，如下所示：

$$\mathrm{EO}_{ij}=\sum_{k=1}^{N_K}a_{ik}a_{jk}/N_K \tag{6-19}$$

式中，如果团队 i 为专业知识 k 领域的专家，则 $a_{ik}=1$。

然而，式（6-19）为二值型（即“0”和“1”）。利用参与度（ID），我们构建量化专业领域 k 中团队间的专业知识重叠水平：

$$\mathrm{EO}_k(i,j)=\begin{cases}\dfrac{\mathrm{Min}\{\mathrm{ID}(i,k),\mathrm{ID}(j,k)\}}{\mathrm{Max}\{\mathrm{ID}(i,k),\mathrm{ID}(j,k)\}}, & \mathrm{ID}(i,k)+\mathrm{ID}(j,k)\neq 0\\ 1, & \text{其他}\end{cases} \tag{6-20}$$

式中，$\mathrm{ID}(i,k)+\mathrm{ID}(j,k)\neq 0$ 表示至少有一个团队涉及 k 领域的专业知识。

通过式（6-20），我们可以测度团队间产品相关专业知识和流程相关专业知识的重叠。专业知识重叠的范围为[0, 1]。专业知识重叠越大，表示重叠/相似程度越高。例如，图 6-7 中，项目涉及三个专业领域知识：材料工程（k_1）、电子（k_2）和动力学（k_3）。团队 A 需要 k_1 和 k_2 领域专业知识，其在这两个领域的参与度分别为 30%和 70%。B 团队需要 k_1、k_2 和 k_3 领域的专业知识，其参与度分别为 50%、35%和 15%，则 $\mathrm{EO}_{k1}(i,j)=0.3/0.5=0.6$，$\mathrm{EO}_{k2}(i,j)=0.35/0.7=0.5$，$\mathrm{EO}_{k3}(i,j)=0$。

为了测度属性相似性，我们首先使用欧氏距离［式（6-21）］来计算 i 团队和 j 团队之间属性的总差异。

$$M(i,j)=\sqrt{\sum_{k=1}^{N_K}(1-\mathrm{EO}_k(i,j))^2} \tag{6-21}$$

式中，$\mathrm{EO}_k(i,j)$ 表示不同专业领域的专业知识重叠。

$M(i,j)$ 越大表示团队 i 和 j 具有较少的专业知识重叠和较低的属性相似性，可由式（6-22）测度团队 i 和 j 的属性相似性：

$$\mathrm{Sim}_{\mathrm{attribute}}(i,j)=\mathrm{e}^{-M(i,j)} \tag{6-22}$$

团队间相似的专业知识有助于整合团队所获得的能力，使知识的同化更易发生，并在团队交互中形成共识。这将对知识共享产生建设性的影响，增加交互和协调的频率。

由式（6-17）和式（6-22）可计算团队间的集成相似性，即结构相似性和团队属性相似性矩阵的线性组合。

$$\mathrm{Sim}(i,j)=\alpha\times\mathrm{Sim}_{\mathrm{structure}}(i,j)+(1-\alpha)\times\mathrm{Sim}_{\mathrm{attribute}}(i,j) \tag{6-23}$$

式中，α 表示权重系数。

6.5　谱聚类方法及最优聚类个数的确定

在多元统计和聚类中，谱聚类充分利用相似性矩阵的谱（即特征值）进行降维。相似性矩阵是谱聚类算法的输入，该算法可以最大化类中元素的相似性，同时最小化类间元素的相似性，我们采用基于 Ng-Jordan-Weiss（NJW）算法的聚类方法。

除了建立相似性矩阵外，谱聚类方法通常面临另一个挑战：如何确定聚类个数。在许多情况下，我们不会有任何关于聚类个数 k 的先验信息。模块度 Q 指数和轮廓系数（S 指数）可以分别用于评估网络结构和节点属性相关的聚类有效性，本章将采用这两个指数来获得最优聚类个数 k。

首先，采用模块度 Q 指数来评估与网络结构相关的聚类结果。有向加权网络的 Q 指数定义为子图中（聚类后）包含的所有边权之和减去随机放置边的期望边权之和。

$$Q=\frac{1}{m}\sum_{ij}\left(\mathrm{TS}(i,j)-\frac{d_i^{(\mathrm{out})}d_j^{(\mathrm{in})}}{m}\right)\delta(G_i,G_j) \tag{6-24}$$

式中，$d_i^{(\mathrm{out})}=\sum_{j=1}^{N}\mathrm{TS}(i,j)$ 和 $d_j^{(\mathrm{in})}=\sum_{i=1}^{N}\mathrm{TS}(i,j)$ 分别表示团队 i 的出度和入度；m 表示所有边权总和。$m=\sum_{j=1}^{N}d_i^{(\mathrm{out})}+\sum_{i=1}^{N}d_j^{(\mathrm{in})}$，当团队 i 和 j 属于同一类时，$\delta(G_i,G_j)$ 为 1，否则为 0。

其次，我们提出了改进的 S 指数，即采用类内和类间属性差异来评价聚类结果，S 指数可以通过计算类间分离性和类内紧密性来衡量聚类有效性。给定类 K 中的团队 i，类内团队属性差异（AD）定义为团队 i 与类 K 中其他团队的平均属性差异。

$$\mathrm{AD}_{\mathrm{intra}}(K_i)=\frac{1}{cl_k-1}\sum_{j=n_k}^{m_k}M(i,j) \tag{6-25}$$

式中，$M(i,j)$ 表示团队 i 和 j 的总属性差异。

类间团队的属性差异定义为类 K 中团队 i 与其他类 H 的所有团队间的最小平均差异。

$$\mathrm{AD}_{\mathrm{inter}}(K_i)=\underset{1\leqslant h\leqslant N_C,h\neq k}{\mathrm{Min}}\left[\frac{1}{cl_h}\sum_{j\in H}M(i,j)\right] \tag{6-26}$$

式中，cl_h 表示类 H 的大小。

此外，类 K 的类内和类间属性差异可以表示为 $\mathrm{AD}_{\mathrm{intra}}(K)=\frac{1}{cl_k}\sum_{i=n_k}^{m_k}\mathrm{AD}_{\mathrm{intra}}(K_i)$ 和 $\mathrm{AD}_{\mathrm{inter}}(K)=\frac{1}{cl_k}\sum_{i=n_k}^{m_k}\mathrm{AD}_{\mathrm{inter}}(K_i)$。

因此，改进后的 S 指数可由式（6-27）计算。

$$S=\frac{1}{N_C}\sum_{K=1}^{N_C}\left\{\frac{1}{cl_k}\sum_{i=n_k}^{m_k}\frac{\mathrm{AD}_{\mathrm{inter}}(K_i)-\mathrm{AD}_{\mathrm{intra}}(K_i)}{\mathrm{Max}[\mathrm{AD}_{\mathrm{inter}}(K_i),\mathrm{AD}_{\mathrm{intra}}(K_i)]}\right\} \tag{6-27}$$

S 的取值范围为[−1, 1]，S 值越大表示聚类结果越好。

6.6 案例分析

为了验证所提出的概念和模型，我们将其应用于某商用飞机系统开发项目。我们采访的人员包括：项目经理以及公司研发、生产和人力资源部门的核心项目成员。我们在访谈中提问了以下问题：①如何在团队沟通方面优化研发项目组织？②一个设计活动对团队执行的其他重叠活动有多大影响？③开始下游工作至少需要什么信息？④每个研发团队需要多少个产品相关和过程相关的专业知识领域？⑤每个团队在每个领域专业知识的参与程度如何？等等。

根据访谈和企业提供的其他信息，我们发现沟通的主要目的是工作协调和知识共享。工作协调与并行重叠过程相关，知识共享与团队的产品和过程相关的专业知识相关。尽管活动并行可以缩减研发时间，但会增加返工风险。通过加强模块化团队之间的沟通，可以克服重叠活动中初始不完全信息交换导致的弱点。因此，有必要对组织进行模块化设计，通过增加类内团队间的相似性，减少类间团队的相似性来提高沟通效率。为了促进知识共享，还应考虑研发团队产品和过程相关的专业知识。

该项目涉及大量活动和团队，由于我们关注流程重叠和知识共享对研发团队沟通与协调的影响，因此，我们选择了 20 个团队（假设每个团队执行一项活动），如表 6-1 所示。为了衡量团队间的专业知识重叠，我们需要知道团队的专业知识领域。与产品相关的专业知识包括四个领域，即动力系统（PS）、结构系统（SS）、环境控制系统（ECS）和航空电子（A）。与流程相关的专业知识可以根据飞机开发过程划分，对于以上团队，我们专注于三个过程：需求分析（RA）、设计（D）、集成和验证（IV）。表 6-1 表示每个团队在不同专业领域花费的时间。

表 6-1　团队开展活动的持续时间及涉及不同专业知识领域的时间

ID#	团队	活动时间/小时	产品相关的专业知识				流程相关专业知识		
			PS	SS	ECS	A	RA	D	IV
1A	市场分析	16	4	5	3	4	12	4	0
2B	需求识别	13	3	4	3	3	10	3	0
3C	功能设计	9	2	3	2	2	7	2	0
4D	系统级设计	20	1	15	2	2	2	18	0
5E	产品配置设计	21	5	6	5	5	0	16	5
6F	制订验证方案	18	4	5	4	5	0	14	4
7G	外形设计	17	0	15	2	0	2	15	0
8H	概念分析	16	4	5	4	3	12	4	0
9I	确认方案	20	5	6	4	5	15	5	0
10J	负载分析	9	1	8	0	0	1	8	0
11K	模具设计	33	2	26	3	2	3	30	0
12L	翼型设计	30	2	25	0	3	3	27	0
13M	空气动力学设计	16	1	13	2	0	2	14	0
14N	结构设计	11	1	8	1	1	1	10	0
15O	客舱设计	48	3	38	5	2	5	43	0
16P	推进系统设计	16	0	12	4	0	2	14	0
17Q	系统装配	10	2	3	2	3	0	2	8
18R	风洞实验	19	1	14	2	2	0	10	9
19S	测试与验证	36	9	9	9	9	0	9	27
20T	适航认证	51	12	13	13	13	0	12	39

6.6.1　聚类的生成和选择：确定最优聚类个数

首先，我们建立了初始组织 DSM。DSM(i, j)为两个团队间的依赖强度 ISOC，由式（6-1）～式（6-4）求得 DSM 中点的大小[图 6-8（a）]。

其次，由式（6-5）～式（6-7）以及式（6-13）～式（6-23）计算相似度矩阵，并采用 Matlab 软件进行谱聚类计算。该算法涉及聚类个数 k 的选择，但是最优聚类个数通常是未知的。本章将使用以下方法确定最优聚类个数：根据不同聚类个数的划分结果，采用聚类有效性指标判断最优聚类个数。因此，我们根据组织网络的大小选择不同的 k 值，使用式（6-24）和式（6-27）比较不同聚类个数的模块度 Q 和 S 指数。

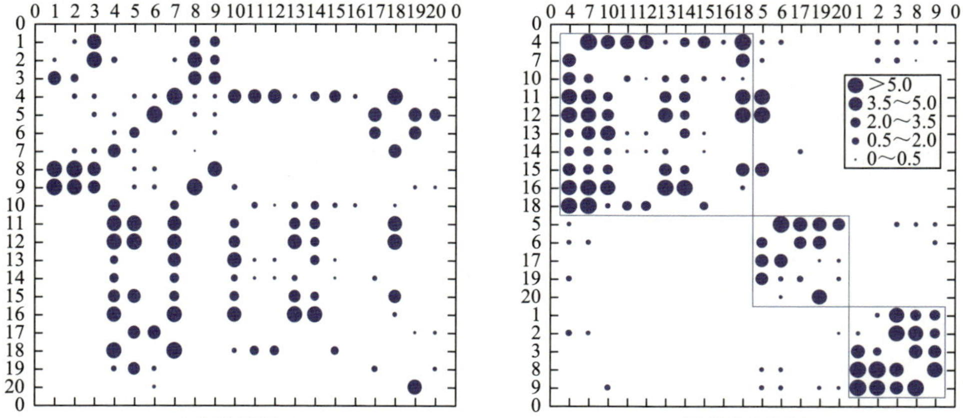

(a) 初始组织DSM　　(b) 聚类后的组织DSM

图 6-8　初始和聚类后的组织 DSM

图 6-9 为 α 的值设置为 0.2、0.4、0.6、0.8 时，不同 k 值的模块度 Q 和 S 指数。当 $k=3$，$\alpha=0.2$、0.4、0.6、0.8 时，Q 指数和 S 指数均为最大值（即 $Q=0.58$ 和 $S=0.35$）。因此，我们认为最优聚类个数为 3 时，从网络结构和节点属性的角度来看，组织结构的模块化最优。

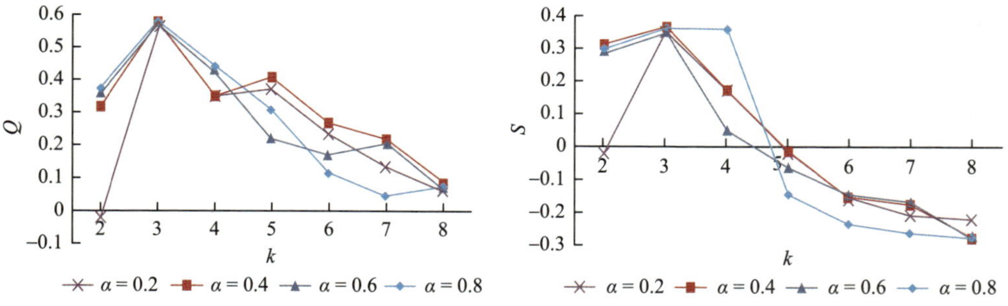

(a) 模块度(Q指数)　　(b) 轮廓系数(S指数)

图 6-9　针对不同 k 值，调整参数 α 的实验结果

6.6.2　聚类结果：管理意义与挑战

图 6-10（a）中，在谱聚类的算法树上绘制一条虚线，可得三个工作小组（group）的团队组成情况，分别是 G1[G, N, J, M, D, P, K, O, L, R]，G2[A, B, H, C, I]，

G3[E, Q, T, S, F]。图 6-10（b）表示连接强度的聚类 DSM，其中类内依赖性增强，类间依赖性变弱，从而降低了协调复杂度。例如，G2 是一组具有强迭代关系的团队组，在设计和开发阶段的需求分析中，团队 A，B，C，H 和 I 具有很强的连接强度。图 6-8、图 6-10 中 DSM 矩阵的数字 1, 2, ⋯, 20 分别表示团队 A, B, ⋯, T。

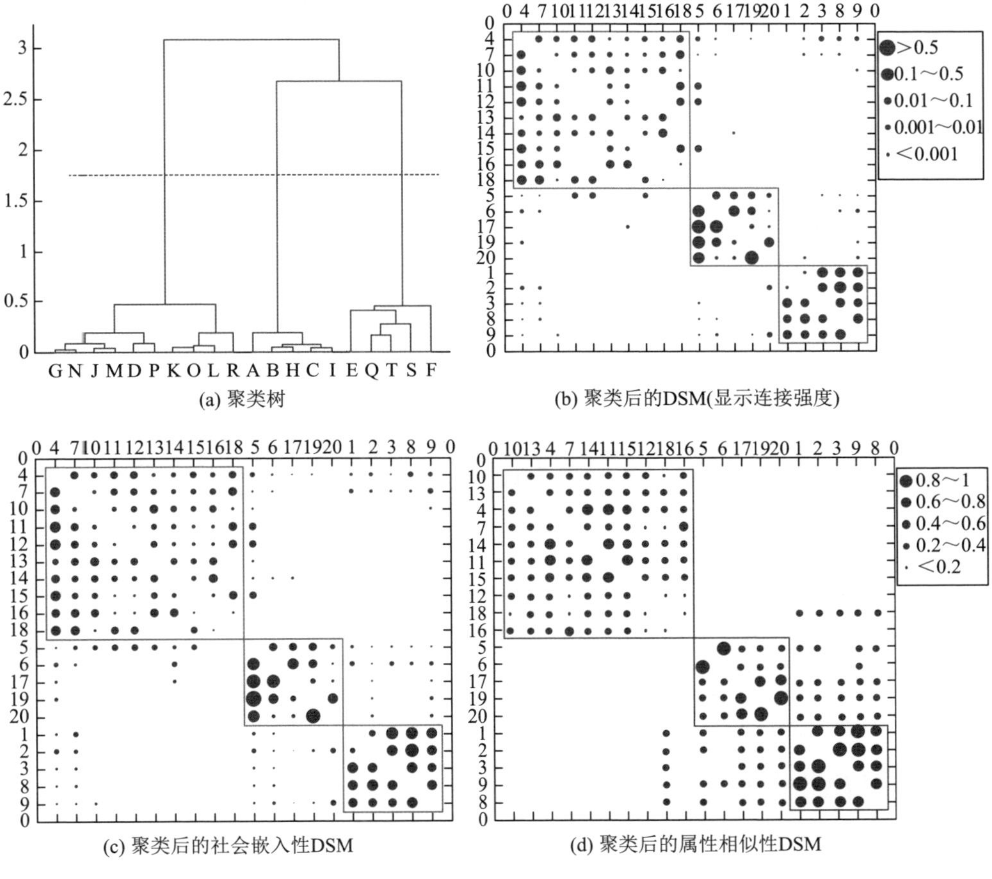

图 6-10　聚类结果

由上述分析，可以发现如下结论。

（1）与依赖关系强度相比，网络中节点间的连接强度可以更好地预测组织聚类和关系相似性。与依赖强度 DSM 相比，聚类优化后的类内连接强度 DSM[见图 6-10（b）]表示更多的关系。例如，尽管团队 G 与 G1 模块/组中的大多数团队没有交互[请参见图 6-8（b）中的 7 行]，它与该组中的其他团队仍具有很强的连接强度。组内（类内）连接强度强表示技术沟通强，可以减少模块中返工的可能性。此外，类间连接强度是必不可少的，只有这样，聚类优化后的组织网络才能更高效。

（2）社会凝聚力可以增强相互依存的团队的相似性，增强信息交流，因此社会凝聚力强的团队可以聚在一个组中。图 6-10（c）展示了社会嵌入性，由于共同的联系，社会嵌入性增强了团队间的结构相似性。例如，G1 模块/组中的团队 K，L，O 和 P 交互强度十分有限，但是它们具有共同的类内协调团队 R 和共同的类间协调团队 E，这形成了社会凝聚力。两个团队因为共同的团队连接在一起，可以促进技术信息共享。

（3）团队属性相似性对聚类也有重要影响。经验证据表明，连接强度高与团队间类似的专业知识呈正相关。图 6-10（d）为类内属性相似性 DSM，具有较高属性相似性的团队被分组在一起。与图 6-10（b）相比，几乎所有团队都与 G1 中的团队具有很强的属性相似性。例如，团队 R 与团队 M 和 N 具有属性相似性，即使他们之间没有连接强度[图 6-10（b）]。通常，具有较高属性相似性的团队将导致较强的沟通交互，因此其结构相似性也很高。但是，对于某些团队，属性相似性和结构相似性可能不一致。例如，G3 中，即使第 E 和 F 队与第 Q，S 和 T 队之间的属性相似性较小[当式（6-23）中 $\alpha = 0.6$ 时]，但是由于强大的连接强度，它们仍聚集在同一组中。当我们增加属性相似性的权重（如 $\alpha = 0.05$）时，团队 E 和 F 从类[E, F, Q, S, T]中删除，并添加到新的类中[E, F, J, P]。

（4）此外，一些团队不仅在类内且在类间都充当协调者。例如，团队 D，E，G 和 I 不仅与类内团队有很强的交互作用，还与其他类的团队有交互作用。因此，这些团队可以被视为组织中的枢纽。

6.6.3 敏感性分析和比较实验

由于团队 E 与其他团队具有很强的交互能力，因此我们以团队 E 为例来分析重叠对 Q 指数的敏感性（图 6-11）。首先，类[5, 6, 17, 19, 20]中 $E(i, 5)$和 $S(i, 5)$的三种赋值分别为 0.9、0.5 和 0.1。我们固定 $E(i, 5)$和 $S(i, 5)$的值，更改 $j = 6, 17, 19, 20$ 时 $E(5, j)$和 $S(5, j)$的值，观察 Q 指数如何变化。因为增大 $E(i, j)$或 $S(i, j)$意味着减少重叠，所以当我们增大 $j = 6, 17, 19, 20$ 时的 $E(5, j)$和 $S(5, j)$时，团队 E 与其他团队之间的交互强度降低。这导致团队 E 从类[5, 6, 17, 19, 20]中删除，添加到新的类[4, 5, 7, 10, 11, 12, 13, 14, 15, 16, 18]中，且 Q 值减小。因此，$E(i, j)$和 $S(i, j)$的变化将导致聚类结果发生变化。对项目经理来说，多团队间的关系比只有两个团队间的关系更重要。

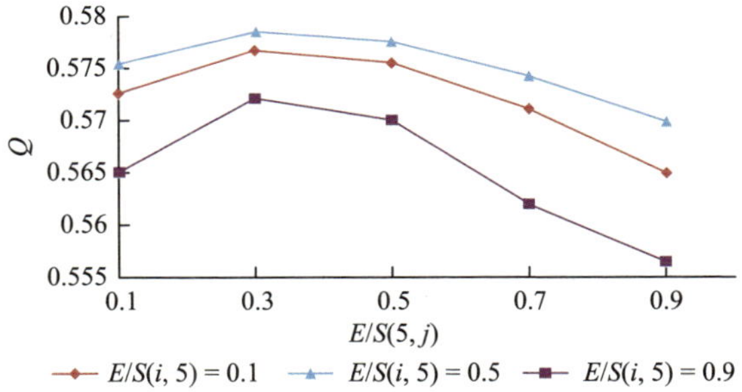

图 6-11　模块度 Q 指数的敏感性分析

将本章提出的聚类方法与现有方法进行比较是必要的。表 6-2 中，比较实验 1 是两阶段聚类准则的传统 DSM 启发式算法（Yang et al.，2014b）。因为该算法结果随机，每次运行的聚类效果不一样，所以我们选择了出现频率最高的结果（即 4 类）作为最优聚类个数，如图 6-12 所示。比较实验 2 是基于 DSM 的谱聚类算法，该算法采用不带节点属性的无向网络计算余弦相似性(Yang et al.,2019; Yang et al.,2018)。由于第二和第三个特征值之间的间隙较大，因此选择 2 类为最优聚类结果。

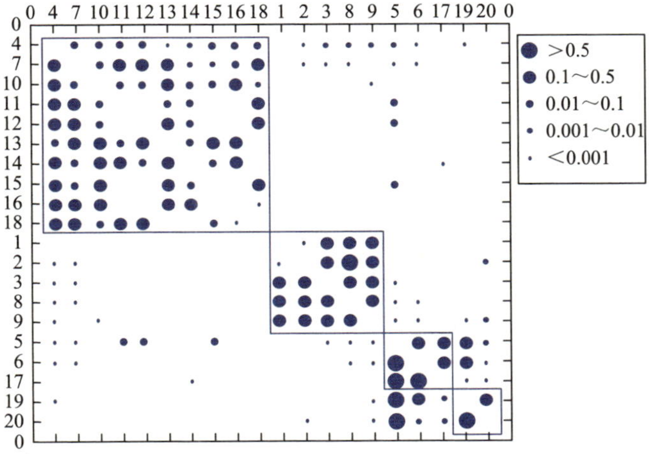

图 6-12　比较测试 1 结果——显示连接强度 TS

表 6-2　实验结果

项目	本章提出方法	比较实验 1	比较实验 2
聚类个数（k）	3	4	2
模块化度 Q 指数	0.573	0.133	0.157
轮廓系数 S 指数	0.354	0.127	0.323

续表

项目	本章提出方法	比较实验 1	比较实验 2
类内 DC（D_1）	3.420	4.193	1.911
组 1	1.055	1.058	0.991
组 2	1.220	1.220	0.920
组 3	1.145	1.057	—
组 4	—	0.857	—
类间 DC（D_2）	0.085	0.270	0.367
D_1/D_2	40.235	15.530	5.208
类内 BC（B_1）	0.382	0.390	0.144
组 1	0.067	0.060	0.111
组 2	0.180	0.150	0.032
组 3	0.135	0.180	—
组 4	—	0	—
类间 BC（B_2）	0.004	0.011	0.008
B_1/B_2	96.637	36.239	17.906
类内 AD（A_1）	0.249	0.339	0.220
组 1	0.207	0.207	0.192
组 2	0.277	0.264	0.248
组 3	0.264	0.345	—
组 4	—	0.538	—
类间 AD（A_2）	0.399	0.381	0.323
A_1/A_2	0.624	0.890	0.680

表 6-2 所示的实验结果表明，我们提出的方法优于比较方法。

对比测试表明：①该方法可获得更高的 Q 指数及类内/类间 DC 和 BC 比率，这意味着类内团队比类外团队具有更强的社会嵌入性，可以促进类内团队的直接与间接沟通；②该方法的 S 指数较高，类内/类间属性差异比率较低，这意味着类内团队比类间专业知识相似性更高，因此可以促进类内知识共享。

因此，本章提出的聚类方法可以从以下两方面改善聚类优化结果：①当研发团队间的连接强度很强时，具有强大凝聚力的模块化小组会更有效，这与研发效率和有效性成正比；②专业知识高度相似的模块化小组可以增强组织内部学习并积累项目专业知识。因此，优化的组织结构可以减少协调的复杂性，提高模块化小组绩效。

6.7　总结

本章从社会网络分析的视角分析团队间的关系，进而计算团队间的相似性，并依据相似性进行聚类分析，使管理人员能够更有效地优化研发组织架构。

研发活动之间的关系是影响团队间的依赖关系强度的重要因素，因此，我们依据活动间的重叠关系量化团队间的依赖关系强度；然后，从项目组织网络中节点间的连接强度和社会凝聚力分析其社会嵌入性，并由此计算团队间的结构相似性，同时，依据团队开展设计活动所需要的专业知识分析团队间的属性相似性；最后，采用谱聚类算法，将集成的相似性矩阵作为谱聚类算法的输入，对组织 DSM 进行聚类分析与优化。

参 考 文 献

Bothorel C，Cruz J D，Magnani M，et al. 2015. Clustering attributed graphs：models，measures and methods[J]. Network Science，3（3）：408-444.

Burt R S. 2009. Structural holes：The social structure of competition[M]. Cambridge，MA：Harvard University Press.

Mur A，Dormido R，Duro N，et al. 2016. Determination of the optimal number of clusters using a spectral clustering optimization[J]. Expert Systems with Applications，65：304-314.

Reagans R，McEvily B. 2003. Network structure and knowledge transfer：the effects of cohesion and range[J]. Administrative Science Quarterly，48（2）：240-267.

Sosa M E. 2014. Realizing the need for rework：from task interdependence to social networks[J]. Production and Operations Management，23（8）：1312-1331.

Sosa M E，Gargiulo M，Rowles C. 2015. Can informal communication networks disrupt coordination in new product development projects?[J]. Organization Science，26（4）：1059-1078.

Yang Q，Shan C，Jiang B，et al. 2018. Managing the complexity of product development projects from the perspective of customer needs and entropy[J]. Concurrent Engineering：Research and Applications，26（4）：328-340.

Yang Q，Yang N，Browning T R，et al. 2019. Clustering product development project organization from the perspective of social network analysis[J]. IEEE Transactions on Engineering Management，DOI：10.1109/TEM.2019.2939398.

Yang Q，Yao T，Lu T，et al. 2014b. An overlapping-based design structure matrix for measuring interaction strength and clustering analysis in product development project[J]. IEEE Transactions on Engineering Management，61（1）：159-170.

第 7 章

研发项目中流程–组织–产品多领域间的集成分析

7.1 引言

产品研发项目是涉及产品、流程和组织的复杂系统，复杂项目由相应的系统架构所组成，系统架构是指系统的结构，它包括：组成元素、元素之间的相互作用和元素与系统环境的相互作用，以及可以提升系统功能与行为的设计与演化机理。复杂工程系统的要素通常包括部件、团队和活动等，因此，复杂研发项目包括三种架构：①产品架构，指在物理实物中的部件（组件）及其相互作用；②组织架构，指人（或团队）及其在组织中的相互作用；③流程架构，指活动及活动之间的相互作用。通常，这三个领域相互影响，如产品结构的复杂性会导致流程和组织的复杂性。近年，复杂研发项目中不同领域（即不同架构）间相互关系的研究成为热点（Yassine et al.，2013；Gokpinar et al.，2010），多领域矩阵（MDM）是 DSM 法的延伸与发展。不同系统架构之间的要素存在映射关系，例如，产品部件对组织单元的映射、活动对产品部件以及组织单元对活动的映射（Sosa et al.，2004；Maurer，2007）。

本章从几个方面探索了多领域之间的关系：①采用 DSM 和 QFD 等结构化方法，构建了逐级分析与推导研发项目多领域依赖关系的“多级瀑布模型”；②采用 MDM 方法，构建两个领域间的依赖关系推导模型，即由已知领域 DSM 矩阵推导未知领域 DSM 矩阵的模型；③进一步，构建三个领域间的依赖关系推导模型，即由“团队–产品–功能”MDM 推导组织 DSM 的模型。

7.2 构建逐级分析研发项目中依赖关系的多级瀑布模型

7.2.1 多级瀑布模型的原理和方法

如图 7-1 所示，我们采用 QFD、DSM 等结构化方法，构建逐级分析、推导研发项目中“功能–产品–流程”之间依赖关系的多级瀑布模型（杨青等，2015）。该模型的步骤如下。

第一步，在进行顾客功能需求（Function Requirements，FRs）分析的基础上，采用 QFD 建立 FRs 与关键设计参数（Design Parameters，DPs）之间的关系矩阵，由此确定每个功能依赖于哪些设计参数，以及依赖关系的强弱（通常主要关注功能变更对设计参数和整个项目的影响）。

第二步，根据 QFD 质量屋中 FRs 与 DPs 的关系，推导出各功能之间的制约依赖关系，从而建立功能 DSM。

第三步，构建“功能–产品”MDM，根据功能 DSM 及功能与部件之间的域映射矩阵（DMM），建立由功能之间依赖关系推导部件之间依赖关系的模型，由此得到相应的产品 DSM。

第四步，构建“产品–流程”MDM，根据产品 DSM 及部件与活动之间的映射关系矩阵 DMM，建立由部件之间依赖关系推导活动之间依赖关系的模型，由此得到相应的流程 DSM，进一步，可对流程 DSM 开展相应的优化和仿真分析。

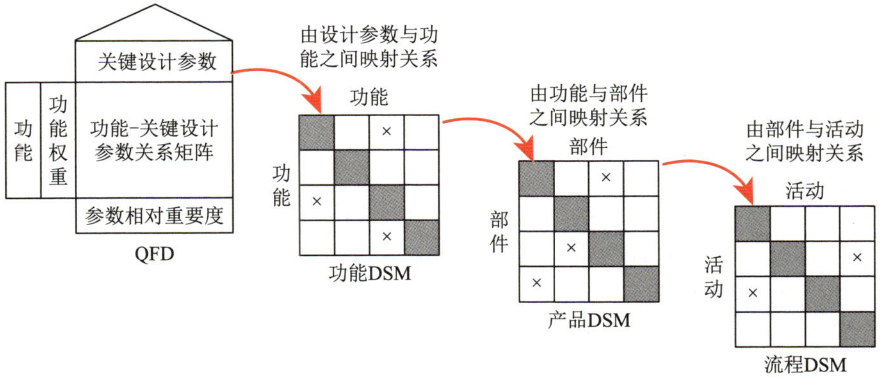

图 7-1　基于 QFD 和 DSM 逐级分析项目依赖关系的多级瀑布模型

由于 QFD 可以使顾客需求及其优先序在最初产品设计阶段就被整合到产品开发和研发管理过程中，因此，采用多级瀑布模型，有助于保证设计的质量且提高研发效率。

下面详细阐述多级瀑布模型的原理和方法。

7.2.2 构建 QFD 中功能需求与设计参数之间的关系矩阵

如图 7-2（a）所示，建立“功能-设计参数”QFD，首先，由顾客确定各功能需求的权重，由产品设计专家确定与这些功能相关的所有关键设计参数。

		功能权重 F_i	关键设计参数						
			P_1	P_2	P_3	P_4	P_5	P_6	P_7
功能	α	3	9+		5+	5−		5−	
	β	3	1−	9−		5+		5+	
	γ	2			9+	9+	5+		9+
	参数相对重要度 ω_k		30	27	33	48	10	30	18

(a) QFD质量屋

功能	α	β	γ
α		0.8	0.3
β	0.6		
γ	0.5		

(b) 功能DSM

图 7-2 由 QFD 推导功能 DSM 例

进一步，确定 QFD 中功能与设计参数之间的依赖关系矩阵，从两个方面进行分析（杨青等，2015）。

一方面，确定各设计参数的变更对相关功能变更的影响程度，可以采用(1, 5, 9)三个值来量化功能与相关设计参数之间的依赖度，依赖度 QFD(i, k)取值越大，表示功能 i 与设计参数 P_k 之间的依赖关系越强，即设计参数 P_k 的变化会引起功能 i 较大程度的变化，反之，则表示 P_k 的变化对功能 i 的影响较弱。其中，QFD 关系矩阵的各行表示功能 i 会受到哪些设计参数的影响；关系矩阵的各列表示设计参数 P_k 的变更会对哪些功能产生影响。

另一方面，确定设计参数的变更对各功能的影响是呈现正相关还是负相关，正相关是指若某设计参数取值越大，则与此相关的功能值也越高；负相关是指若某设计参数取值越大，与此相关的功能值越低。

在确定了各功能的权重和关系矩阵后，由式（7-1）可得各设计参数的相对重要度 ω_k 值。

$$\omega_k = \sum_{i=1}^{m}(F_i \times \text{QFD}(i,k)),\quad i=1,2,\cdots,m,\quad k=1,2,\cdots,K \tag{7-1}$$

式中，F_i表示各功能的权重；QFD(i, k)是 QFD 中第 i 行、k 列的值，它表示功能 i 与设计参数 P_k 之间的依赖度；m 表示该产品的主要功能数量；K 表示关键设计参数的个数。

7.2.3　采用 QFD 法推导产品功能 DSM 矩阵

如图 7-2 所示，由 QFD 可推导出功能之间的依赖强度，并构建相应的功能 DSM 矩阵。这里，主要考虑功能之间的制约依赖关系，它是指：若某设计参数 P_k 与某一功能为正相关关系，且同时与另一功能为负相关关系，则对于 P_k 来说，这两个功能之间存在“制约依赖关系”。例如，图 7-2（a）中，设计参数 P_1 的变更使功能 α 的值增加（即正相关），且同时使功能 β 的值降低（即负相关），则功能 α 与 β 之间是制约依赖关系；而设计参数 P_3 的变更使功能 α 和 γ 的值都增加（即均为正相关），则这两个功能之间不具有制约依赖关系。例如，在汽车设计中，如果增加汽车底盘的重量，可以提高汽车的高速平稳性，但是会增加百公里油耗，因此，对于汽车底盘的重量这一设计参数来说，高速平稳性与百公里油耗这两个功能存在制约依赖关系。

在研发项目管理中，制约依赖关系是考虑的重点，设计人员需要权衡关键设计参数的变化对不同功能的影响。因此，本章暂未考虑非制约依赖关系对项目的影响，仅考虑这些制约依赖关系。功能 DSM 中功能 i 与 j 之间的依赖强度 F_DSM(i, j)可由式（7-2）计算得到。

$$\text{F\_DSM}(i,j) = \sum_{k=1}^{K}(\omega_k \times I_{j\to i} \times \text{QFD}(i,k)) \Big/ \sum_{k=1}^{K}(\omega_k \times \text{QFD}(i,k)) \tag{7-2}$$

式中，K 表示关键设计参数的个数；$I_{j\to i}$ 表示设计参数 k 对功能 i 和 j 有无制约关系，若无制约关系，则 $I_{j\to i}=0$，反之，$I_{j\to i}=1$。

式（7-2）中，分母表示功能 i 与所有相关设计参数之间的总依赖度，分子表示功能 i 中与功能 j 之间呈制约关系的依赖度之和（即制约依赖度），因此，由式（7-2）得到的依赖强度 F_DSM(i, j)为功能 i 与 j 的制约依赖度占功能 i 与所有相关设计参数总依赖度的百分比，它表示功能 j 的变更对功能 i 的影响程度。

例如，依据图 7-2（a）的数据，由式（7-2）可计算得到功能 DSM 中的依赖度[图 7-2（b）]：

$$\text{F\_DSM}(1, 2) = (9\times 30 + 5\times 48 + 5\times 30)/(9\times 30 + 5\times 33 + 5\times 48 + 5\times 30) = 0.8$$

$$\text{F\_DSM}(2, 1) = (1\times 30 + 5\times 48 + 5\times 30)/(1\times 30 + 9\times 27 + 5\times 48 + 5\times 30) = 0.6$$

本章假设某一功能发生变化会导致与该功能相关的所有参数都发生变化，且仅考虑有制约关系的参数变化所导致的功能间相互影响。

由式（7-2）可得到功能 DSM[图 7-2（b）]，F_DSM(2, 1) = 0.6 表示由功能 α 变更所引起的相关设计参数变化对功能 β 产生的影响强度为 0.6，或者说，功能 β 受功能 α 的变更影响程度为 0.6。因此，从功能 DSM 列的方向看，表示由该列对应的功能 j 变更而导致的参数变化对其他功能的影响程度；从行的方向看，表示该行对应的功能 i 受到其他功能变更而导致的影响程度。换句话说，功能 DSM 的各列表示输出的影响，即列功能 j 对行功能 i 的影响程度；各行表示输入的影响，即行功能 i 受到列功能 j 的影响程度。F_DSM(i, j)的上三角表示列所对应的功能 j 的变更对功能 i 的影响，下三角表示行所对应的功能 i 受到功能 j 变更的影响。

如图 7-1 所示，由功能 DSM 可以推导产品 DSM，并进一步推导流程 DSM。由已知领域 DSM 矩阵推导未知领域的 DSM 矩阵的原理和计算过程见 7.3 节。

7.3 构建两个领域间的依赖关系——以产品与流程领域为例

7.3.1 产品与流程领域 DSM 之间的关系

本节以产品与流程 DSM 为例，分析两个领域架构之间的关系（杨青和唐尔玲，2014）。

1. 流程架构 DSM

流程架构 DSM（Process Architecture DSM）表示活动之间信息依赖关系，它也被称为流程 DSM 或基于活动的 DSM。如图 7-3（c）所示，流程 DSM 矩阵的对角线表示活动，非对角线标记表示相应活动之间的信息依赖关系，其中下三角标记表示上游活动传递给下游活动的前馈信息，上三角标记表示下游活动将信息反馈（或迭代）给上游活动，并导致上游活动返工。传统 DSM 矩阵中的标记“●”或“×”可以用数字取代，以更精确地表示元素之间的相互作用强度（interaction strength），DSM(i, j)表示矩阵中第 i 行 j 列的值。

目前，人们提出了多种方法测度流程 DSM 中活动之间的依赖度（dependency strength）（即相互作用强度），然而，现有的模型通常忽略了产品 DSM 对流程 DSM 的影响。图 7-3 表示不同领域 DSM 中元素数值之间存在的逻辑关系。

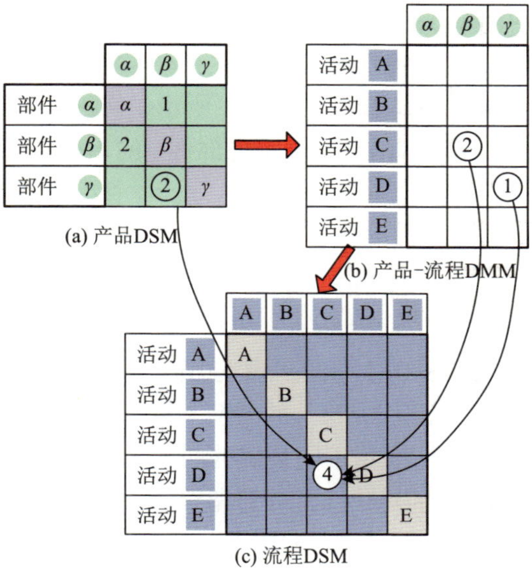

图 7-3　产品 DSM 与流程 DSM 之间的逻辑关系

2. 产品架构 DSM

如图 7-3（a）所示，产品架构 DSM（Product Architecture DSM）可以描述部件之间的相互作用关系，它也被称为产品 DSM 或基于部件的 DSM。通常，产品 DSM 中的数字代表部件之间的物理连接、质量流、能量流或信息流的相互作用强度。

由于产品的关键性能参数是通过各部件实现的，因此，可以依据各部件所涉及的关键性能参数之间输入/输出关系表示部件之间的依赖关系，即，为开展某部件的设计工作，在多大程度上依赖于给它传递信息的其他部件。因此，本章产品 DSM 中的数字表示各部件所涉及的关键性能参数之间的依赖度，如图 7-3（a）所示，部件 α 将性能参数的信息传递给部件 β，而部件 β 又会将其设计结果反馈给部件 α。对于前者，部件 β 在接收来自部件 α 的信息后才能开展其全部的设计工作，即部件 β 对 α 的依赖度高，因此，DSM(2, 1)的值较大；对于后者，部件 α 在接收来自部件 β 反馈的性能参数后，可能仅做局部小范围的返工，因此，DSM(1, 2)的值较小。

3. 域映射矩阵

如图 7-3 所示，连接产品 DSM 与流程 DSM 之间的纽带是域映射矩阵（DMM）。DMM 是反映一个领域的元素（如产品域中的部件）与另一个领域的元素（如流程域中的活动）之间对应关系的非正方形矩阵。产品-流程 DMM 中的数字表示部件对活动的依赖程度，本章关注研发项目中部件关键性能参数的变更对相关设计活动的影响。如图 7-3（b）所示，实现部件 β 的关键性能参数，依赖于活动 C 的相关工作，若活动 I 对实现部件 j 的贡献越大，则相应 DMM(i,j) 的值越高。

7.3.2 由已知领域 DSM 矩阵推导未知领域的 DSM 矩阵

我们以“产品-流程”MDM 为例，建立由已知领域 DSM（产品 DSM）推导未知领域的 DSM 矩阵（流程 DSM）的模型（杨青和唐尔玲，2014）。MDM 是 DSM 模型的扩展，它可同时表示不同领域的两个（或更多）DSM 模型，每个单独领域的 DSM 位于 MDM 的对角线，非对角线的块（blocks）表示 DMM。

如图 7-4（a）所示，“产品-流程”MDM 中对角线位置分别表示产品 DSM（左上角）和流程 DSM（右下角），非对角线位置表示 DMM（左下角）。MDM 反映了跨领域元素之间的依赖关系，它为识别活动与部件之间关系提供了有利的分析工具。

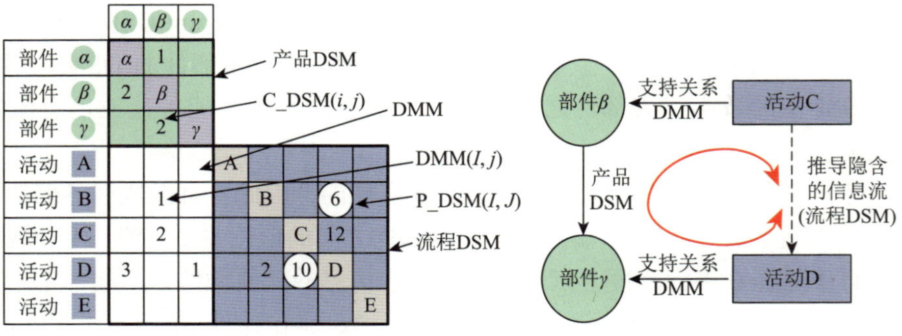

(a) 多领域矩阵MDM　　(b) 活动之间的信息流

图 7-4　由“产品-流程”MDM 推导流程 DSM

1. 识别活动之间的信息流

由于产品 DSM 反映了各部件之间关键性能参数输入/输出的依赖关系，DMM 矩阵反映了各部件与为实现其功能所进行的活动之间的依赖关系，即活动为实现部件相关功能的支持关系。因此，依据产品 DSM 和 DMM 的依赖关系，我们首先可以判断活动之间的信息流方向。例如，由图 7-4（a）中 C_DSM(3, 2) = 2 可知，部件 β 将信息传递给部件 γ，进一步，由 DMM 可知，部件 β 和 γ 分别通过活动 C

和 D 实现，因此，我们可以判定活动 C 与活动 D 之间“隐含”的依赖关系为：活动 C 将信息传递给活动 D。

图 7-4（b）表示由部件之间依赖关系推导活动之间“隐含”依赖关系的逻辑框架。对于任何支持不同部件的两个活动，如果一个部件的关键性能参数会影响另一个部件，那么为完成这两个部件所对应的不同活动之间也一定存在依赖关系，并且这两个活动之间信息流的方向由相应部件之间的信息输入/输出关系所决定。

2. 测度活动之间的依赖度

在 MDM 中，若已知部件 i 与 j 之间的依赖度 C_DSM(i,j)，部件 j 与活动 J 之间的依赖度 DMM(J,j)，部件 i 与活动 I 之间的依赖度 DMM(I, i)，则流程 DSM 中活动 I 与 J 之间的依赖度 P_DSM(I, J)可由式（7-3）得到。

$$\mathrm{P\_DSM}(I,J)=\sum_{i=1}^{m}\left(\mathrm{DMM}(I,i)\times\sum_{j=1,j\neq i}^{m}(\mathrm{DMM}(J,j)\times\mathrm{C\_DSM}(i,j))\right) \quad (7\text{-}3)$$

式中，$i,j=1,2,\cdots,m$，$I,J=1,2,\cdots,n$，m 和 n 分别表示项目的部件数量和活动数量。本章暂不考虑为实现同一部件而开展的不同活动之间的依赖关系，因此，式中 $j\neq i$。

例如，图 7-4 中活动 C 传递信息给 D 的依赖度和活动 D 反馈信息给 B 的依赖度由式（7-3）得到。

$$\mathrm{P\_DSM}(4, 3) = \mathrm{DMM}(3, 2)\times\mathrm{DMM}(4, 1)\times\mathrm{C\_DSM}(1, 2) + \mathrm{DMM}(3, 2)\times\mathrm{DMM}(4, 3)\times\mathrm{C\_DSM}(3, 2) = 3\times2\times1 + 2\times1\times2 = 10$$

$$\mathrm{P\_DSM}(2, 4) = \mathrm{DMM}(2, 2)\times\mathrm{DMM}(4, 1)\times\mathrm{C\_DSM}(2, 1) = 1\times3\times2 = 6$$

综上所述，基于多领域矩阵 MDM 测度活动之间依赖度的计算步骤如下。

步骤 1　对于流程 DSM 中的任何一点 P_DSM(I, J)，在 DMM 中找到相应的活动 I（I 行）和活动 J（J 行），即 DMM(I, i)和 DMM(J,j)（$i,j=1,2,\cdots,m$）。

步骤 2　若 DMM(I, i)和 DMM(J,j)对应非零值，则表明活动 I（或活动 J）对部件 i（或部件 j）产生影响，进一步，观察产品 DSM 中的 C_DSM(i,j)。

步骤 3　若 C_DSM(i,j)也非零，则表明部件 i 会对部件 j 产生影响，因此，与部件 i 和 j 相关的活动 I 和 J 之间依赖度 P_DSM(I, J)可由式（7-3）计算。

步骤 4　重复步骤 2 和步骤 3，找到能使 DMM(I, i)和 DMM(J,j)($i,j=1,2,\cdots,m$)不为零的所有 i 和 j，并将每次得到的 P_DSM(I, J)累加，便得到流程 DSM 中最终的 P_DSM(I, J)值。

由上述步骤，有助于识别活动之间“隐含”的相互作用关系及其依赖度。

7.4 构建三个领域间的依赖关系——以“团队-产品-功能”领域为例

7.4.1 扩展的域映射矩阵

我们以“团队-产品-功能”之间的关系为例，构建三个领域元素间的依赖关系（杨青等，2018）。

在产品设计阶段，首先需要通过了解客户对产品的功能需求，将产品的功能进行分解，并得到功能之间的依赖关系；然后，进行产品的部件设计，并建立部件之间的依赖关系。由此，可建立产品的功能 DSM 和产品 DSM[图 7-5（a）和图 7-5（b）]。DSM 是一个 $N \times N$ 的方阵（N 为元素个数），可以直观地对复杂项目进行可视化分析。这里，功能 DSM 反映的是一个功能的变更对另外一个功能的影响程度，产品 DSM 强调设计过程中各部件之间关键性能参数输入/输出的依赖关系。如图 7-5（a），F_1 变更导致 F_3 发生变更的影响程度为 3，而 F_3 变更导致 F_1 发生变更的影响程度为 2。可以采用 1～5 的数值来量化依赖度，取值越大，表示依赖关系越强。

	F_1	F_2	F_3
F_1	F_1	1	2
F_2	1	F_2	
F_3	3		F_3

(a) 功能DSM

	C_1	C_2	C_3	C_4	C_5
C_1	C_1	1		2	
C_2	1	C_2	1		5
C_3		1	C_3	3	
C_4	2		3	C_4	
C_5		5			C_5

(b) 产品DSM

	F_1	F_2	F_3
C_1	1		3
C_2		3	
C_3		1	
C_4	3		
C_5			2

(c) 产品-功能DMM

	F_1	F_2	F_3
C_1	a		e
C_2		c	
C_3		d	
C_4	b		
C_5			f

(d) 团队-产品-功能EDMM

图 7-5 设计结构矩阵 DSM 和领域映射矩阵 DMM

另外，产品功能的变更是通过部件的变更来实现的，可建立“产品-功能”DMM，以反映不同领域元素之间的依赖关系。如图 7-5（c）所示，DMM 是一个 $M \times N$ 的矩阵，M 和 N 分别是矩阵行和列的个数，其各行表示部件 i 会影响到哪些功能，各列表示功能 j 的变更会对哪些部件产生影响。

实际上，项目中每个团队（或个人）的工作都是通过参与部件的设计来实现某些功能，为此，我们将传统的表示两个领域的 DMM 扩展为三个领域的 DMM，构建“团队-产品-功能”扩展的域映射矩阵（Extended Domain Mapping Matrix，EDMM），采用可视化的方法描述研发项目的团队-产品-功能之间存在的相互依赖关系。如图 7-5（d），EDMM 的每一列显示，如果一个功能与多个部件相关，并且每个部件对应不同的团队，则这些团队之间存在依赖关系；EDMM 的每一行显示，如果一个部件与多个功能相关，并且每个功能对应不同的团队，则这些团队存在依赖关系。例如，由图 7-5（d）第一列可知，功能 F_1 与 C_1、C_4 相关，而 C_1、C_4 分别由团队 a、b 负责，因此，a、b 之间存在依赖关系。由图 7-5（d）第一行可知，部件 C_1 与 F_1、F_3 相关，而 F_1、F_3 分别由团队 a、e 来实现，因此，a、e 之间存在依赖关系。

由于研发团队间的依赖关系主要表现为技术信息沟通的依赖关系，不同团队间技术沟通产生的根源是他们与其所承担的部件、功能之间的相互依赖和耦合关系，因此，由“团队-产品-功能”EDMM 可分析团队之间隐含的技术信息沟通依赖强度。

进一步，构建“扩展的多领域矩阵”（Extended Multi-Domain Matrix，EMDM），即“团队-产品-功能”EMDM。如图 7-6（a）所示，EMDM 由产品 DSM、功能 DSM 和“团队-产品-功能”EDMM 组成。其中，功能 DSM 反映了功能之间的相互作用关系（即一个功能的变更导致另一个功能发生变更的程度），产品 DSM 反映了各部件之间关键性能参数输入/输出的依赖关系。“团队-产品-功能”EDMM 矩阵反映了各部件、功能与相应团队之间的依赖关系，即团队为实现部件相关功能的依赖关系。EDMM(i,j)中 EDMM(T_i,α,β) 的含义：T_i 表示某团队，α 和 β 分别表示该团队与矩阵中列元素（功能）和行元素（部件）之间的依赖度，例如，EDMM 矩阵中第 1 行、第 1 列元素 EDMM(1, 1)的$(a, 1, 2)$表示团队 a 与部

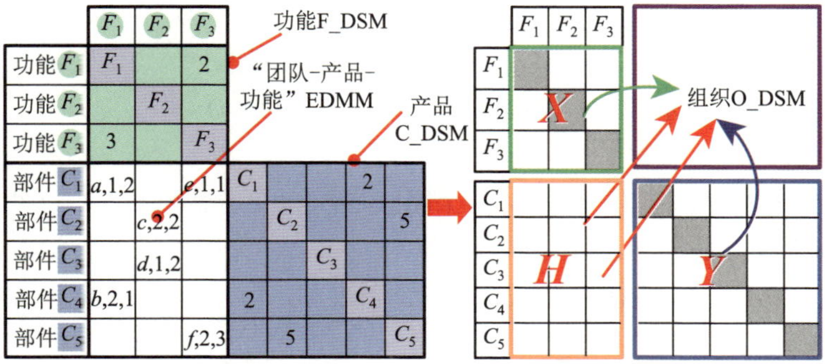

(a)“团队-产品-功能”EMDM　(b) 组织DSM的推导过程

	a	b	c	d	e	f
a		4			2	4
b	4				6	8
c						30
d						
e	3	8				
f	6	12	30			

(c) 组织O_DSM

图 7-6 由“团队-产品-功能”EMDM 推导组织 DSM

件 C_1 的依赖度为 2、与功能 F_1 之间的依赖度为 1。采用 1～5 来量化依赖度，取值越大，依赖关系越强。

这里，组织 DSM 中的依赖关系是指团队/人之间与技术沟通有关的相互作用。图 7-6（b）说明了由 EMDM 推导第三个领域 DSM（组织 DSM）的基本原理。一般地，若已知两个领域 DSM 和它们与第三个领域之间的域映射矩阵，可构建求解第三个领域 DSM 的模型（杨青等，2016）。

$$Z = X \bullet H + Y \bullet H^{\mathrm{T}} \quad (7\text{-}4)$$

式中，X 和 Y 表示已知两个领域的 DSM；H 和 H^{T} 分别表示 X-Z、Y-Z 之间的域映射矩阵。

进一步，我们构建由功能 DSM、产品 DSM 及 EDMM 推导组织 DSM 的模型。

7.4.2 由"团队-产品-功能"EMDM 推导组织 DSM

1. 由功能 DSM 和 EDMM，识别并计算团队之间的依赖度

1）观察 EDMM 的每一行，如果某一部件涉及不同的团队 i 和 j，进一步观察功能 DSM，若这些团队对应的不同功能间存在依赖关系，则这两个团队之间存在依赖关系。例如，观察图 7-6（a）中 EDMM 的第一行，C_1 部件的设计需要团队 a 和 e 的参与，由功能 DSM 可见他们将分别实现功能 F_1 和 F_3，且 F_3 和 F_1 之间存在依赖关系，因此可推断，团队 e 和 a 之间存在技术依赖关系。两个团队之间信息流的方向由相应功能之间的依赖关系所决定。

因此，由功能 DSM 和 EDMM 可计算组织 DSM 中 i 与 j 之间的依赖度，公式如下：

$$\mathrm{O\_DSM}_1(i,j) = \mathrm{EDMM}(i,\alpha_i,0) \times \mathrm{EDMM}(j,\alpha_j,0) \times \mathrm{F\_DSM}(F_I,F_J) \quad (7\text{-}5)$$

式中，$\mathrm{EDMM}(i,\alpha,\beta)$ 中只利用 α 值（即 β 值取 0），α_i 表示团队 i 与功能 F_I 之间的依赖度；α_j 表示团队 j 与功能 F_J 之间的依赖度；$\mathrm{F\_DSM}(F_I,F_J)$ 表示功能 F_I 与 F_J 之间的依赖度。

例如，由功能 DSM 和 EDMM，得到 a 与 e 的依赖度为 $\mathrm{O\_DSM}_1(a, e) = 1 \times 1 \times 2 = 2$。

2）特殊地，观察 EDMM 的每一列，若两个团队与同一个功能相关，则这两个团队之间存在依赖关系，式（7-5）可以简化为：

$$\mathrm{O\_DSM}_1(i,j) = \mathrm{EDMM}(i,\alpha_i,0) \times \mathrm{EDMM}(j,\alpha_i,0) \quad (7\text{-}6)$$

2. 由产品 DSM 及 EDMM，识别并计算团队之间的间接依赖关系

1）观察 EDMM 的每一列，如果某一功能涉及不同的团队 i 和 j，进一步观察

产品 DSM，若这些团队对应的不同部件间存在依赖关系，则这两个团队之间存在依赖关系。例如，观察图 7-6（a）中 EDMM 的第一列，功能 F_1 由部件 C_1、C_4 分别通过团队 a、b 来实现，进一步观察产品 DSM，部件 C_1 和 C_4 存在依赖关系，由此可推断，团队 a 和 b 之间存在技术依赖关系。

由产品 DSM 及 EDMM，得到组织 DSM 矩阵的计算公式为：

$$\mathrm{O\_DSM}_2(i,j)=\mathrm{EDMM}(i,0,\beta_i)\times\mathrm{EDMM}(j,0,\beta_j)\times\mathrm{C\_DSM}(C_I,C_J) \quad (7\text{-}7)$$

式中，$\mathrm{EDMM}(i,\alpha,\beta)$ 中只利用 β 值（即 α 取 0），β_i 表示团队 i 与部件 C_I 之间的依赖度；$\mathrm{C\_DSM}(C_I,C_J)$ 表示部件 C_I 与 C_J 之间的依赖度。

例如，团队 a 和 b 之间的依赖度为 $\mathrm{O\_DSM}(a,b)=\mathrm{EDMM}(a,0,\beta_{C_1})\times\mathrm{EDMM}(b,0,\beta_{C_4})\times\mathrm{C\_DSM}(4,1)=2\times1\times2=4$。

2）特殊地，观察 EDMM 的每一行，若两个团队与同一个部件相关，则这两个团队之间存在依赖关系，式（7-7）可以简化为：

$$\mathrm{O\_DSM}_2(i,j)=\mathrm{EDMM}(i,0,\beta_I)\times\mathrm{EDMM}(j,0,\beta_I) \quad (7\text{-}8)$$

进一步，将式（7-5）～式（7-8）的计算结果累加，可以得到团队之间由功能、部件之间依赖关系而导致的技术沟通依赖度。最后，将组织 DSM 中团队间依赖度的最大值设为 1，其他的团队间依赖度除以该最大值，得到归一化的组织 DSM。

由上述步骤，有助于识别第三个领域中元素（如组织 DSM 中的团队）之间“隐含”的相互作用关系及其依赖度。

7.5　改进的两阶段 DSM 聚类方法

在确定了研发团队之间技术沟通依赖度后，可以进一步对组织 DSM 进行聚类。如图 7-7 所示，DSM 的聚类的目的通常是：最大化“类”cluster（或称为“组”group、“模块”module）内元素之间的相互作用，且最小化类之间元素的相互作用。即通过变换元素在 DSM 中的位置，降低类外的依赖度并增加类内的依赖度，实现 DSM 中耦合性强的元素之间的聚类，从而提高团队间的沟通效率、降低沟通成本。为此，可以采取不同的聚类准则，本章采用改进的两阶段聚类方法（杨青等，2018；Yang et al.，2014）。

1. 第一阶段聚类准则——最大化 AIDER

组织 DSM 中团队间的依赖关系，通常是指团队之间因信息沟通而导致的依赖关系。由式（7-5）～式（7-8）得到的团队间依赖强度，表示团队之间因其所承担的部件、功能之间因技术依赖而产生的信息沟通依赖强度。考虑 DSM 聚类准则时，不仅要使类内的依赖强度最大化，而且要平衡类内外元素（团队）对聚类的影响。

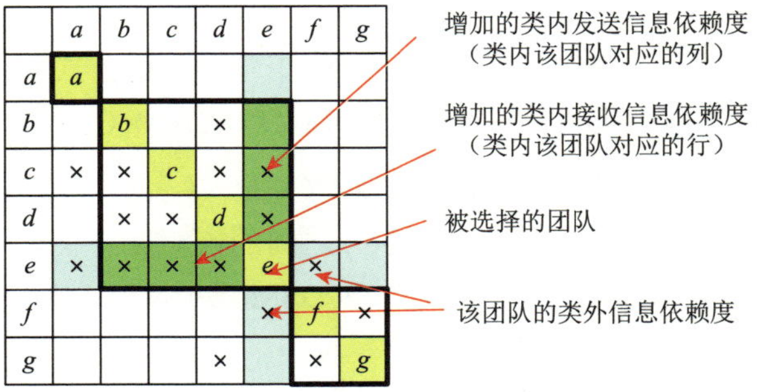

图 7-7　AIDER 聚类准则图例

但是，传统的以最大化“增加的类内平均依赖度”ADS 为聚类目标（见第 5 章），有可能导致聚类后类的规模过小，并使类外依赖度急剧增加。为此，我们可以构建“增加的类内外依赖强度比”（Added Internal Dependency and External Dependency Ration，AIDER），如图 7-7 所示，它是指被选择团队在类内与其他团队之间发送信息和接收信息的依赖强度加权和（即类内该团队对应的行和列中非零元素的加权和），与该团队在整个组织中与其他团队的总信息沟通依赖强度（即整个 DSM 中该团队所在行和列中非零元素的和）之比。AIDER 越大，表示被选择团队与其他团队之间的技术沟通主要发生在类内。与以往的 DSM 聚类目标相比，AIDER 不仅考虑了新加入类的元素（团队）对类内依赖度的影响，也考虑了对类外依赖度的影响。

因此，第一阶段聚类准则是最大化 AIDER。

$$\text{Max}\quad \text{AIDER}(\text{cluster}_k)=\frac{\omega_1\sum_{I=n_k}^{m_k}\text{O\_DSM}(I,m_k)+\omega_2\sum_{J=n_k}^{m_k}\text{O\_DSM}(m_k,J)}{\sum_{I=1}^{N}\text{O\_DSM}(I,m_k)+\sum_{J=1}^{N}\text{O\_DSM}(m_k,J)} \tag{7-9}$$

式中，$\text{O\_DSM}(i,j)$ 表示团队 i、j 间的沟通依赖度；k 表示在每次迭代运算过程中被选择的元素（团队）所在的类，n_k 和 m_k 表示类 k 中第一个元素和最后一个元素；N 表示项目中团队的总数目；权重 ω_1 和 ω_2 满足 $\omega_1+\omega_2=1$。$\sum_{I=n_k}^{m_k}\text{O\_DSM}(I,m_k)$ 和 $\sum_{J=n_k}^{m_k}\text{O\_DSM}(m_k,J)$ 分别为类内新增加团队 m_k 对应的列和行中非零元素之和，它们

分别表示被选择团队在类 k 中发送和接收信息的依赖强度之和。$\sum_{I=1}^{N} \mathrm{O\_DSM}(I, m_k)$ 和 $\sum_{J=1}^{N} \mathrm{O\_DSM}(m_k, J)$ 分别表示被选择团队 m_k 给项目中所有相关团队发送和接收信息的依赖强度之和。

AIDER 的另一个优点是强调了团队作为信息的放大者（multiplier）或吸收者（absorber）的作用，对放大者和吸收者的分析有利于分析变更传播的影响。变更传播是指系统（或产品）中一个元素（或部件）的变更会导致一个或多个其他元素变更，产生变更传播的原因是元素（或部件）之间的相互依赖关系（Pasqual and de Weck，2012）。若某团队发送给其他团队的信息（这里用依赖强度来衡量）大于其接收来自其他团队的信息，则该团队是信息的放大者；反之，则是信息的吸收者。吸收者可以减弱类内的变更传播影响，而放大者则会增加类内变更传播影响。

2. 第二阶段聚类准则

第二阶段聚类准则是最小化项目的总协调成本（TCC），它由类内协调成本（intra cluster cost，ICC）和类外协调成本（extra cluster cost，ECC）组成。相关计算模型参见第 5 章。

因此，第二阶段聚类目标是：最小化项目的总协调成本 TCC，它是 ICC 和 ECC 的加权和。

$$\begin{aligned} \mathrm{Min} \quad & \mathrm{TCC} = v_1 \times \mathrm{ICC} + v_2 \times \mathrm{ECC} \\ \mathrm{s.t.} \quad & cl_k \leqslant cl_0 \end{aligned} \tag{7-10}$$

式中，v_1 和 v_2 表示权重系数，且 $v_1 + v_2 = 1$。

7.6　案例分析

以某打印机开发项目为例，验证文中提出的模型。该产品功能可分解为 5 个子功能——方便使用、打印清晰、机器振动小、打印速度快、节约资源，分别用 $F_1 \sim F_5$ 表示。产品包含 10 个主要部件——外壳、电源板、送纸通道、主板、墨盒、操作界面、搓纸轮、传感器、扫描器与清洁系统，它们分别用 $C_1 \sim C_{10}$ 表示，共 20 个团队（或人）参与该项目的研发，团队分别用 $a \sim t$ 表示。通过访谈该产品开发团队的项目经理和主要的研发人员，根据功能之间的相互影响程度，建立了功能之间的依赖关系矩阵（功能 DSM）；根据部件之间的设计变更影响程度，建立部件之间的依赖关系矩阵（产品 DSM）；根据每个团队参与功能设计和部件设计的程度，构建"团队-产品-功能"域映射矩阵（EDMM）。构建该项目的 EMDM 如图 7-8（a）所示。

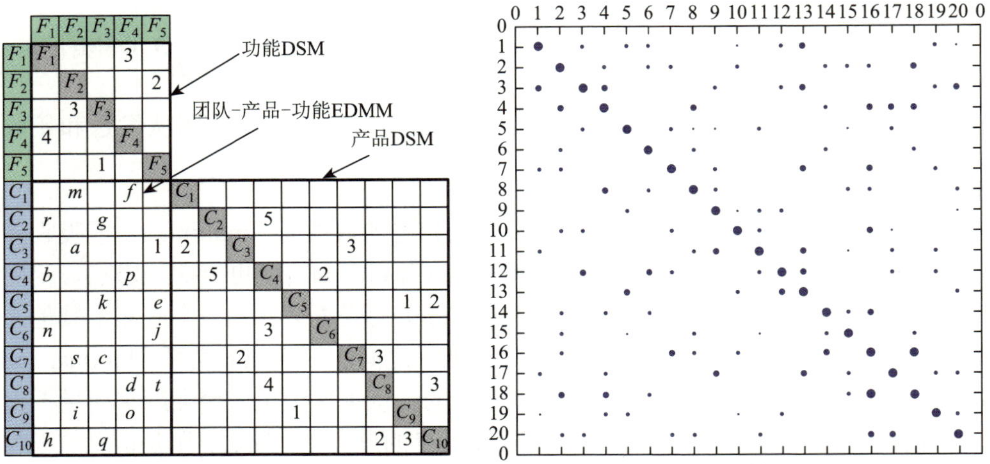

(a) 扩展的多领域矩阵EMDM　　(b) 初始的组织DSM

图 7-8　项目初始的 EMDM 和组织 DSM

这里，依赖度的取值范围为 1～5，数值越大，依赖强度越大，具体数值可由项目经理和相关专家判断得到。“团队-产品-功能”EDMM 的相关数据见表 7-1，每个字母（表示团队）后有两个数字，其中，第一个数值表示团队与功能之间的依赖度，第二个数值表示团队与部件之间的依赖度。

表 7-1　EDMM 中的数值

a, 1, 2	*b*, 2, 1	*c*, 3, 2	*d*, 2, 4	*e*, 4, 1	*f*, 1, 3	*g*, 4, 3	*h*, 3, 1	*i*, 1, 4	*j*, 2, 4
k, 3, 3	*l*, 3, 4	*m*, 3, 5	*n*, 2, 5	*o*, 1, 1	*p*, 1, 2	*q*, 2, 2	*r*, 3, 4	*s*, 1, 1	*t*, 2, 3

计算得到团队间的依赖度，进一步，得到归一化后的初始组织 DSM 如图 7-8（b）所示，其中，DSM 的元素 1～20 表示团队 a～t，点的大小表示了依赖度的大小。

然后，我们采用本章提出的两阶段 DSM 聚类算法对初始组织 DSM 进行聚类，采用 Matlab 软件编程，运算得到聚类后的组织 DSM 见图 7-9（a），运算过程见图 7-9（b）。可见，聚类后，整个项目被分成了四个工作小组，沟通紧密的团队被聚到一个工作小组，使工作小组内的团队更加易于沟通，而组间的团队技术沟通减少，组织的管理复杂性降低，从而降低了协调成本。

此外，可以采用 NDD 指标来评价聚类效果，NDD 表示类外的依赖强度平均密度，它是类外非零元素的依赖度之和与类外单元格总数目之比。

$$\text{NDD} = \text{TIS} / \text{cell\_out}$$

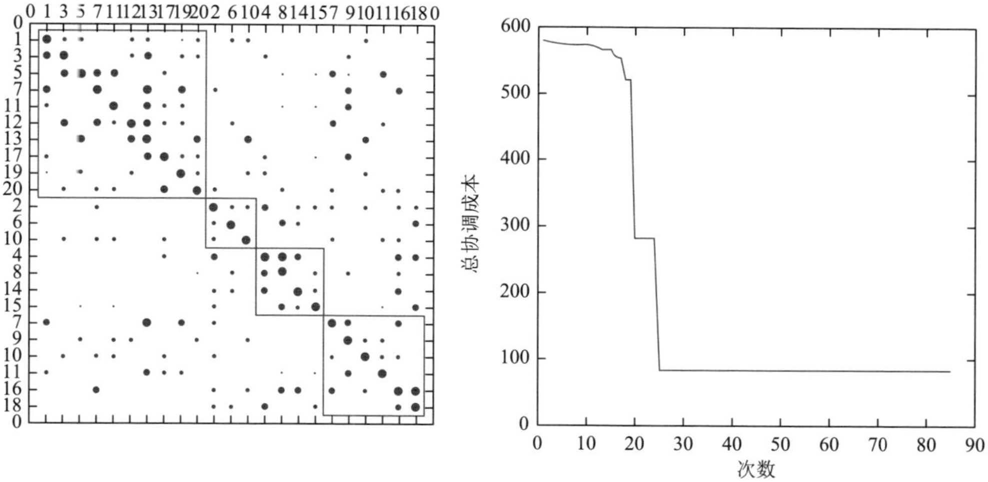

(a) 聚类后的组织DSM　　(b) 典型的聚类运算过程

图 7-9　以 AIDER 为聚类目标得到的聚类结果

为验证本章提出方法的改进效果，我们比较了最大化“依赖度平均增量”ADS（见第 5 章），试验结果见图 7-10 和表 7-2。可见，采用本章提出的最大化 AIDER 为目标得到聚类后的类规模比较适当，且收敛速度比 ADS 方法快，而 ADS 方法得到的聚类结果可能会产生非常小的类，如图 7-10 所示，有的类只有 2 或 3 个团队，其主要原因是小的类会使类内平均依赖度大，以最大化 AIDER 为聚类目标有助于避免出现类规模过小的情况。由表 7-2，与以 ADS 为聚类目标相比，以 AIDER 为聚类目标，聚类后的 NDD 和总协调成本均有明显的降低。

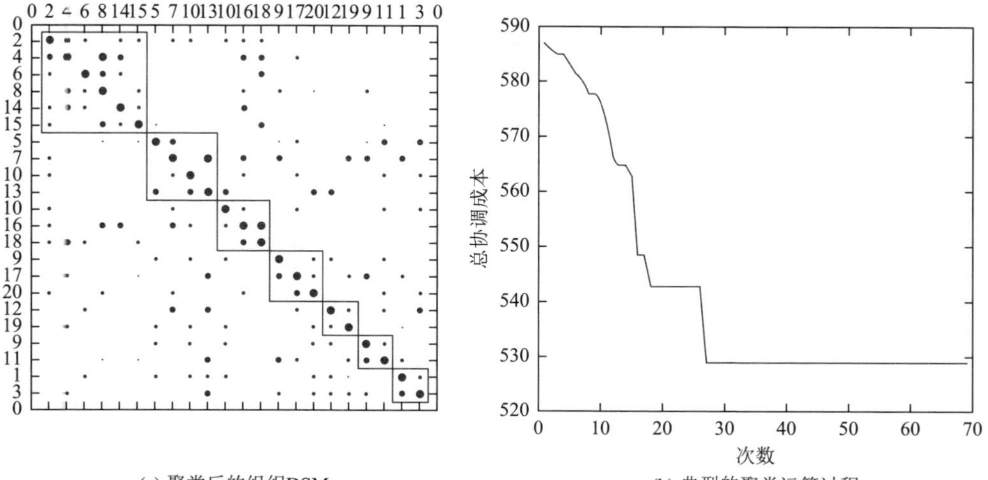

(a) 聚类后的组织DSM　　(b) 典型的聚类运算过程

图 7-10　比较实验：以 ADS 为聚类目标

表 7-2 实验结果

项目	初始 DSM	以 AIDER 为聚类目标	比较实验：以 ADS 为聚类目标
NDD	—	0.0523	0.0635
类的个数	—	4	7
类外点的个数	123	94	106
类内协调成本	—	16.3	81.0
类外协调成本	24 223.7	52.2	608.6
总协调成本	24 223.7	63.3	555.8

进一步，开展参数的敏感性分析，分析不同权重对计算结果的影响，由图 7-11（a）可见，式（7-10）中ν_2越大，则总协调成本 TCC 越小，在本例中，$\nu_1=0.1$，$\nu_2=0.9$时，有最佳的聚类效果。另一方面，μ_0的取值对 TCC 影响不明显。由图 7-11（b），当ω_1较大时，TCC 降低。

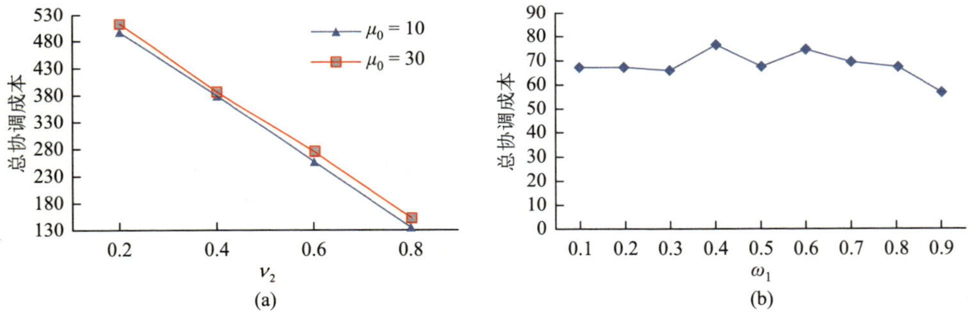

图 7-11 参数对 TCC 的敏感性分析

7.7 总结

研发项目是由产品、功能、流程和组织等多个领域相互联系构成的复杂系统，分析多个领域元素之间的依赖关系，对于集成分析各领域间的关系具有重要意义。

首先，本章建立了由“功能-设计参数”QFD 推导功能 DSM 的计算方法；其次，采用 MDM，构建了两个领域元素间的依赖关系模型，即由部件之间依赖关系推导活动之间“隐含”依赖关系和依赖度的模型；再次，采用 EMDM，构建了三个领域元素间的依赖关系模型，即由团队、功能、部件间的依赖关系推导团队之间隐含技术沟通依赖度的模型；最后，通过案例分析，对组织 DSM 进行了聚类分析，并构建了以最大化 AIDER 为聚类目标的两阶段聚类准则。

参考文献

杨青，刘志林，唐尔玲. 2015. 基于 DSM 和 QFD 分析功能变更对研发项目的影响[J]. 管理评论，27（4）：57-65.

杨青，吕佳芮，索尼亚. 2016. 基于设计结构矩阵（DSM）的复杂研发项目建模与优化研究进展[J]. 系统工程理论与实践，36（4）：989-1002.

杨青，唐尔玲. 2014. 研发项目产品与流程架构的跨领域集成与优化[J]. 系统工程理论与实践，34（6）：1525-1532.

杨青，郑璐，索尼亚. 2018. 研发项目中“团队-产品-功能”多领域集成与组织聚类研究[J]. 系统工程理论与实践，38（6）：1557-1565.

Gokpinar B，Hopp W J，Iravani S M R. 2010. The impact of misalignment of organizational structure and product architecture on quality in complex product development[J]. Management Science，56（3）：468-484.

Maurer M. 2007. Structural awareness in complex product design[D]. München：Technischen Universität München.

Pasqual M C，de Weck M L. 2012. Multilayer network model for analysis and management of change propagation[J]. Research in Engineering Design，23（4）：305-328.

Sosa M E，Eppinger S D，Rowles C M. 2004. The misalignment of product architecture and organizational structure in complex product development project[J]. Management Science，50（12）：1674-1689.

Yang Q，Yao T，Lu T，Zhang B. 2014. An overlapping-based design structure matrix for measuring interaction strength and clustering analysis in product development project[J]. IEEE Transactions on Engineering Management，61（1）：159-170.

Yassine A A，Chidiac R H，Osman I H. 2013. Simultaneous optimisation of products，processes，and people in development projects [J]. Journal of Engineering Design，24（4）：272-292.

第 8 章

基于知识图谱的研发项目跨领域集成分析

8.1 引言

随着市场竞争日趋激烈，以及大数据等新技术和新商业模式的不断涌现，市场需求快速变化，产品更新换代的周期大大缩短，对新产品研发造成了巨大的挑战（Wu et al.，2020）。研发项目是涉及顾客需求、产品、流程和组织等多领域的复杂系统，这些领域相互作用、相互影响，如何对不同知识领域进行集成管理，在精准捕获顾客需求的基础上分析研发项目各知识领域间的关联，对于提高研发项目管理的效率和效果具有重要意义。

新产品开发正在经历从“以技术为中心”向“以顾客为中心”的转变，如何将客户知识融入产品开发创新过程，实现以顾客为中心的开发过程日益受到关注（宁连举等，2019），大数据技术为研发项目管理提供了一个全新的视角和工具（杨青等，2017；Feng and Shanthikumar，2017），近年，由 Google 提出的知识图谱成为一大热点，它是基于大数据的一个可视化网络。知识图谱采用可视化的方法识别、构建实体与属性之间的相互联系，可以更加真实地展示现实世界中实体之间的关系（Wang，2021）。目前，知识图谱技术得到了广泛的应用，例如，由所有国家和 1100 多万个地名共同构建的地理知识图谱 GeoNames，其包含了国家与各种地名之间的关系、属性，可为人们提供地理知识检索和推荐等。

准确识别顾客需求是开发新产品的前提和基础，传统的方法主要采用问卷调查、专家经验评判、一对一访谈等方法，费时费力，而且可能出现以偏概全的问题。与大数据技术相关的知识图谱可以有效地解决这一问题，依据顾客在线行为等信息，知识图谱技术可以精准地捕获顾客的需求及其优先序（Zhang et al.，2017），同时，知识图谱可以更加全面、可视化地反映研发项目所涉及的顾客需求、产品和组织等多个知识领域之间复杂的关系，量化各领域内部和外部关联（Kim，2017），从而大幅提升数据的准确性和研发效率。

DSM 作为一种表示某一领域中元素之间依赖关系的可视化建模工具，可以清晰地展示、分析复杂项目研发中产品、组织、流程等各领域中元素之间的依赖关系。进一步，学者们针对不同领域间元素的映射关系，构建了域映射矩阵（DMM）和多领域矩阵（MDM），以系统分析不同领域之间的依赖关系。如何准确识别、量化元素间依赖关系仍是 DSM 方法最主要的挑战，为此，我们将知识图谱技术与 DSM 相结合，进而分析各领域元素间的依赖关系，以提高依赖度测度的准确性。

研发团队依据顾客的需求进行功能分析和产品部件设计，QFD 法可将顾客需求及其优先序转化为功能的优先序，因此，我们可以构建由“需求-功能”QFD 推导功能 DSM 的模型，并进一步采用“功能-产品”MDM 推导部件间的关系并建立产品 DSM。

通常，不同的部件由不同的团队来负责，研发团队所负责的部件及其功能之间的复杂依赖关系是导致项目管理复杂性的主要原因。进一步，采用聚类方法对 DSM 进行分析，为了避免现有聚类算法经常出现的聚类后类规模过小且结果不稳定的情况，我们构建了基于改进信息熵的两阶段聚类准则，以提高聚类的效果和鲁棒性。

8.2　采用 NPD 知识图谱识别研发项目中各知识领域间的依赖关系

8.2.1　新产品开发知识图谱

通常，新产品开发的基本流程为：首先，识别用户需求并确定它们的优先序；其次，开发团队将顾客需求转化为功能要求（产品规格）；最后，进行产品部件（组件）设计以实现这些功能，并通过一系列的活动（即流程）和相关团队的协同工作来实现。因此，研发过程中涉及的知识领域包括：用户需求、产品的功能和部件、组织、流程等，各个知识领域之间相互作用、相互影响，构成了一个复杂的网络。

知识图谱技术作为一种可视化的工具，可以精准捕获、分析和挖掘新产品开发中的用户信息、产品信息等关系属性。因此，本章提出新产品开发（New Product Development，NPD）知识图谱，NPD 知识图谱是在大数据环境下的一个映射网络，它将新产品开发所涉及知识领域构成的实体（如用户需求、功能、部件、团队和顾客等）及其属性和关系采用可视化技术识别，进而精准捕获和挖掘它们之间的关联。

如图 8-1 所示，NPD 知识图谱包含用户需求（R_i）、功能（F_i）、部件（C_i）和顾客（P_i）四个知识领域构成的实体，知识图谱采用可视化方法展示了各实体之间的相互联系。NPD 知识图谱可以反映各知识领域内部以及领域之间的关联。例如，顾客对产品需求的映射关系，以及这些需求之间的关系，如图 8-1 所示，需求 R_1 被 6 个顾客所关注（即在社交媒体中有 6 个顾客提及了该需求），因此，研发人员可以迅速地捕获最重要的需求，从而进行精准研发。此外，NPD 知识图谱还可以直观地反映需求之间的关联以及它们之间是否存在正相关还是负相关等关系。

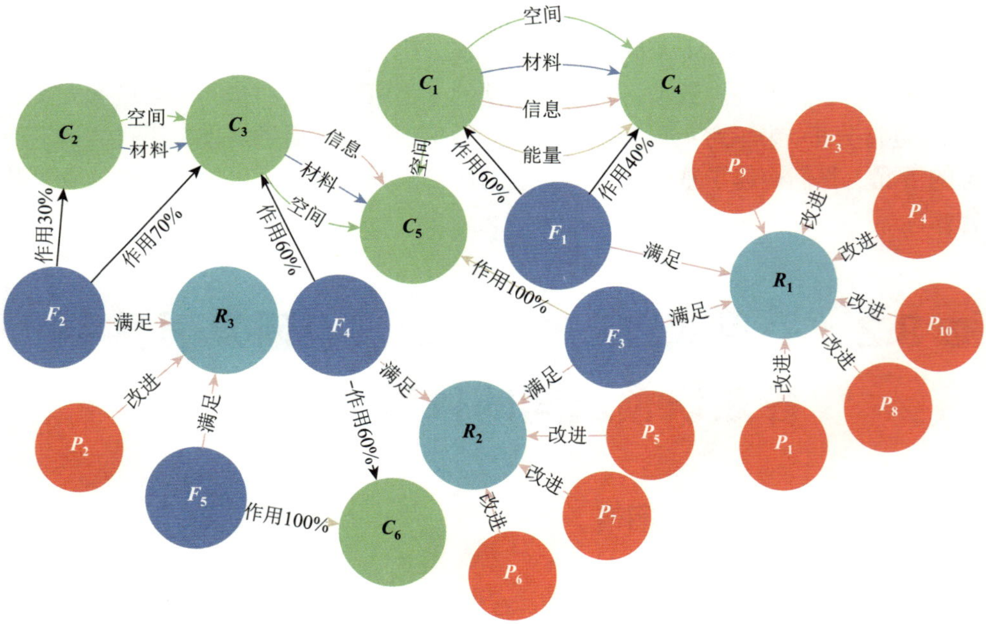

图 8-1　NPD 知识图谱示例

知识图谱是一个由节点（实体）和边构成的有向标记图，它可以表示为：

$$(V,E,N_L,E_L)$$

其中，V 是一组节点，每个节点表示一个实体（如用户需求、部件等）。$E\subseteq V\times V$ 表示多组边，N_L 是一组节点标签（label），E_L 是一组边标签。每个节点 $v\in V$，节点 v 标签 $l(v)\in N_L$，每条边 $e\in E$，边 e 的标签 $l(e)\in E_L$，每条边描述了两个节点（实体）之间的关联。例如，在图 8-1 所示的手机开发知识图谱中，

C_2、C_3 标签分别为 $l(C_2)=$‘屏幕’、$l(C_3)=$‘外壳’，边 $e\in(C_2,C_3)$ 表示 C_2 与 C_3 间存在“空间”“材料”两种关联。

如图 8-2 所示，构建知识图谱的主要过程包括：收集数据、实体识别和关系抽取、知识图谱存储和绘制。首先，通过在线顾客评论获取用户需求，使用自然语言处理等技术从企业外部或内部社交媒体（如淘宝、知乎等）提取产品的用户需求信息；其次，从企业内部信息系统中收集产品规格数据，根据产品的功能结构进行分类，并对产品部件、各实体的关系及用户各个属性等进行定义；再次，构建数据层，文本采用挖掘等技术从数据集中提取相应的实体、属性和关系，并将相应的属性关系与实体关联；最后，将提取出的顾客与产品的各种数据信息采用 Neo4j 等图数据库储存并进行可视化展示，得到最终的 NPD 知识图谱。

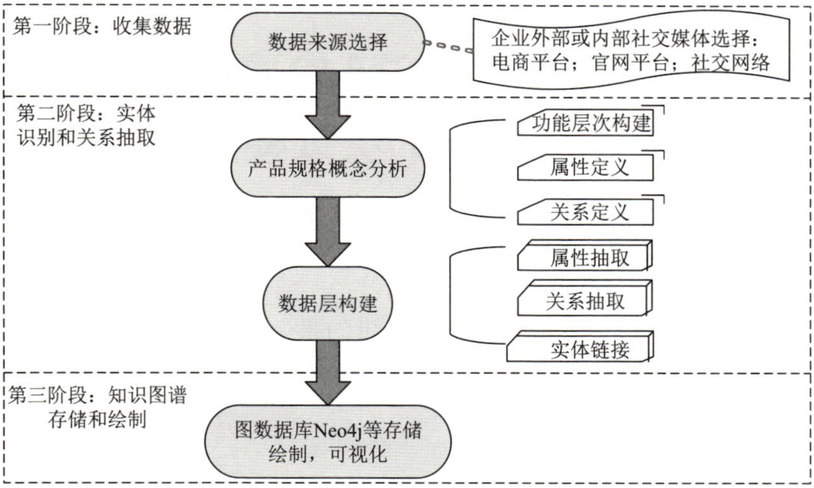

图 8-2　构建 NPD 知识图谱的基本流程

8.2.2　采用 NPD 知识图谱测度顾客需求优先序和元素间直接依赖强度

在 NPD 知识图谱中，如果与某顾客需求相关联的顾客数量越多，则表明该需求相对其他需求受到更高的关注度，即该需求有高的优先序。由于 NPD 知识图谱可以使我们更加接近真实的情况，避免了传统确定需求权重方法比较主观的问题，有利于提高产品开发的精准性。

因此，本章提出依据 NPD 知识图谱中顾客需求与顾客之间的关联来测度顾客需求优先序，即根据知识图谱中某一顾客需求与顾客节点联系的数量来确定需求的权重方法，任意顾客需求 α 的权重 λ_α 可由式（8-1）得到。

$$\lambda_\alpha = \frac{n_\alpha}{\sum_{i=1}^{M} n_i} \tag{8-1}$$

式中，n_α 表示与需求 α 所关联的顾客节点的数量（即关注需求 α 的顾客数量）；n_i 表示与需求 i 相关联顾客节点的总数量；M 表示顾客需求的总个数。

此外，可由 NPD 知识图谱识别某领域元素之间的直接依赖强度。例如，图 8-1 中部件 C_2 与 C_3 对实现某一功能 F_2 有共同作用，则可以判定它们之间存在依赖关系。进一步，其直接依赖关系强度可由两个实体间连接的属性关系数量来确定。通常，部件之间的关系属性包括空间、能量、信息和材料四种关联，因此，部件 I 与 J 之间的直接依赖关系强度为：

$$S_{IJ} = r_{IJ} / R \tag{8-2}$$

式中，r_{IJ} 表示部件 I, J 之间的属性关系数量；R 表示部件之间属性关系总数量。

8.3 采用 QFD 和 DSM 构建研发项目各知识领域之间的关联模型

8.3.1 采用“需求-功能”QFD 推导功能之间的依赖关系

由式（8-1）得到的顾客需求权重，我们进一步建立“顾客需求-产品功能”QFD（图 8-3），其中，图 8-3（a）中的顾客需求权重由式（8-1）得到。

		需求权重 λ_k	功能 F_1	F_2	F_3	F_4	F_5
顾客需求	R_1	0.6	7		1		
	R_2	0.3			9	7	
	R_3	0.1		5			9
	功能相对重要度 μ_i		4.2	0.5	3.3	2.1	0.9

(a) “需求-功能”QFD

功能	F_1	F_2	F_3	F_4	F_5
F_1	F_1		0.18		
F_2		F_2			1
F_3	0.18		F_3	0.82	
F_4			0.82	F_4	
F_5		1			F_5

(b) 功能DSM

图 8-3　由“需求-功能”QFD 推导功能 DSM

这里，采用（1, 3, 5, 7, 9）五个数值量化 QFD 中顾客需求与功能之间的依赖关系强度（即影响强度）。QFD 矩阵的各行表示为了满足某顾客需求 R_i，需要哪些产品功能；矩阵的各列表示某功能会对哪些顾客需求产生影响。由 QFD，可求得各功能的相对重要度。

$$\mu_i=\sum_{k=1}^{K}(\lambda_k\times \mathrm{QFD}(k,i)),\quad k=1,2,\cdots,K,\quad i=1,2,\cdots,m \tag{8-3}$$

式中，λ_k 表示各需求的权重；QFD(k, i)是 QFD 中第 k 行、i 列的值，它表示需求 k 与功能 i 之间的依赖度；K 表示该产品的主要需求数量；m 表示功能的个数。

然后，依据两个功能 i 与 j 是否与共同的顾客需求有关联，本章建立推导功能 i 与 j 间的依赖强度模型如下：

$$\mathrm{F\_DSM}(i,j)=\left(\sum_{k=1}^{K}(R_{k-ij}\times\lambda_k\times\mathrm{QFD}(k,i))\times\sum_{k=1}^{K}(R_{k-ij}\times\lambda_k\times\mathrm{QFD}(k,j))\right)\Big/(\mu_i\times\mu_j) \tag{8-4}$$

式中，R_{k-ij} 表示功能 i 与 j 在需求 k 上有无关联，若它们均与需求 k 有关联，则 $R_{k-ij}=1$；否则 $R_{k-ij}=0$。例如，$\mathrm{F\_DSM}(3,4)=((0.3\times9)\times(0.3\times7))/(3.3\times2.1)=0.82$。

进一步，得到功能 DSM[图 8-3（b）]。DSM 是一个 $N\times N$ 的方阵（N 为元素个数），可以直观地对复杂项目进行可视化分析，矩阵中非对角线的数值表示两个功能间的依赖强度。这里，功能 DSM 是沿对角线的对称方阵 j。

8.3.2 采用“功能-产品”MDM 推导部件间的间接依赖关系强度

通常，在产品架构设计中，每个功能由一个或多个部件来实现，每个部件也可能支持一个或多个功能。因此，可以构建“功能-产品”DMM，以反映产品部件和功能这两个知识领域间的关联。如图 8-4（a）所示，DMM 是 $M\times N$ 的矩阵，

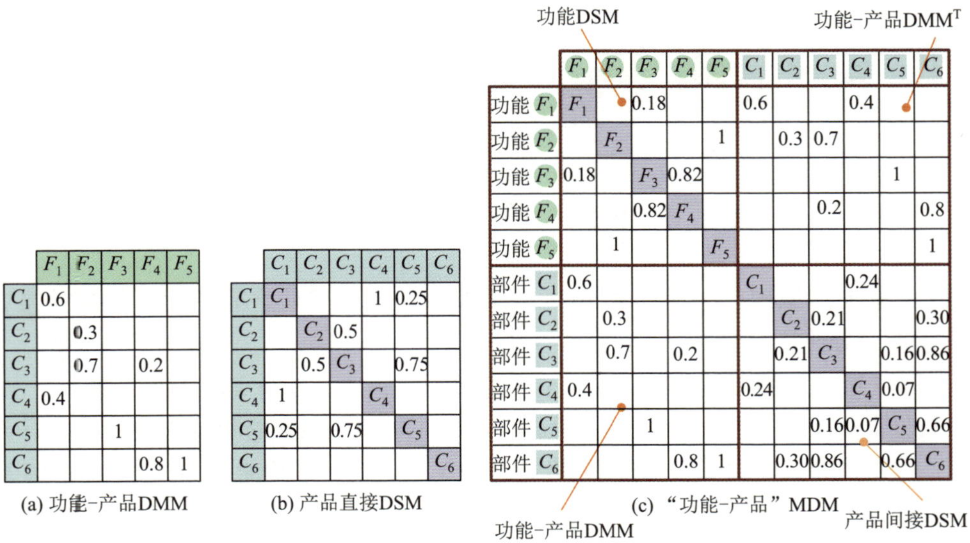

(a) 功能-产品DMM　(b) 产品直接DSM　(c) “功能-产品”MDM

图 8-4 由“功能-产品”MDM 推导产品 DSM

M 和 N 分别是矩阵行和列的个数，其中数值表示不同部件对实现特定功能的贡献比重，用百分比来表示。矩阵的行表示某部件支持哪几个功能；列表示产品的某个功能由哪些部件来实现，各功能所在列之和为 100%。例如，图 8-4（a）第一列表示功能 F_1 由部件 C_1 和 C_4 共同实现，且它们对 F_1 影响的比重分别为 60%和 40%。产品部件与功能的域映射也可以由 NPD 知识图谱展示、获取。

部件之间的依赖关系包括直接依赖关系和间接依赖关系，其中，由式（8-2）可求得产品直接依赖关系 DSM[图 8-4（b）]，它描述了各部件间的直接依赖关系，故产品直接依赖强度为：

$$\mathrm{PD\_DSM}(I,J)=S_{IJ} \tag{8-5}$$

由“功能-产品”DMM 和功能 DSM，可进一步建立“功能-产品”MDM [图 8-4（c）]，它由产品 DSM、功能 DSM、“功能-产品”DMM 和它的转置矩阵 $\mathrm{DMM^T}$ 四部分组成。依据 MDM，可由已知领域 DSM（如功能 DSM）推导未知领域（如产品部件间）的间接依赖强度，其基本原理如图 8-5（a）所示，若已知一个领域 DSM 及其与另一个领域间的域映射矩阵，可构建求解未知领域 DSM 的模型。

$$Y=H\bullet X\bullet H^{\mathrm{T}} \tag{8-6}$$

式中，X、Y 分别表示已知和未知领域的 DSM；H 和 H^{T} 分别表示 Y-X 及其转置的域映射矩阵。

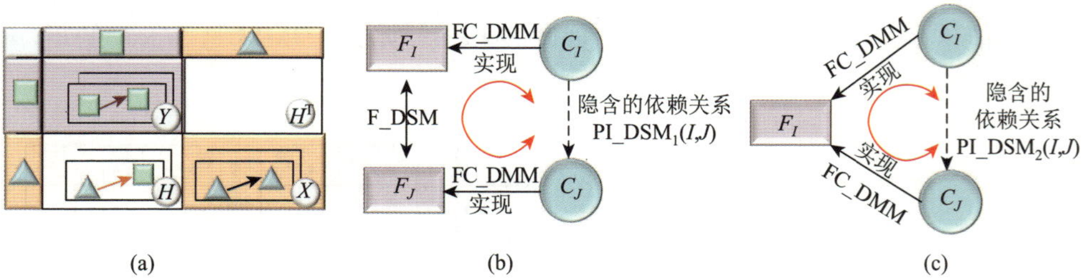

图 8-5　由 MDM 推导部件之间的间接依赖关系示意图

依据上述原理，采用“功能-产品”MDM 推导部件之间的间接依赖关系，分为如下两种情况。

（1）第一种情况[图 8-5（b）]：如果部件 C_I 和 C_J 分别实现功能 F_I 和 F_J，且两个功能间存在依赖/耦合关系，则这两个部件间存在隐含的间接依赖关系。相应地，首先在 MDM 中观察功能 DSM[图 8-4（c）]，如果功能 F_I 和 F_J 存在依赖关系，然后观察“功能-产品”DMM，如果这两个功能分别由部件 C_I 和 C_J 实现，则它们之间存在间接依赖关系，间接依赖强度计算公式为：

$$\text{PI\_DSM}_1(I,J)=\sum_{i=1}^{m}\left(\text{PF\_DMM}(I,i)\times\sum_{j=1,\ j\neq i}^{m}(\text{F\_DSM}(i,j)\times\text{PF\_DMM}^{\text{T}}(j,J))\right)\quad(8\text{-}7)$$

式中，$i,j=1,2,\cdots,m,I,J=1,2,\cdots,n$，$m$ 和 n 分别表示项目的功能数量和部件数量。

例如，图 8-4（c）中 C_2 和 C_6 的间接依赖度 PI_DSM(2, 6) = DMM(2, 2) × F_DSM(2, 5) × DMM^{T}(5, 6) = 0.3 × 1 × 1 = 0.3。

（2）第二种情况[图 8-5（c）]：如果部件 C_I和 C_J实现同一个功能 F_I，则这两个部件间存在隐含的间接依赖关系。相应地，在 MDM 中观察“功能-产品”DMM[图 8-4（c）]，如果两个部件 C_I、C_J在同一列，则表明它们存在间接依赖关系，依赖强度为：

$$\text{PI\_DSM}_2(I,J)=\sum_{i=1}^{m}(\text{DMM}(I,i)\times\text{DMM}^{\text{T}}(i,J))\quad(8\text{-}8)$$

例如，图 8-4（c）中 C_2和 C_3间接依赖度 PI_DSM(2, 3) = DMM(2, 2) × DMM^{T}(2, 3) = 0.3 × 0.7 = 0.21。

由式（8-5）～式（8-8），可得到部件 C_I与 C_J之间的总依赖强度为：

$$\text{P\_DSM}(I,J)=\text{PD\_DSM}(I,J)+\text{PI\_DSM}(I,J)\quad(8\text{-}9)$$

8.4　基于改进信息熵的两阶段 DSM 聚类准则

通常，每个部件由不同的设计团队（或个人）负责，研发团队所负责的部件及其功能之间的复杂依赖关系是导致项目管理复杂性的主要原因。式（8-9）得到的依赖强度反映了团队间的技术沟通强度，为了降低团队间的协调复杂性，常用的方法是聚类分析，它通过寻找 DSM 中相对独立或相互作用最小的元素子集（即类或组），以实现模块化组织/产品设计。

通常，DSM 聚类目标是：最大化“类”内（或称组、模块）元素的相互作用，且最小化类间元素的相互作用，以此降低类间的协调，降低研发项目管理的复杂性。现有的聚类算法有竞标法、排序法、路径搜索法、有向图法、“自下而上”和“自上而下”方法、基于划分的聚类、基于层次的聚类，以及基于社会网络分析的聚类算法、基于邻域传播和基于相似性的聚类准则。

与第 5 章和第 7 章类似，本章采用两阶段 DSM 聚类法，为了避免现有聚类算法经常出现的聚类后类规模过小且结果不稳定的情况，本章构建了基于改进信息熵的两阶段聚类准则，以提高聚类的效果和稳定性。

1. 第一阶段聚类准则

在考虑 DSM 聚类准则时，不仅要最大化类内依赖关系，还需考虑对类外元素的影响，本章采用“最大化增加的类内外依赖强度比”（AIDER）（见第 7 章），如图 8-6 所示，它是指计算中被选择元素在该类内对其他类发送和接收信息的依赖强度加权和，与该元素在整个系统内对其他所有类发送和接收信息的总依赖强度加权和之比。

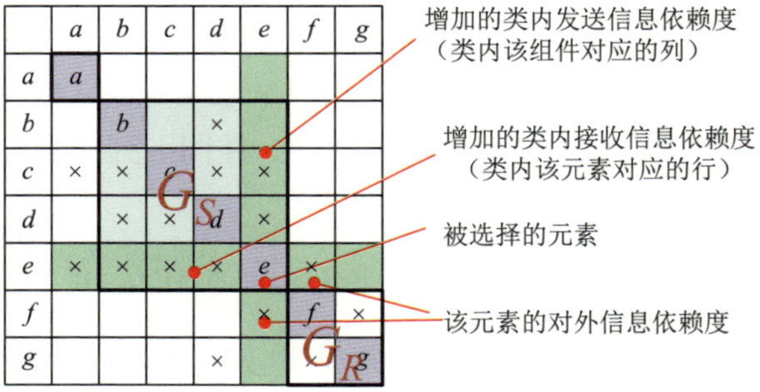

图 8-6　AIDER 聚类准则图例

AIDER 不仅考虑了类内新加入的元素对类内依赖关系强度的影响，还考虑对类外的影响程度，AIDER 越大，表示沟通主要发生在类内。这里，我们将其改进为“最大化增加的平均类内外依赖强度比”，因此，第一阶段聚类准则公式为：

$$\text{Max}\quad \text{AIDER}(\text{cluster}_t)=\frac{\left(\omega_1\times\sum_{I=n_t}^{m_t}\text{O\_DSM}(I,m_t)+\omega_2\times\sum_{J=n_t}^{m_t}\text{O\_DSM}(m_t,J)\right)^{\alpha}\Big/2(cl_t-1)}{\left(\omega_1\times\sum_{I=1}^{n}\text{O\_DSM}(I,m_t)+\omega_2\times\sum_{J=1}^{n}\text{O\_DSM}(m_t,J)\right)^{\beta}\Big/2(n-1)} \tag{8-10}$$

式中，cl_t 表示第 t 个类的规模；n_t 和 m_t 分别表示第 t 个类中第一个元素和最后一个元素；n 表示部件的总数量；α,β 表示调整系数；ω_1,ω_2 表示权重，满足 $\omega_1+\omega_2=1$。

2. 第二阶段聚类准则

这里，第二阶段聚类准则是最小化类内外加权平均信息熵（Weighted Average Entropy，WAE），它由类外平均信息熵（External Cluster Average Entropy，ECAE）与类内平均信息熵（Internal Cluster Average Entropy，ICAE）组成。信息熵表示类内（或类外）元素信息协调的有序程度，其主要与类 G_S 中元素的信息交换概率有关。

由于原有的最小化信息熵 DSM 聚类模型有可能出现图 8-7（a）所示的情况，即类内信息交换概率小且类外信息交换概率大，而这与所期望的聚类结果正好相反。为此，本章引入平均熵的概念，构建了新的组间/组内概率分布模型，使组间/组内概率变化对系统信息熵的影响呈单调趋势[图 8-7（b）和图 8-7（c）]，以提高聚类效果、降低聚类结果的不稳定性。

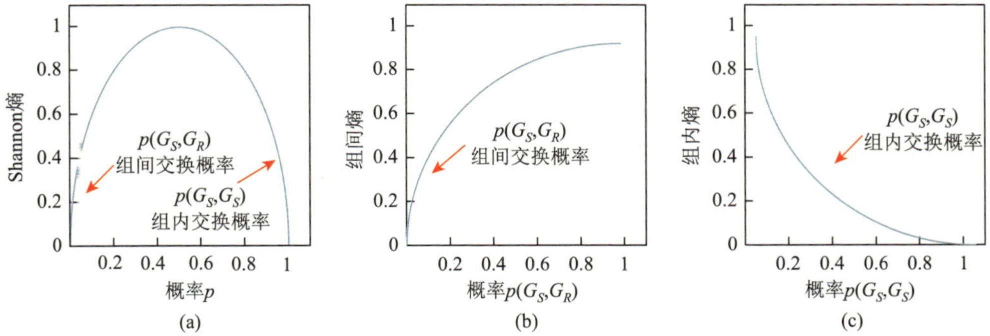

图 8-7 信息熵概率分布模型

组间概率 $p(G_S,G_R)$ 是指类 G_S 与组 G_R 之间的协调依赖强度 $\mathrm{TS}(G_S,G_R)$ 与整个系统内相关组之间（对系统内其他组 G_K）的依赖关系强度 $\sum_{K=1}^{M}\mathrm{TS}(G_S,G_K)$ 之比。

$$p(G_S,G_R)=\frac{\mathrm{TS}(G_S,G_R)}{\sum\limits_{K=1,K\neq S,R}^{M}\mathrm{TS}(G_S,G_K)}=\frac{\sum\limits_{I=n_R}^{m_R}\sum\limits_{J=n_S}^{m_S}\mathrm{P\_DSM}(I,J)}{\sum\limits_{J=n_S}^{m_S}\left(\sum\limits_{I=1}^{n_S}\mathrm{P\_DSM}(I,J)+\sum\limits_{I=m_S}^{n}\mathrm{P\_DSM}(I,J)\right)} \tag{8-11}$$

式中，n_S 和 m_S 表示小组 G_S 中第一个元素到最后一个元素的标记数；n_R 和 m_R 表示小组 G_R 中第一个元素和最后一个元素的标记数；n 表示 DSM 总的元素数量；M 表示类的个数。

同理，类 G_S 内元素的信息交换概率 $p(G_S)$ 可由式（8-12）计算。

$$p(G_S)=\frac{\mathrm{TS}(G_S,G_S)}{\sum\limits_{K=1}^{M}\mathrm{TS}(G_S,G_K)}=\frac{\sum\limits_{I=n_S}^{m_S}\sum\limits_{J=n_S}^{m_S}\mathrm{P\_DSM}(I,J)}{\sum\limits_{I=1}^{n}\sum\limits_{J=n_S}^{m_S}\mathrm{P\_DSM}(I,J)} \tag{8-12}$$

进而，本章建立求解组 G_S 与 G_R 之间的平均信息熵公式：

$$E_{ex}(G_S,G_R)=-\frac{\int_0^{p(G_S,G_R)}(p\log p+(1-p)\log(1-p))\mathrm{d}p}{\int_0^{p(G_S,G_R)}\mathrm{d}p}\times Z_i(G_S,G_R)^{\lambda} \tag{8-13}$$

式中，$Z_i(G_S,G_R)$ 表示类 G_S 与 G_R 的非零元素个数，λ 是一个惩罚系数。

进一步，系统的类外平均信息熵 ECAE 由式（8-14）计算得到。

$$\text{ECAE} = -\sum_{S=1}^{M}\sum_{R=1}^{M} E_{ex}(G_S, G_R) \quad (S \neq R) \tag{8-14}$$

同理，类内平均信息熵可由式（8-15）和式（8-16）得到，它表示类 G_S 内元素信息协调的有序度。

$$E_{\text{in}}(G_S) = -\frac{\int_{p(G_S)}^{1}(p\log p + (1-p)\log(1-p))\mathrm{d}p}{\int_{p(G_S)}^{1}\mathrm{d}p} \times Z_e(G_S)^{\mu} \tag{8-15}$$

$$\text{ICAE} = \sum_{S=1}^{M} E_{\text{in}}(G_S) \tag{8-16}$$

式中，$Z_e(G_S)$ 表示类 G_S 内的零元素的个数；μ 表示调整系数。

因此，第二阶段聚类准则目标为最小化类内外加权平均信息熵，即：

$$\text{Min} \quad E = \varphi_1\text{ECAE} + \varphi_2\text{ICAE} \tag{8-17}$$

式中，φ_1，φ_2 表示加权系数，且 $\varphi_1 + \varphi_2 = 1$。

这里，我们构建的平均信息熵优点是：当最小化系统总信息熵时，能够保证类内的信息交换概率最大[图 8-7（c）]且类外的信息交换概率最小[图 8-7（b）]，从而确保依赖关系强的元素（团队）被聚到一个组内，同时使类外的依赖关系强度减弱，提高了聚类效果和算法的稳定性。

8.5 案例分析

本章以某智能手机开发项目为例，验证文中所构建的模型与方法。首先，通过企业内外部数据库、专家访问等形式，构建 NPD 知识图谱（图略），从中得到该产品有 5 个比较重要的顾客需求 $R_1 \sim R_5$，依据各个需求对应的顾客需求节点数量，由式（8-1）得到各需求的权重值。其次，由 NPD 知识图谱识别出满足这些顾客需求的产品功能 $F_1 \sim F_7$，以及主要部件 $C_1 \sim C_{14}$。然后，构建“顾客需求-功能”QFD，由产品设计专家进行需求功能的关系强度判断，由式（8-3）得到功能相对重要度，进而由式（8-4）求得功能 DSM[图 8-8（a）左上矩阵]。

传统的建立功能 DSM 的方法主要有两种：①直接由专家判断功能之间的依赖关系，这种方法主观性较强；②采用“顾客需求-功能”QFD 推导功能之间的依赖关系，但是，在传统的 QFD 中，确定需求的权重仍有一定的主观性。本章依据 NPD 知识图谱中各个需求对应的顾客需求节点数量，由式（8-1），可以精准地捕获顾客的需求及其优先序。因此，提高了功能 DSM 中依赖度测度的准确性。

	F_1	F_2	F_3	F_4	F_5	F_6	F_7													
F_1	F_1		0.2						0.2			0.3						0.1		0.4	
F_2		F_2			0.4									0.1					0.5		0.4
F_3	0.2		F_3			0.5	1	0.5			0.3				0.1	0.1					
F_4				F_4						0.3		0.3			0.2			0.2			
F_5		0.4			F_5	0.3		0.4		0.1				0.3		0.2					
F_6			0.5		0.3	F_6	0.4				0.1		0.6				0.2			0.1	
F_7			1			0.4	F_7		0.5			0.2		0.1			0.2				
C_1			0.5		0.4			C_1	0.9	0.7		0.8				0.3				0.82	
C_2	0.2						0.5	0.9	C_2	0.71	0.1	0.6	0.2				0.5	0.2		0.7	0.13
C_3				0.3	0.1			0.7	0.71	C_3		0.8		0.2	0.3		0.6			0.73	
C_4			0.3			0.1			0.1		C_4	0.1	0.2			0.8	0.2	0.3			0.8
C_5	0.3			0.3			0.2	0.8	0.6	0.8	0.1	C_5							0.5	0.9	
C_6						0.6			0.2		0.2		C_6		0.5	0.5					0.1
C_7		0.1			0.3		0.1			0.2				C_7	0.8		0.9		0.8		
C_8			0.1	0.2						0.3			0.5	0.8	C_8		0.8	1	0.3	0.2	
C_9			0.1		0.2			0.3			0.8		0.5			C_9			0.34		0.15
C_{10}						0.2	0.2		0.5	0.6	0.2			0.9	0.8		C_{10}	0.9	0.8		0.9
C_{11}	0.1			0.2					0.2		0.3				1		0.9	C_{11}	0.8	0.5	
C_{12}		0.5										0.5		0.8	0.3	0.34	0.8	0.8	C_{12}	0.61	
C_{13}	0.4					0.1		0.82	0.7	0.73		0.9			0.2			0.5	0.61	C_{13}	
C_{14}		0.4							0.13		0.8		0.1			0.15	0.9				C_{14}

(a) “功能-产品”多领域矩阵MDM

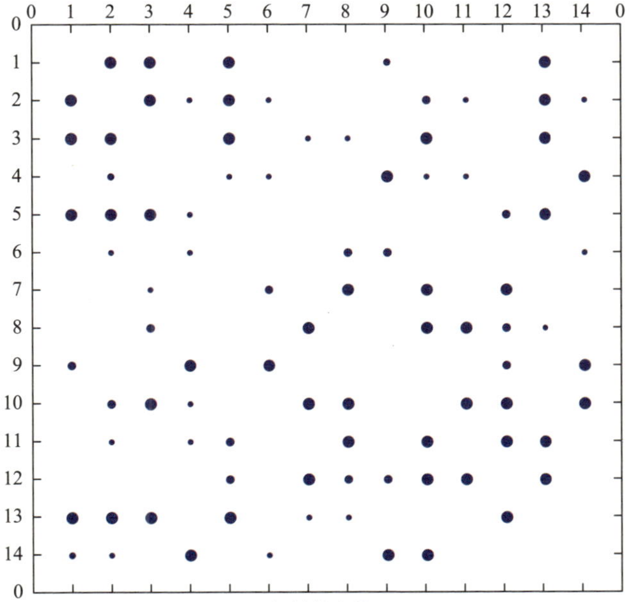

(b) 初始的产品DSM

图 8-8　“功能-产品”MDM 和初始的 DSM

进一步，由 NPD 知识图谱获得部件之间的直接依赖关系，并建立“功能-产品”域映射 DMM[图 8-7（a）左下矩阵]，最终得到图 8-8（a）所示的“功能-产品”MDM，由式（8-5）～式（8-9）计算得到部件间的相互依赖度，对其归一化处理得到初始产品 DSM[图 8-8（b）]。与原有方法相比，本章建立的由“功能-产品”MDM 推导部件之间的间接依赖关系模型[式（8-7）和式（8-8）]，综合考虑了两个部件与同一个功能存在依赖关系，以及它们与两个相互耦合的功能间存在依赖关系两种情况。因此，考虑的因素更全面。

本章假设各部件由不同的团队负责开发，为此，采用本章构建的两阶段 DSM 聚类算法对初始 DSM 进行聚类，以优化研发项目的组织。式（8-10）～式（8-17）中的参数取值为：$\omega_1 = 0.9$，$\omega_2 = 0.1$，$\varphi_1 = 0.1$，$\varphi_2 = 0.9$，$\alpha = 4$，$\beta = 2$，采用 Matlab 编程，优化后的聚类结果见图 8-9（a）和表 8-1。聚类后的 DSM 被分为三个模块，依赖关系强的部件被聚到了一起，即[$C_1, C_2, C_3, C_5, C_{13}$]、[$C_4, C_6, C_9, C_{14}$]、[$C_7, C_8, C_{10}, C_{11}, C_{12}$]。由图 8-9（a）和表 8-1 可知，聚类后各个类内部的信息熵小，信息交换概率高，类内元素之间的依赖关系强；而类间的信息交换概率低，信息熵小，类间（模块之间）的依赖关系弱，这有利于降低管理的复杂性，降低团队之间的沟通协调成本等。

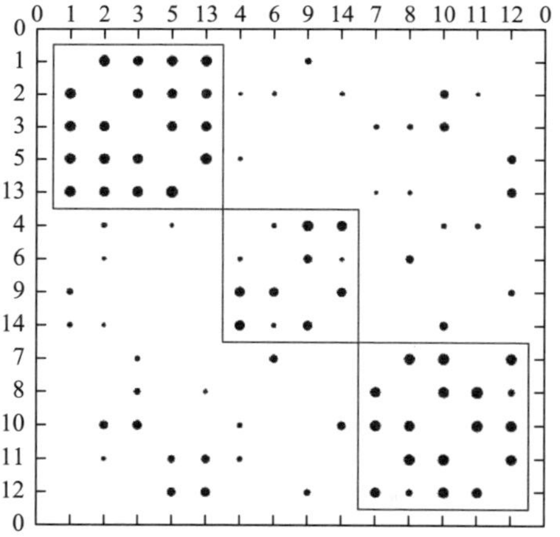

(a) 聚类后的DSM

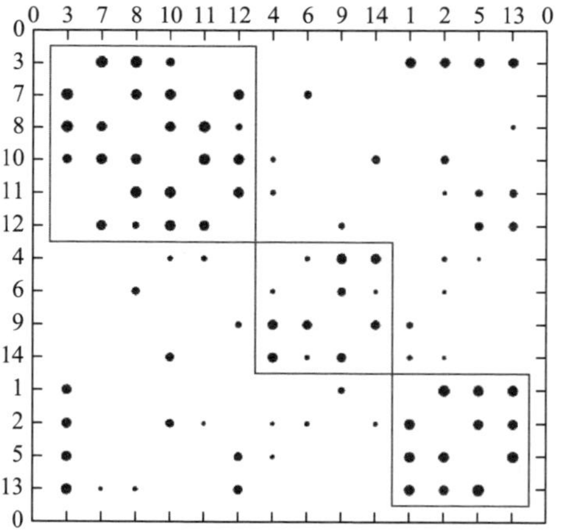

(b) 增加C_3与C_7依赖度聚类结果

图 8-9　聚类结果

同时，我们开展参数的敏感性分析（图 8-10）。

（1）由图 8-10（a）可见，式（8-10）中ω_1较大，总加权熵较小，当$\omega_1 = 0.9$，聚类效果最佳。另外α与β值的变化对 WAE 的影响较小，由图 8-10（b）可见，式（8-17）中φ_2值越大，总加权熵越小。

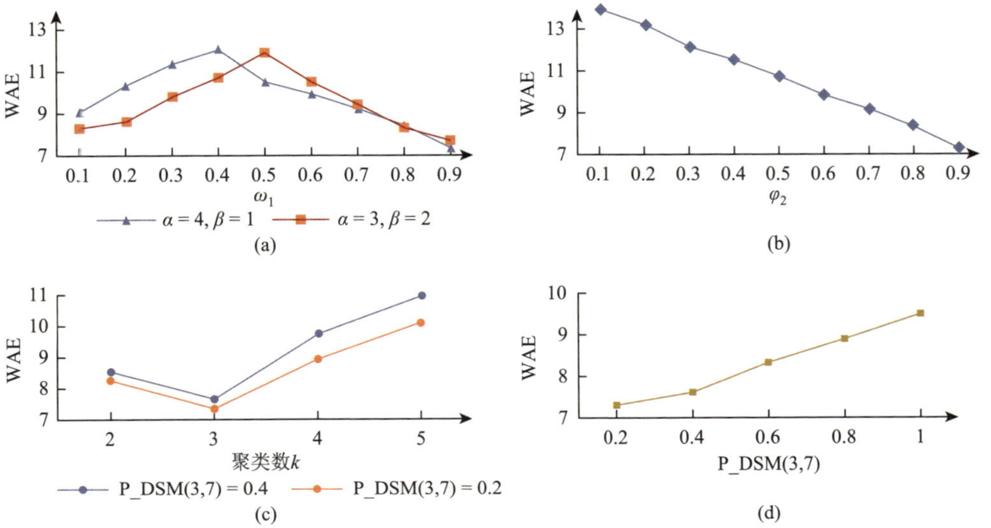

图 8-10　敏感性分析

（2）选取两个类间的元素 C_3、C_7，把它们间的依赖强度增加 100%、200%，由图 8-10（c）可看出，熵随着聚类数的变化而变化，当 $k=3$ 时达到最小值。结果表明，过多的类（模块）会增加类间的复杂性，而过大的类规模会增加类内的复杂性。由图 8-10（d）可得，随着 C_3、C_7 间依赖强度不断增加，熵值也不断地增加，且当依赖强度达到最大值时，C_3 与 C_7 的信息交换程度增强，与原类内的信息交流减弱，从而导致 C_3 与 C_7 加入到同一类中[见图 8-9（b）]。

除了加权平均熵，本章还采用 S（Silhouette）指数作为衡量指标。为了验证本章改进聚类准则的效果，我们把初始 DSM 矩阵[图 8-7（b）]作为输入，与其他 DSM 聚类准则进行了对比，即基于余弦相似度度量的 Sarkar 谱聚类方法和传统的最小化加权熵，结果见表 8-1。

表 8-1　实验结果

项目	初始的 DSM	采用本章改进的最小化加权平均熵为聚类目标	比较实验 1：传统的最小化加权熵为聚类目标	比较实验 2：Sarkar's 模型
轮廓系数 S 指数	—	0.398	0.305	0.185
类的个数	—	3	5	7
类外点的个数	120	42	65	83
类内熵（ICAE）	—	0.73	1.05	1.41
类外熵（ECAE）	17.9	8.1	11.6	12.8
加权平均熵（WAE）	16.1	7.3	10.5	14.1

由比较实验可以发现，采用本章提出的两阶段熵聚类准则可得到规模适中的类，且类内点的数量多，而比较试验 1 的聚类结果会出现规模小的类且类的个数多。出现这种情况是因为当类外信息交换概率大且类内信息交换概率小时，同样会使系统总的信息熵变小，从而导致聚类结果出现极小的类。而本章构建的模型综合考虑了类内外信息熵的整体情况，可避免出现类多且类规模小的情况。由表 8-1，与比较实验 1 和比较实验 2 相比，采用改进的最小化加权平均熵为聚类目标，S 值有较大的提高，且加权平均熵降低明显，从而进一步证明该聚类目标的效果更优。

8.6 总结

产品研发项目是涉及顾客需求、产品功能、部件、组织等不同知识领域的复杂系统，它们之间复杂的依赖关系导致了研发项目管理的复杂性，大数据相关的知识图谱技术为更精准地描述真实的客观世界提供了有效的手段。

为此，首先，本章提出采用 NPD 知识图谱以描述研发项目中多领域之间的关系，并依据 NPD 知识图谱测度顾客需求优先序；其次，构建了由“需求-功能”QFD 推导功能 DSM 的模型，以及采用“功能-产品”MDM 推导部件间依赖关系强度的模型；最后，构建了一种改进的两阶段 DSM 聚类模型——基于“类内外加权平均信息熵”的两阶段 DSM 聚类模型，聚类结果可降低研发管理协调的复杂性，并提高计算结果的稳定性。

参考文献

宁连举，孙中原，刘茜. 2019. 基于知识图谱的顾客契合研究热点与趋势评述[J]. 科研管理，40（12）：213-224.

杨青，武高宁，王丽珍. 2017. 大数据：数据驱动下的工程项目管理新视角[J]. 系统工程理论与实践，37(3)：710-719.

Feng Q，Shanthikumar J G. 2017. How research in production and operations management may evolve in the era of big data[J]. Production and Operations Management，27（9）：1670-1684.

Kim H. 2017. Towards a sales assistant using a product knowledge graph[J]. Journal of Web Semantics，46-47（oct.）：14-19.

Wang Z X，Chen C H，Zheng P，et al. 2021. A graph-based context-aware requirement elicitation approach in smart product-service systems[J]. International Journal of Production Research，59（2）：635-651.

Wu L，Hitt L，Lou B. 2020. Data analytics，innovation，and firm productivity[J]. Management Science，66(5)：2017-2039.

Yang Q，Shan C，Jiang B，et al. 2018. Managing the complexity of product development projects from the perspective of customer needs and entropy[J]. Concurrent Engineering：Research and Applications，26（4）：328-340.

Zhang C，Zhang G H，Lu Q，et al. 2017. Graph-based knowledge reuse for supporting knowledge-driven decision-making in new product development[J]. International Journal of Production Research，55（23）：7187-7203.

第 9 章

多项目组合评价与排序——从项目网络的视角

9.1 引言

在市场竞争日益激烈的环境下，企业为了保持其竞争力以实现可持续发展，必须不断地投入大量的新产品开发项目。在项目规划阶段，企业要识别各种因素所带来的产品开发机会，并从这些机会中确定合理的项目组合选择（project portfolio selection）。项目组合包含多个项目且项目间的关系错综复杂，一个项目的失败会对其他项目产生一系列严重后果。因此，在项目众多、依赖性高且资源有限的背景下，如何对项目组合进行评估以确定各研发项目的优先级排序，是决策者面临的一个首要问题。通过有效的项目组合评估，企业可以更有效地利用组织的资源，使企业的整体利益最大化。

项目组合选择是指在评价准则的约束下，采用定性和定量的评价方法对拟开发的多项目进行重要性排序（Scholz et al.，2017；Costantino et al.，2015）。传统的项目评估准则主要包括项目的经济性、开发时间、产品质量等指标，但忽视了从可持续的视角分析研发项目，并由此构建研发项目组合选择的评价准则。另外，常用的项目评价方法包括概念筛选、概念评分、决策矩阵评估等级等方法，这些方法简单实用，但忽视了不同评价准则下项目间的相互作用及其对项目排序的影响。从项目相关性出发分析项目选择问题，可得到更完善的项目组合选择模型。同时，项目间交互作用也增加了项目组合选择问题的复杂性（陶莎等，2017）。因此，可以从项目间的相互作用关系出发研究项目组合的选择问题，但是，现有方法忽略了从支配和扩散的角度分析多项目间的交互作用，以及采用复杂网络的排序方法进行多项目的优先级排序。

为此，多项目组合选择需解决两个关键的问题：①如何确定研发项目评价的准则，并分析不同准则下项目之间的交互作用和依赖关系；②如何依据这些依赖关系建立更全面、有效的项目评价方法。

本章从项目间的支配和扩散关系角度出发，在构建项目支配网络和扩散网络的基础上，开展项目组合的选择问题研究。采用网络节点的重要度评价方法对研发项目组合选择问题进行研究，建立了基于复杂网络的项目优先级排序方法（Project Priority Ranking Method，PPRM），通过构建研发项目组合的支配和扩散网络，基于DSM方法建立相关的模型，进而采用改进的PageRank算法对项目组合中的各项目进行优先级排序（邹星琪和杨青，2019）。

9.2 研发项目组合的评价准则及其相互关系

9.2.1 研发项目组合的多属性评价准则

新产品开发项目在规划阶段需考虑的因素包括：竞争策略、产品平台、技术曲线和市场细分等。对于研发项目组合来说，技术在不同项目间的扩散与转移关系等都是至关重要的评价准则，有效地实现技术扩散是组织实现创新价值和可持续发展的重要途径（Jin，2016）。此外，与技术扩散类似，设计和管理团队在某一项目中所积累的知识和经验，也可以扩散到其他的类似项目。项目之间的技术、知识和经验扩散是使企业整体效益最大化的重要途径。传统的项目评价方法忽视了项目之间的扩散关系，以及扩散传播效应对项目优先级排序的影响。

因此，本章构建研发项目组合的多属性评价准则，它们既包括通常的项目评价准则（如战略一致性、经济性和开发时间等），也包括研发项目（新产品开发项目）所特有的评价准则（如技术扩散/转移能力、技术性能的演化和可持续开发等）。

（1）战略一致性（strategic alignment）。项目组合管理是实现组织战略的重要途径，战略一致性是指项目目标与组织战略相匹配的程度，可以用项目支持组织的愿景、目标和计划的程度来测度。基于战略一致性的新产品开发项目组合选择，是组织提升竞争力和可持续发展的重要手段。

（2）经济性。新产品开发项目的经济性由研发成本和产品的制造成本等因素决定。研发成本指项目在研发过程中的花费；产品成本决定了企业以特定的销售量和销售价格所能够获得的利润是多少。为了获得合理的投资回报，新产品开发项目必须能够吸引消费者，且开发和生产成本又相对低廉。

（3）开发时间。开发时间决定了企业如何对外部竞争和技术发展做出响应，以及企业能够多快从研发团队的努力中获得经济回报。

（4）项目间的技术、知识/经验的扩散（diffusion）效应。技术扩散关系是指某些关键技术或组织过程资产，在相关项目之间的转化、转移过程。新产品开发项目包括：全新产品、平台产品（项目）与衍生品。平台产品是指由一系列产品共享的一整套资产（如可共享的部件/组件），一个有效的平台可以更快更容易地制造出许多衍生品，每种衍生产品提供一个特定细分市场所需要的特点和功能。由于平台开发项目在时间和资金上的消耗是衍生品的数倍，企业不可能使每个项目都成为平台开发项目。图 9-1（a）显示了有效产品平台的杠杆作用，即在不同阶段，项目将从现有平台还是从全新平台开发衍生品。产品的技术扩散可分为两种：①从平台产品到衍生品的技术扩散（如平台 B 到项目 C）；②不同平台产品之间的技术扩散（如平台 A 与平台 B 之间）。

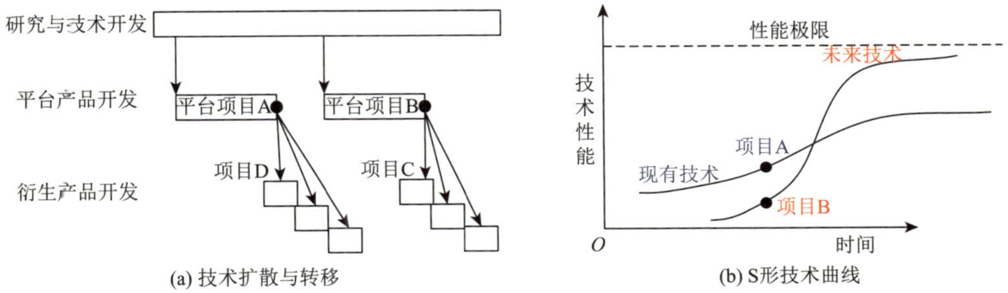

图 9-1　研发项目评价与技术性能相关的特征

与项目间的技术扩散类似，某一项目在研发过程中所积累的知识和经验也可扩散到其他项目，进而实现项目的可持续发展。知识和经验是指组织在项目研发过程中吸取的教训和学到的知识。根据以往的产品开发项目经验，团队和企业能够更好地开发未来的产品。通过一个个研发项目，可以不断提高企业的研发能力，开发能力是企业的一项重要的组织资产，它使企业可以在未来更高效、更经济地开发新产品（乌利齐和埃平格，2018；Aerts et al.，2016）。

（5）技术性能的演化（evolution of technical performance）。技术性能的演化是指随着时间的推移，项目可获得的技术性能的变化趋势。如图 9-1（b）所示，技术性能演化可采用 S 曲线来描述，S 曲线横轴是时间，纵轴是任何一种重要的性能参数（或性能/成本）。S 曲线显示了一个基本且重要的事实：技术在刚出现时性能相对较低，发展到一定时间之后会快速成长，最后受到一些自然的技术性限制达到成熟，并接近其极限（乌拉齐和埃平格，2018）。S 曲线捕捉了这种动态的变化，因此，尽管从目前来看，图 9-1（b）中项目 B 的技术表现劣于项目 A，但从技术性能演化和未来的趋势来看，项目 B 优于项目 A（即项目 B 对项目 A 有支配关系）。

（6）可持续开发（sustainable development）。可持续开发是指在研发过程中集成环境、社会和经济方面的因素，通过不断地考察项目的能力，以传递可持续的结果。可持续性包括社会可持续性和环境可持续性，社会可持续性主要关注外部的价值、提升产业链的质量、实现社会责任；环境可持续性要求在保护环境资源有效利用的前提下，确保研发项目在执行过程中以可持续的方式使用能源和其他资源。

9.2.2 项目组合中的支配和扩散关系

传统项目评价方法关注的是项目在某准则下指标绝对值的大小（如经济性、项目开发时间等），但忽略了在不同属性下项目之间的相对优劣性，这种相对优劣关系表现为项目之间的支配关系。传统的评估方法通常需要已知每个准则的权重，权重反映了决策者的偏好，而采用支配关系进行项目间比较分析的优点是无须决策者的偏好信息，该方法是无偏好的默认排序方法（default rankings）。默认排序方法不依赖于决策者的偏好信息，可用于非个性化的排序。

实际上，研发项目组合中的各项目之间通过扩散和支配关系构成了一个相互联系的网络，该网络中的“节点”表示项目，网络中的“边”表示项目之间的支配和扩散依赖关系。进一步，可采用复杂网络的相关理论方法，通过对节点和边的属性分析，对节点的重要性进行评价。传统的项目评估方法主要是基于项目在各准则方面的得分值对项目进行排序，如得分模型、简单加权得分模型、检查表和项目组合映射工具等，实质上从网络的角度来说，传统方法关注的是节点属性，而忽略了网络节点之间的关联。对于研发项目组合评价，项目组合网络中的支配和扩散关系属性对项目排序有重要的影响。

因此，在分析项目组合中各项目之间的关系时，可将上述研发项目的评价准则划分为两类，即支配（优劣）关系和扩散关系。

1. 项目之间的支配（优劣）关系

基于研发项目的战略一致性、可持续开发和技术性能的演化等评价准则，通常可以评估出每个项目在这些方面的具体值，并可直接比较项目间的优劣性，这种优劣关系也称为支配关系。例如，若项目 P_1 的经济性优于项目 P_2，则表明在经济性方面 P_1 对 P_2 具有支配关系，进一步，由所有项目在经济性准则下的支配关系构建支配关系网络，最后，集成各评价准则下的支配关系图，可构建多准则约束下的项目支配图。

2. 项目之间的扩散关系

项目组合评价中，项目间的扩散效应包括两种类型：技术扩散和知识/经验扩散。技术等方面的扩散关系是研发项目组合的重要特征，扩散是组织实现创新价值和可持续发展的重要途径。但是，传统项目评价方法难以评估项目间的扩散效应。为此，本章建立了扩散网络分析项目间的扩散关系。

进一步，本章采用支配网络和扩散网络描述项目间的支配关系和扩散关系。

9.3　项目支配网络建模和基于 K-shell 的节点重要度评价

9.3.1　项目支配网络

如前所述，项目组合中不同项目间在战略一致性、经济性、开发时间、技术性能演化和可持续开发等方面所表现出的差异，体现了节点间的优劣关系，可采用支配关系来描述。项目支配图（project domination graph）是以项目为节点、项目间的支配（优劣）关系为“边”构造的有向加权图，“边”的方向体现了项目间的支配方向，“权重”体现了项目间的支配强度。例如图 9-2（a），针对项目的经济性准则，项目组合网络中的节点属性值为该项目的收益值，若 P_1 项目的收益水平大于 P_2 项目，这表明在该准则下 P_1 优于 P_2，称为 P_1 对 P_2 有支配（domination）关系，则存在一个由 P_1 指向 P_2 的有向边。

类似地，对战略一致性、开发时间等评价准则，可构建单一准则下的项目支配图［图 9-2（b）和图 9-2（c）］，叠加图 9-2（a）～图 9-2（c），得到多准则下的项目支配图［图 9-2（d）］。

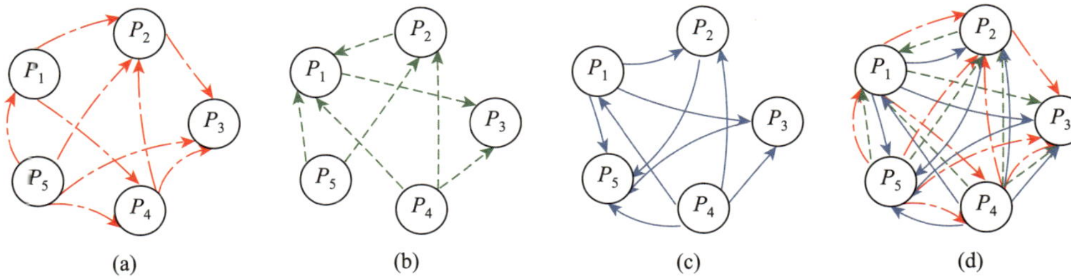

图 9-2　多准则约束下研发项目支配关系图例

因此，项目支配图的构造过程为：①确定项目组合选择的评价准则 $A=\{a_1,\cdots,a_k,\cdots,a_M\}$；②确定各准则约束下不同项目的得分值，在准则 a_k 下，项目 p_i 和 p_j 的得分值分别记为 $x_k(i)$、$x_k(j)$；③采用式（9-1）计算偏好函数 $P(x_k(i),x_k(j))$，在准则 a_k 下，若 $x_k(j)$ 优于 $x_k(i)$，记为 $P(x_k(i),x_k(j))=1$，反之，

则为 0；④绘制项目支配图，若 $P(x_k(i),x_k(j))=1$，则在项目支配图中存在一条由 p_j 指向 p_i 的有向边；反之，则存在一条由 p_i 指向 p_j 的有向边，由此绘制各准则约束下的项目支配图［图 9-2（a）～图 9-2（c）］，进一步，将这些图叠加，可得到多准则约束下的项目支配图［图 9-2（d）］。

$$P(x_k(i),x_k(j))=\begin{cases}1, & x_k(j)>x_k(i)\\ 0, & x_k(j)\leqslant x_k(i)\end{cases} \tag{9-1}$$

进一步，得到图 9-3（a）所示的项目支配图，其反映了项目间的支配方向和数量。本章假定对不同准则的相对重要度暂不做区分。

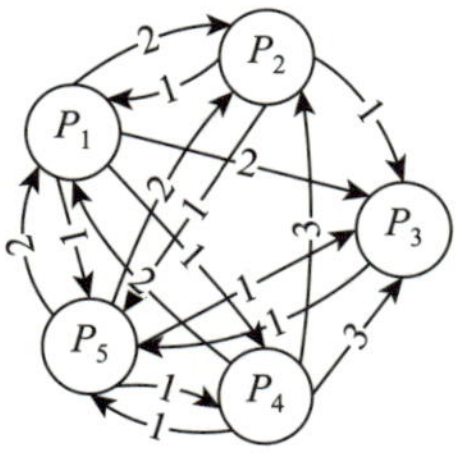

(a) 支配网络

	P_1	P_2	P_3	P_4	P_5
P_1	P_1	1	0	1	2
P_2	2	P_2	0	3	2
P_3	2	1	P_3	3	1
P_4	1	0	0	P_4	1
P_5	1	1	1	1	P_5

(b) 支配关系DSM

	P_1	P_2	P_3	P_4	P_5
P_1	P_1	0.1	0	0.1	0.2
P_2	0.2	P_2	0	0.3	0.2
P_3	0.25	0.125	P_3	0.375	0.125
P_4	0.1	0	0	P_4	0.1
P_5	0.1	0.1	0.1	0.1	P_5

(c) 直接支配强度DSM

	P_1	P_2	P_3	P_4	P_5
P_1	P_1	0.13	0	0.24	0.28
P_2	0.23	P_2	0	0.35	0.24
P_3	0.27	0.14	P_3	0.39	0.13
P_4	0.23	0.06	0.01	P_4	0.24
P_5	0.17	0.13	0.1	0.23	P_5

(d) 综合支配强度DSM

图 9-3　支配网络及相关的设计结构矩阵 DSM

图 9-3（a）所示的支配网络可分别由图 9-3（b）所示的 DSM 矩阵表示。采用 DSM 法的优点是可以简单、直观地描述支配网络和扩散网络中节点之间的关系，如图 9-3（b）所示，DSM 是一种用来表示系统中元素及其相互作用的结构化建模工具，它是一个 $N\times N$ 的方阵（N 为系统中的元素个数），可以直观地对复杂项目进行可视化分析。

在支配关系 DSM 中，某项目所在的“列”表示该项目对其他项目的支配关系（即优于其他项目）、“行”表示该项目受到来自其他项目的支配关系（即“劣于”其他项目）。支配关系 DSM 和支配强度 DSM 中非对角线的数字，分别表示某项目优于其他项目的准则个数和强度。DSM(i, j)表示矩阵中第 i 行、第 j 列的值，例如图 9-3（b）所示的支配关系 DSM，该矩阵第 2 行 1 列的 DSM(2, 1) = 2，表示 P_1 在 2 个评价准则方面优于（支配）P_2；该矩阵第 1 行 2 列 DSM(1, 2) = 1，表示 P_1 在 1 个评价准则方面劣于 P_2。

进一步，可采用节点的关联强度（Tie Strength，TS）来测度项目的支配强度，关联强度可以用从节点 i 与 j 之间的依赖关系占节点 i 所有信息发送及接收关系的比例来度量。依据支配网络的特点，我们将节点 j 对节点 i 的直接支配强度定义为：节点 i 被节点 j 支配关系的个数占节点 i 与所有关联节点（即支配与被支配关系）的支配总数量之比。

$$\mathrm{TS}(i,j)=\frac{\mathrm{DSM}(i,j)}{\sum_{q=1}^{N}(\mathrm{DSM}(i,q)+\mathrm{DSM}(q,i))},\quad i\neq j \tag{9-2}$$

式中，N 表示项目组合中的项目数（即网络的节点数）；$\mathrm{DSM}(i,j)$ 表示支配关系 DSM 中的数值。

由式（9-2）计算得到直接支配强度 DSM［图 9-3（c）］。项目支配网络中，任意两节点之间除了存在直接支配关系外，还有可能通过中间节点 p_q 存在间接支配关系。如图 9-4 所示，节点 p_j 对 p_i 的关联强度，还需要考虑它们通过共同的节点 p_q 而产生的间接关联强度，间接关联体现了复杂网络中两节点间的二元嵌入性（dyadic embeddedness）或结构嵌入性（structural embeddedness）。Sosa（2014）提出了发送源（source）p_j 对接收者（recipient）p_i 通过共同的第三方 p_q 而产生的间接关联测度模型，它等于 p_j 对 p_q 的关联乘以 p_q 对 p_i 的关联。

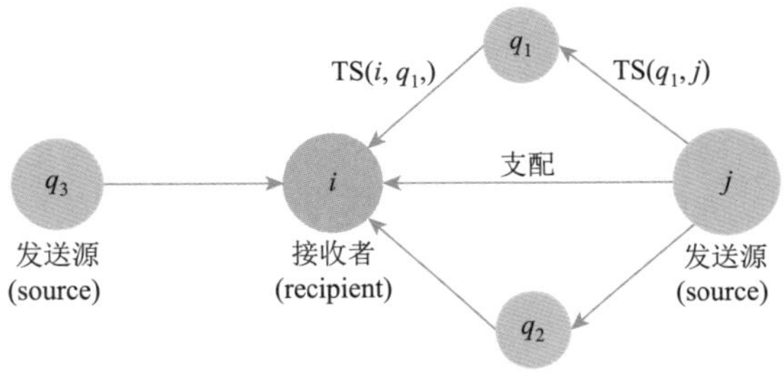

图 9-4　节点间的间接关联分析

因此，我们采用 DSM 构建 p_j 对 p_i 的间接支配强度为：

$$\mathrm{ITS}(i,j)=\sum_{q=1}^{N}(\mathrm{TS}(q,j)\times\mathrm{TS}(i,q)),\quad q\neq i,j \tag{9-3}$$

式（9-3）间接支配强度的计算过程为：如图 9-3（c）所示，首先，在直接支配强度 DSM 中 p_j 所在的列，找到其对每一个中间节点 p_q 的支配强度 $\mathrm{TS}(q,j)$；然后，对应 p_q 所在的行，找到 p_q 对 p_i 的支配强度 $\mathrm{TS}(i,q)$，求 $\mathrm{TS}(q,j)$ 与 $\mathrm{TS}(i,q)$ 之积；对所有节点 p_q 重复上述过程并求累计值，即得到 p_j 对 p_i 的间接支配强度。

由直接和间接支配强度，得到 p_j 对 p_i 的综合支配强度（Combined Tie Strength，CTS）：

$$\mathrm{CTS}(i,j)=\mathrm{TS}(i,j)+\sum_{q=1}^{N}(\mathrm{TS}(q,j)\times\mathrm{TS}(i,q)),\quad q\neq i,j \tag{9-4}$$

由式（9-4）计算得到综合支配强度 DSM［图 9-3（d）］。

9.3.2 基于 K-shell 的网络节点重要度评价

近年，网络节点重要性排序研究受到广泛的关注，不仅因为其重大的理论研究意义，更因为其广泛的实际应用价值。复杂网络的节点排序方法包括：基于节点近邻的排序方法（如度中心性、半局部中心性、K-shell 分解等）、基于路径的排序方法、基于特征向量的排序方法、基于节点转移和收缩的排序方法。通常，人们采用“入度中心性”等指标评价网络中的节点影响力。Kitsak 于 2011 年提出的 K-shell 分解法主要针对无向无权网络，它通过计算网络节点的 K-shell 值进行排序，在此基础上，学者们提出了适用于加权网络的改进 K-shell 分解法，综合考虑了节点的度值和节点间的边权，该方法相较于度值等指标可以更好地反映复杂网络的特征。

本章采用 K-shell 法分析项目的影响力（邹星琪和杨青，2019）。由 K-shell 法计算得到的节点 Ks 值，反映了网络位置对项目节点重要度的影响，即如果一个节点在网络中处于核心位置，则其具有较大的影响力。在此基础上，Garas 等提出了一种针对加权网络的 K-shell 分解法，该方法通过同时考虑网络的权重和度计算节点的加权度值，进而再进行分解计算各个节点的 Ks 值（等级值）。Garas 等提出的加权网络的加权度值计算公式为：

$$K'(i)=\left[K(i)^{\gamma}\times\left(\sum_{j=1}^{N}w_{ij}\right)^{\mu}\right]^{\frac{1}{\gamma+\mu}} \tag{9-5}$$

式中，$K(i)$ 表示第 i 个节点的度值；w_{ij} 表示节点 i 与其邻接节点 j 之间连接的权重值；γ 和 μ 表示可调参数。

本章的项目支配网络模型为有向加权网络，即项目节点之间不仅有支配方向，还存在支配强度。与支配方向相关的节点出度和入度反映了其在网络中的影响力，节点 p_i 的出度表示其指向所有邻居节点的支配数量，节点 p_i 的入度表示所有邻居节点指向它的支配数量。以图 9-3（b）中 P_1 为例，该节点出度（即所在列之和）为 6、入度（即所在行之和）为 4。因此，项目支配网络中节点 p_i 的出度 $K_{\mathrm{O}}(i)$ 和入度 $K_{\mathrm{I}}(i)$ 可分别由式（9-6）和式（9-7）计算得到。

$$K_{\mathrm{O}}(i)=\sum_{k=1,k\neq i}^{N}\mathrm{DSM}(k,i) \tag{9-6}$$

$$K_{\mathrm{I}}(i)=\sum_{k=1,k\neq i}^{N}\mathrm{DSM}(i,k) \tag{9-7}$$

类似地，节点的影响力也与节点间的输出支配强度和输入支配强度相关。另外，由于项目的收益是项目组合选择时重要的考虑因素，因此，将其作为 K-shell 评价时的节点指标。

总之，我们以式（9-4）得到的节点间综合支配强度作为支配网络的边权，综合考虑出度、入度、支配强度和被支配强度对节点重要度的影响，构建基于 K-shell 的支配网络中节点重要度计算模型如下：

$$C(p_i)=\omega_1\left[K_{\mathrm{I}}(i)^{\gamma_1}\left(\sum_{m=1}^{N}E(i)\times\mathrm{CTS}(i,m)\right)^{\mu_1}\right]^{\frac{1}{\gamma_1+\mu_1}}+\omega_2\left[K_{\mathrm{O}}(i)^{\gamma_2}\left(\sum_{k=1}^{N}E(i)\times\mathrm{CTS}(k,i)\right)^{\mu_2}\right]^{\frac{1}{\gamma_2+\mu_2}} \tag{9-8}$$

式中，$E(i)$ 表示项目 p_i 的经济性指标值（可用收益表示）；$K_{\mathrm{I}}(i)$ 表示项目节点 p_i 的入度；$\sum_{m=1}^{N}\mathrm{CTS}(i,m)$ 表示所有其他项目节点对 p_i 的支配强度之和；$K_{\mathrm{O}}(i)$ 表示项目节点 p_i 的出度；$\sum_{k=1}^{N}\mathrm{CTS}(k,i)$ 表示项目节点 p_i 对所有其他项目的支配强度之和。

采用 K-shell 分解法计算网络节点的 Ks 值，基本原理为：①由式（9-8）计算网络中所有节点的 $C(p_i)$；②去除项目网络中 $C(p_i)$ 取值最小的节点，被去除的节点 Ks 值为 $C(p_i)$ 中的最小值；③对剩余节点构成的新网络重复上述步骤，直至全部节点分解完毕。

上述 K-shell 分解法得到的 Ks 值，反映了项目组合网络中的支配关系对项目排序的影响。进一步，我们分析项目组合网络的扩散关系，并采用可以综合反映节点属性和扩散属性的 PageRank 算法对项目组合进行排序分析。

9.4　项目扩散网络建模和基于 PageRank 算法的项目组合网络排序

9.4.1　项目扩散网络

如前所述，扩散是指项目的核心技术、知识/经验在项目组合中不同项目之间的传播。通常，技术扩散包括从平台产品到衍生品的技术扩散，以及不同（平台）产品之间的技术扩散，即技术（或知识/经验）会从绩效高的项目扩散到绩效低的项目。通过分析项目之间发生扩散的方向和可能性，可构建项目的扩散网络。如图 9-5（a）所示，扩散网络是有向加权图，“边”的方向体现了项目间发生扩散的方向，“边”的数值（即“权重”）表示技术扩散的概率。与支配关系 DSM 矩阵类似，由扩散网络可建立扩散 DSM 矩阵［图 9-5（b）］，该矩阵中某项目所在的“列”表示该项目对其他项目的扩散影响（即输出的技术扩散）、“行”表示该项目所受到来自其他项目的技术扩散影响（即输入的技术扩散），非对角线的数字表示项目之间技术扩散的概率。例如，图 9-5（b）中 DSM(2, 1) = 0.8，表示 P_1 对 P_2 的直接扩散概率为 0.8。

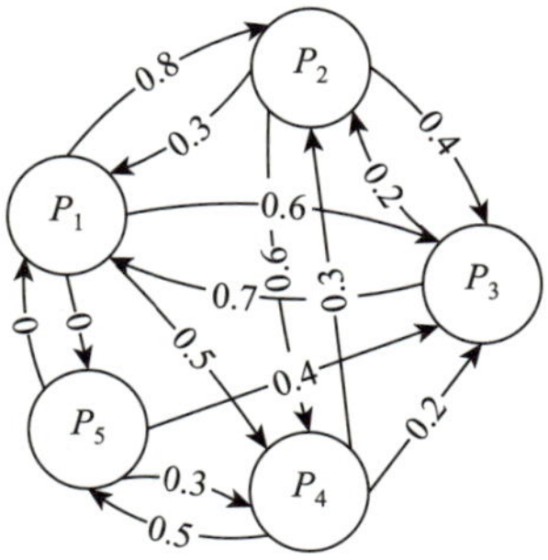

(a) 扩散网络

	P_1	P_2	P_3	P_4	P_5
P_1	P_1	0.3	0.7		
P_2	0.8	P_2	0.2	0.3	
P_3	0.6	0.4	P_3	0.2	
P_4	0.5	0.6		P_4	0.3
P_5			0.4	0.5	P_5

(b) 扩散概率DSM

图 9-5　项目之间的技术扩散网络和 DSM 矩阵

研发项目组合中的扩散效应不仅可能发生在有着直接联系的项目之间，也会因为“中介”的存在发生多次扩散，即扩散的传播。例如图 9-5（a）中，项目 P_1 的技术以 0.5 的概率直接扩散到项目 P_4，而项目 P_4 又以 0.3 的概率扩散到 P_2，则表明由于扩散传播效应，P_1 经过 P_4 以 0.5×0.3 的概率间接扩散到 P_2。因此，在分析项目之间的扩散关系时，需综合度量直接影响和间接影响。

以图 9-5 所示的技术扩散为例，说明考虑多次扩散传播时项目间扩散概率的计算原理。图 9-5（b）为项目间的一次扩散（即直接扩散）概率 DSM。我们假定多于三次的扩散传播对项目之间扩散概率没有显著影响，因此，这里，仅考虑二次和三次扩散传播概率。

1. 二次扩散传播下，项目间的扩散概率

如图 9-6（a）所示，技术从项目 p_j 通过中间项目 p_m 扩散到项目 p_i 的二次扩散传播概率为：

$$\mathrm{TP}^2(i,j)=1-\prod_{m=1}^{N}(1-\mathrm{TP}^1(m,j)\times\mathrm{TP}^1(i,m)) \tag{9-9}$$

式中，$\mathrm{TP}^1(i,m)$ 表示 p_m 直接扩散到 p_i 的概率［即图 9-5（b）中的值］，

$\prod_{m=1}^{N}(1-\mathrm{TP}^1(m,j)\times \mathrm{TP}^1(i,m))$ 表示从项目 p_j 扩散到 p_i 的所有可能传播路径同时都不发生的概率。

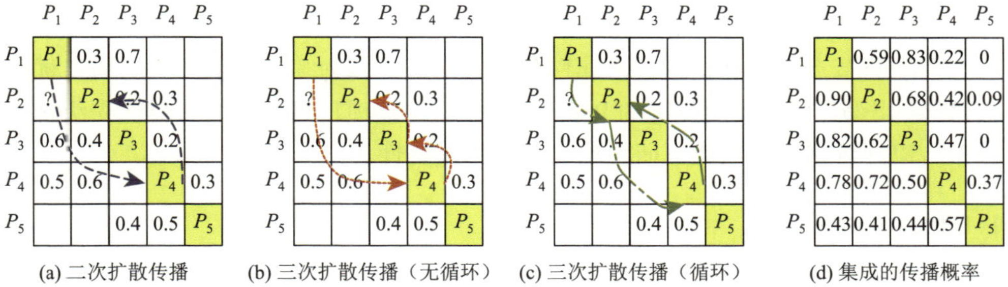

图 9-6　多次扩散传播下的技术扩散概率 DSM

2. 三次扩散传播下，项目间的扩散概率

如图 9-6（b）和图 9-6（c）所示，p_1 到 p_2 的三次扩散有两种路径，即无循环的扩散（$p_1 \to p_4 \to p_3 \to p_2$）和有循环的扩散（$p_1 \to p_2 \to p_4 \to p_2$），因此，项目 p_j 通过任意两个中间项目 p_m 和 p_n 扩散到项目 p_i 的三次技术扩散传播概率为：

$$\mathrm{TP}^3(i,j)=1-\prod_{m,n=1}^{N}(1-\mathrm{TP}^1(n,j)\times \mathrm{TP}^1(m,n)\times \mathrm{TP}^1(i,m)) \tag{9-10}$$

3. 同时考虑多次扩散传播时，项目间的集成扩散概率

同时考虑多次扩散传播时，项目间的集成扩散概率（STP）为项目 p_j 通过各种可能路径扩散到 p_i 的概率［图 9-6（d）］。考虑多次扩散传播时，从 p_j 到 p_i 集成的扩散概率为：

$$\mathrm{STP}_1(i,j)=\mathrm{TP}^1(i_i,j)\cup \mathrm{TP}^2(i,j)\cup \mathrm{TP}^3(i,j)=1-\prod_{z=1}^{3}(1-\mathrm{TP}^Z(i,j)) \tag{9-11}$$

式中，$z=1,2,3$ 分别表示项目之间技术的一次、二次和三次扩散。

同理，由式（9-11）～式（9-13），也可得到在考虑多次扩散传播时，项目知识/经验的集成扩散概率 $\mathrm{STP}_2(P_i,P_j)$。

因此，在技术扩散和知识/经验扩散的双重作用下，项目 p_j 到 p_i 的综合扩散概率 T 为：

$$T(p_i,p_j)=1-\prod_{l=1}^{2}(1-\mathrm{STP}_l(i,j)) \tag{9-12}$$

式中，l 表示项目之间可能发生的两种类型扩散。

9.4.2 基于 PageRank 的研发项目优先级排序

由 Google 创始人 Brin 和 Page 提出的网页排序算法——PageRank 算法可以较好地反映网络中的转移特性对排序的影响。

在项目节点属性和扩散关系属性分析的基础上，为综合反映两者对项目优先级排序的影响，我们采用改进的 PageRank 算法构建项目组合中的项目优先级排序模型，以评价多准则约束下研发项目的相对重要性。

1. PageRank 算法

经典的针对网页的 PageRank 排序算法主要关注网络中节点之间的转移关系：

$$\mathrm{PR}(p_i)=\frac{1-d}{N}+d\sum_{p_j\in M(p_i)}\frac{\mathrm{PR}(p_j)}{L(p_j)} \tag{9-13}$$

式中，$p_1,p_2,\cdots,p_N$ 表示考虑的网页；$M(p_i)$ 表示与 p_i 链接的网页集；$L(p_j)$ 表示与 p_j 链接的网页数量；N 表示总的网页数量；d 表示阻尼系数，通常取 0.85。

由式（9-13）可见，PageRank 算法通常由节点属性和转移关系属性两部分所组成，在 Scholz 等（2017）提出基于 PageRank 算法的产品节点重要度计算模型中，将节点间的支配关系描述为转移关系，而将节点的属性关系用 1/N 计算，该模型的主要不足是：一方面，该模型简化了节点的属性，另一方面，也忽略了真正的转移关系。

实际上，在项目组合网络中，扩散关系可以更好地体现节点间的转移关系，支配关系能够更好地反映节点属性，因此，本章以改进的 PageRank 算法为基础，依据前述对研发项目组合优先级排序问题的分析，综合考虑项目间的支配关系（节点影响力）和扩散关系，构建研发项目的优先级矩阵：

$$M=(1-\alpha)\times T+\alpha\times C \tag{9-14}$$

式中，T 表示由扩散网络得到的项目综合扩散矩阵［见式（9-14）］；C 表示由支配网络得到的项目节点影响力矩阵，该矩阵由式（9-8）得到的 $C(p_i)$ 按列重复 N 次得到，上述两个矩阵需对其按“列”做归一化处理。本章取 $\alpha=0.15$。

2. 项目优先级排序

从项目优先级矩阵 M 的构造可知，该矩阵为非负矩阵，且列和为 1，因此矩阵 M 又称为列随机矩阵。由 Perron-Frobenius 定理，可知矩阵 M 需满足以下性质：①M 的最大特征值 λ^* 有且仅有一个对应的特征向量；②最大特征值 λ^* 所对应的特征向量 R 的元素均为正实数。

因此，项目优先级排序向量可由式（9-15）计算得到，即求优先级矩阵 M 最大特征值 λ^* 对应的特征向量 R^* 。

$$MR^* = \lambda^* R^* \tag{9-15}$$

各项目在排序向量 R^* 中的 PageRank 值体现了项目在组合网络中被选择的可能性，即依据本章构建的扩散关系和支配关系模型，项目组合中各项目被选择的概率。

9.5　案例分析

以某航空航天企业的新产品开发项目组合为例，验证本章所提出的模型。该项目组合包含 3 大系列共 8 种武器装备型号的研发，分别用 A_1、A_2、A_3、B_1、B_2、B_3、C_1 和 C_2 表示，其中，A 系列为战略性研发项目，代表了企业未来的发展方向；B 系列为战术性研发项目，是企业现阶段的发展方向；C 系列中的项目，主要目的是给企业带来日常的现金流。A_1 和 B_1 分别为 A 系列和 B 系列的平台产品，A_2、A_3、B_2 和 B_3 为衍生产品。如前所述，该研发项目组合评估时，5 个支配关系准则为战略一致性、经济性和开发时间、技术性能的演化和可持续开发；2 个扩散关系准则为项目间的技术扩散以及知识/经验扩散。

首先，构建这些研发项目之间的支配关系和扩散关系 DSM（图 9-7）。其中，支配关系 DSM 反映了在多准则约束下，项目之间的支配关系（优劣性），例如，A_1 作为战略性项目的平台产品，在战略一致性和可持续性两个准则方面优于 B_1，但 B_1 作为现阶段正在快速发展的战术性项目，其经济性、开发时间和技术表现 3 个准则方面优于 A_1，即在支配关系 DSM 中，DSM(4, 1) = 2，DSM(1, 4) = 3。此外，该矩阵也表明 A_1 和 B_1 所在列的数值都比较大，即它们在大多数方面优于其

	A_1	A_2	A_3	B_1	B_2	B_3	C_1	C_2
A_1	A_1	1	1	3	2	2	1	1
A_2	3	A_2	1	3	3	2	1	1
A_3	3	0	A_3	3	2	2	2	1
B_1	2	1	1	B_1	1	1	1	0
B_2	2	1	3	4	B_2	1	1	0
B_3	2	3	2	4	2	B_3	2	1
C_1	2	3	2	4	3	3	C_1	1
C_2	3	3	2	3	4	3	3	C_2

(a) 支配关系DSM

	A_1	A_2	A_3	B_1	B_2	B_3	C_1	C_2
A_1	A_1	0	0	0.3	0.2	0.1	0	0
A_2	0.9	A_2	0.3	0.1	0	0	0	0
A_3	0.8	0.2	A_3	0	0	0	0	0
B_1	0.8	0.1	0.1	B_1	0.1	0	0	0
B_2	0.7	0	0.1	0.7	B_2	0.2	0	0
B_3	0.6	0.1	0	0.8	0	B_3	0	0
C_1	0.4	0	0	0.4	0	0.2	C_1	0
C_2	0.1	0.2	0.2	0.3	0.1	0	0.1	C_2

(b) 项目间技术扩散DSM

	A_1	A_2	A_3	B_1	B_2	B_3	C_1	C_2
A_1	A_1	0.2	0.2	0.1	0	0	0	0
A_2	0.8	A_2	0.3	0	0.2	0.1	0	0
A_3	0.7	0.2	A_3	0.3	0	0	0	0
B_1	0.9	0.1	0.1	B_1	0.1	0	0	0
B_2	0.6	0	0.1	0.7	B_2	0.2	0	0
B_3	0.7	0.1	0	0.8	0	B_3	0.1	0.1
C_1	0.3	0	0	0.5	0	0.2	C_1	0.1
C_2	0.1	0.2	0.2	0.1	0.1	0	0	C_2

(c) 项目间知识/经验扩散DSM

图 9-7　该项目初始的支配与扩散关系 DSM

他项目；相反，C_2所在列的数值都比较小，表明在大多数方面C_2劣于其他项目。各项目的经济性值分别为（80, 120, 100, 130, 90, 90, 210, 40），其中的数字表示各项目每年的收益额（万元/年）。式（9-8）中，$\gamma_1=\mu_1=\gamma_2=\mu_2=1$，$\omega_1=0.2,\omega_2=0.8$，即本章强调出度对节点影响力的影响。

由式（9-2）～式（9-4），得到支配强度 DSM，进一步，由式（9-6）～式（9-8），得到各项目节点的 K-shell 值，并由此构建各项目的影响力 DSM 矩阵。

其次，建立初始的（即直接的）技术和知识/经验扩散 DSM［图 9-7（b）和图 9-7（c）］。进一步，由式（9-9）～式（9-12），得到考虑直接扩散和扩散传播（即间接扩散）的项目的综合扩散 DSM。最后，在上述节点影响力 DSM 和项目综合扩散 DSM 的基础上，采用改进的 PageRank 算法，得到各项目的优先级排序矩阵M，求矩阵M最大特征值对应的特征向量，即可得到该项目组合的优先级排序向量。

$$R^*=(A_1,A_2,A_3,B_1,B_2,B_3,C_1,C_2)^{\mathrm{T}}=(0.584,0.304,0.311,0.569,0.284,0.243,0.077,0.021)^{\mathrm{T}}$$

可见：①A_1的优先级最高（PageRank 值为 0.584），由图 9-7 可知，A_1在支配关系和扩散关系方面均较优，分析支配和扩散关系 DSM 的构造可知，A_1在战略一致性和可持续性方面优于所有其他项目；同时，A_1有着较强的扩散效应，扩散到其他项目（A 系列中的其他项目和其他系列）的概率均较高，因此，A_1的优先级最高；②B_1的优先级次之（PageRank 值为 0.569），分析支配和扩散关系 DSM 的构造可知，B_1在技术表现和项目经济性方面均优于其他项目，开发时间方面优于A系列，同时，B_1的扩散概率劣于A系列但优于C系列。因此，B_1可作为该企业现阶段的重点发展项目，应在保证技术性能的基础上挖掘其衍生品的研发（提高扩散到其他系列项目的概率）；③C系列项目的优先序最低，以C_1为例，分析其支配和扩散关系 DSM 可知，C_1在战略一致性、可持续性、技术表现方面均劣于其他系列，但其在项目经济性和开发时间部分优于其他系列，同时，C_1的扩散能力较差，主要依赖于吸收其他产品的技术、知识/经验。

由于本章先采用 K-shell 算法，由项目间的支配关系计算节点影响力；然后，采用 PageRank 算法，依据扩散关系得到的转移矩阵，以及 K-shell 算法得到的影响力矩阵，计算综合的节点重要度。为此，我们比较两种方法的项目选择排序结果，方法 1 是仅采用 K-shell 方法得到的节点影响力，该排序结果也可理解为不考虑扩散传播情况下的节点重要度；方法 2 是采用 PageRank 得到的考虑支配关系和扩散关系的项目节点综合影响力。计算结果见图 9-8。

图 9-8 表明，当仅采用 K-shell 算法，其强调的是支配关系对节点重要度的影响，例如，对于C_1项目，它对其他项目的支配关系比较强，因此仅采用 K-shell 算法时得到的排序较高（第 2），但是，由于它对其他项目的扩散关系比较弱，因此采用 PageRank 算法时得到的排序较低（第 7）；对于A_1项目，由于它对其他项目的扩散关系非常强，因此与仅采用 K-shell 相比，采用 PageRank 算法时得到的

排序明显提升。可见，采用本章提出的项目优先级排序方法，可以更好地反映项目节点的综合影响力。

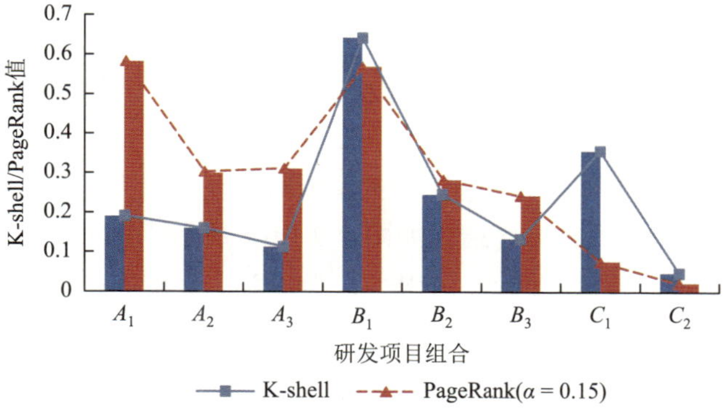

图 9-8　K-shell 方法与 PageRank 方法的比较

为分析不同情况对项目组合排序的影响，我们开展了参数的敏感性分析。首先，分析扩散关系和支配关系对项目排序的影响。式（9-14）中，不同的α值反映了项目扩散关系（关系属性）和影响力（节点属性）对项目优先级排序的影响，基准状态取$\alpha = 0.5$。由图 9-9（a）可见，当α取不同值时，某些项目的 PageRank

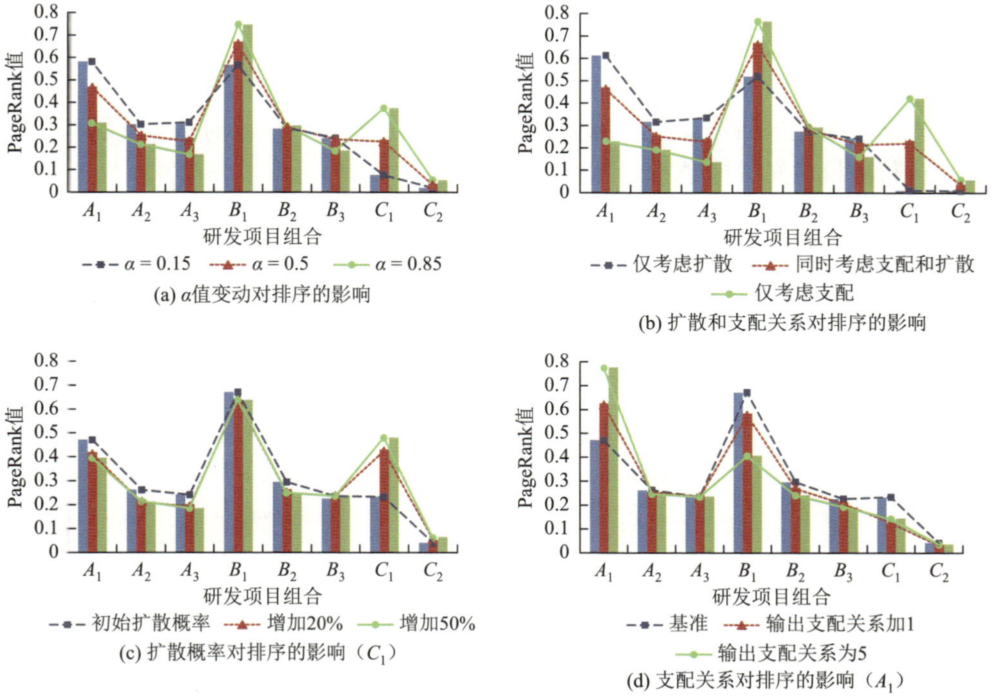

图 9-9　敏感性分析

值发生了较大变动，例如，当α取值增大时，A系列项目的 PageRank 值降低，说明它们的扩散关系是影响其排序的主要因素。而对于B_1和C_1而言，当α取值不断增加时，其 PageRank 值不断增加，说明这些项目的节点影响力是影响排序的主要因素。

进一步，式（9-14）中的α分别取 0、0.5 和 1，它们分别表示项目优先级排序模型构造的三种极端情况：情况 1——仅考虑扩散关系；情况 2——同时考虑支配和扩散关系；情况 3——仅考虑支配关系（即节点影响力）。在三种情况下分别计算项目的 PageRank 值，排序结果如图 9-9（b）所示。例如，对于C_1项目，当仅考虑扩散关系时，其 PageRank 值很小；当仅考虑支配关系时，其 PageRank 值相对较高，由此表明，不能仅通过支配或扩散关系进行项目的优先级排序。而传统项目排序方法主要关注节点的属性，因此，得到的排序结果不能反映研发项目中的技术和知识/经验扩散对项目排序的影响。

其次，分析扩散概率对项目优先级排序的影响（$\alpha=0.5$），以C_1为例，当其概率值比基准值分别提高 20%、50%时，各项目的 PageRank 值的变化见图 9-9（c），可见，提高C_1的扩散概率会导致其 PageRank 值增加（同时其他项目的 PageRank 值降低），当C_1概率增加 50%时，其 PageRank 值超过了A_1。因此，若提升C_1在项目组合中的扩散效应，可提升其优先序。

最后，分析项目支配关系的变化对优先级排序的影响（$\alpha=0.5$），以A_1为例，当其对其他项目的支配关系分别增加 1 和增加到 5（达到最大值）时，得到项目优先级排序的变动见图 9-9（d），可见，若增强项目在组合中的支配能力，可提升其优先序，由此进一步验证了在前面分析中得到的结论（应同时基于支配和扩散关系进行项目优先级排序）。

由案例分析可知：①传统项目排序方法主要关注节点的属性，得到的排序结果不能反映研发项目中的技术和知识/经验扩散对项目排序的影响，本章提出的基于 PageRank 算法的研发项目优先级排序方法，可更好地反映项目组合中各项目的综合影响力；②项目间的支配和扩散关系对项目的优先级排序均有重要的影响，在实际中，项目经理应综合考虑支配和扩散关系进行项目的选择；③提高某一项目在项目组合中的支配或扩散能力，均可提升其优先序，因此，项目经理应首先识别影响优先级变动的主要因素，进而对项目组合进行权衡分析。

9.6 总结

研发项目组合选择是企业一项重要的战略决策，如何准确、全面地评价项目组合中各项目的重要性是企业关注的重要问题。本章提出了一种新的项目优先级排序方法，可以更好地反映项目组合网络中支配关系和扩散关系对项目排序的影响。项目优先级排序方法是一种多属性默认评价方法，可以不依赖于决策者的偏好信息进行优先级排序。该方法分为三步：①构建体现项目支配关系和支配强度的项目支配图，采用 DSM 法和 K-shell 算法建立项目的节点影响力模型；②构建项目间技术等方面的扩散网络，计算考虑多次扩散传播情况下项目间的综合扩散传播概率；③综合项目节点影响力和扩散关系，构建基于改进 PageRank 算法的研发项目优先级排序模型，对项目的优先级进行排序。

本章建立的项目优先级排序方法的主要优点为：①从项目间的支配和扩散关系出发研究项目组合的选择问题，建立了基于复杂网络的项目优先级排序方法；②构建了多准则约束下项目的支配关系模型，并采用 DSM 和 K-shell 方法建立基于支配网络的项目影响力模型，该方法更适用于分析项目数量多、项目间相互作用复杂情况下的项目组合选择问题；③该方法考虑项目间多次扩散传播的综合扩散概率，并综合项目节点影响力和扩散关系，采用 PageRank 算法构建了项目优先级排序模型。

参考文献

[美]皮尔 T. 乌利齐（Karl T. Ulrich），史蒂文 D. 埃平格（Steven D. Eppinger）. 2018. 产品设计与开发（第 6 版）. 杨青，杨娜，等译. 北京：机械工业出版社.

陶莎，盏昭瀚，朱建波. 2017. 交互作用不确定下的项目组合选择鲁棒决策[J]. 中国管理科学，25（4）：190-196.

邹星琪　杨青. 2019. 基于项目网络支配和扩散关系的研发项目组合选择[J]. 中国管理科学，27（4）：235-246.

Aerts G，Dooms M，Haezendonck E. 2016. Knowledge transfers and project-based learning in large scale infrastructure development projects：an exploratory and comparative ex-post analysis[J]. International Journal of Project Management，35（3）：224-240.

Costantino F，Gravio G D，Nonino F. 2015. Project selection in project portfolio management：an artificial neural network model based on critical success factors[J]. International Journal of Project Management，33（8）：1744-1754.

Jin W. 2016. International technology diffusion，multilateral R&D coordination，and global climate mitigation[J]. Technological Forecasting & Social Change，102：357-372.

Scholz M，Pfeiffer J，Rothlauf F. 2017. Using PageRank for non-personalized default rankings in dynamic markets[J]. European Journal of Operational Research，260（1）：388-401.

Sosa M E. 2014. Realizing the need for rework：from task interdependence to social networks[J]. Production and Operations Management，23（8）：1312-1331.

第 10 章

总结与展望

10.1 总结

本书各章的内容，均来自杨青教授团队十多年研究的成果。自 2007 年开始，在国家自然科学基金委的长期支持下，杨青教授团队潜心于复杂研发项目管理的理论与方法研究，在本书即将完成之际，首先衷心感谢国家自然科学基金委的长期资助！这些国家自然科学基金项目包括（面上项目 4 项、国际（地区）合作与交流项目 3 项，共计 400 余万）：“基于复杂网络的研发项目系统架构集成与优化研究”（2019.1～2022.12）、“基于结构化方法的复杂研发项目多领域集成分析与优化研究”（2015.1～2018.12）、“基于精益原则的复杂研发项目价值流优化与实证研究”（2011.1～2013.12）、“民航企业精益价值管理理论和方法研究”（2007.1～2009.12）；国家自然科学基金海外及港澳学者合作研究项目及其延续项目（与美国宾夕法尼亚州立大学姚韬教授合作主持，他现任阿里巴巴首席运筹科学家）“面向大数据的复杂系统建模、数值优化与应用研究”（2020.1～2023.12）、“大数据环境下复杂系统的统计学习、优化及其应用研究”，以及中韩国际交流项目（与韩国首尔大学工业工程系 Yoosuk HONG 教授合作主持）“基于全球分布伙伴的复杂产品开发项目过程建模与优化”（2013.07～2015.06）。在此，也衷心感谢基金项目的合作者！通过这些基金项目，杨青教授团队建立了复杂研发项目“产品-组织-流程”集成优化理论体系，在基于结构化方法的复杂研发项目优化、全球产品开发、大数据环境下的研发项目管理模式等方面开展了系统的研究。

研发项目的复杂性意味着系统中存在大量不同的元素及其相互依赖关系，依赖结构矩阵（DSM，又称为设计结构矩阵）是一种简单而灵活的建模技术，它采用图形化的方式表示这些复杂的依赖关系，且能够突出研发项目的重要特征（如流程的迭代和产品的模块化），可用于设计、开发和管理复杂系统。

本书系统总结了基于结构化方法的复杂研发项目管理的基本原理、方法及其应用。这本书的主要部分对应 DSM 模型的四种主要类型，即流程架构、组织架构、产品架构和多领域架构，同时，本书也讨论了复杂网络和社会网络分析（SNA）视角下的复杂研发项目管理。具体来说，本书的主要内容包括：

1. 流程架构 DSM

流程中的迭代和重叠是研发项目基本特征，它们是影响项目进度和成本的重要因素。因此，对重叠和迭代的研究是流程 DSM 的主要关注点之一。通常，活动间适当的重叠有利于缩短研发时间，合理的迭代与反馈有利于提高产品的质量。但是，重叠和迭代又常常导致返工风险，进而有可能产生额外的成本和时间。因此，流程 DSM 优化的重点是：找到最佳的重叠和迭代量；或者，在重叠和迭代确定的情况下，对流程 DSM 进行排序优化。

本书第 2 章～第 4 章，讨论了流程中的重叠、迭代对研发周期和成本的影响，采用流程 DSM 构建持续时间、返工时间、返工成本等量化模型，以此对流程 DSM 进行排序优化。流程的重叠和迭代对研发组织设计也有重要的影响，进一步，第 5 章量化分析了重叠活动对团队之间沟通的影响。

流程 DSM 在建模、展示和分析等方面的创新性应用见表 10-1。

表 10-1　流程架构 DSM 的创新性应用

构建流程架构 ➢ 模型化设计活动 ➢ 考虑活动之间的迭代和返工 ➢ 考虑活动依赖关系的不确定性 ➢ 考虑活动之间的重叠与并行性	**图形化展示流程架构** ➢ 表示活动的信息输入和输出 ➢ 表示活动间的依赖关系 ➢ 采用符号、颜色、阴影和数字等 ➢ 提供多视角的流程模型
分析流程架构 ➢ 流程中的活动排序优化（基本） ➢ 分解耦合的活动块 ➢ 分析活动之间的重叠 ➢ 估算迭代对项目持续时间和成本的影响 ➢ 估计迭代的可变性、稳定性和风险 ➢ 优化流程的持续时间或成本	**流程 DSM 的其他可能应用方向** ➢ 与敏捷研发流程相结合 ➢ 深入分析 IT 研发中的迭代类型及其作用 ➢ 数字化环境下的研发流程设计 ➢ 聚类活动或设计参数 ➢ 预测设计/需求/工程的变更对项目的影响 ➢ 活动优先级排序

2. 组织架构 DSM

组织架构是指由具有共同目标的团队（或个人）组成的网络。组织中的依赖关系主要指团队（或个人、部门）之间的沟通和信息交流，其依赖强度可以用沟通的频率、花费的时间和代价来度量。组织架构建模过程包括：①将组织分解为层次化的单元；②描述工作分配和单元之间的工作汇报关系；③描述单元之间的相互关系。其中，前面两个过程可以用组织分解结构（OBS）表示，组织 DSM 更关注第 3 个过程。可以从团队之间的信息流、信息的发送者和接收者的角度构建组织 DSM，也可以由流程 DSM 推导组织 DSM。

第 5 章和第 6 章分析了研发项目组织设计与组织 DSM 聚类优化问题。分析组织 DSM 的简单方法是采用行和列之和（即“入度”和“出度”）来测度团队之间的沟通，通过对 DSM 的分析可以确定组（类）、团队之间的沟通距离和组间的重叠。由于组织是动态变化的，而静态的组织 DSM 只能捕获在某个时刻团队之间的关系，因此可以通过堆叠多个 DSM 来研究组织随时间的动态变化情况。

组织 DSM 是静态 DSM，通常采用聚类的方法进行组织设计与优化，它是寻找 DSM 中相对独立或相互作用最小的元素子集（类）的过程。本书重点讨论了两种组织 DSM 优化准则：两阶段聚类准则和基于团队间相似性的组织聚类方法，并讨论了谱聚类算法。

组织 DSM 在建模、展示和分析等方面的创新性应用见表 10-2。

表 10-2　组织架构 DSM 的创新性应用

构建组织架构 ➢ 从团队沟通数据中挖掘提取关系 ➢ 描述团队所使用工具集之间的依赖关系 ➢ 从文件关系构建组织单元间的关系 ➢ 从产品 DSM（或流程 DSM）推导组织 DSM	**图形化展示组织架构** ➢ 显示组织结构中的层次和关系 ➢ 使用数字表示依赖强度 ➢ 采用符号、颜色、阴影等
分析组织架构 ➢ 聚类以设计组织架构 ➢ 应用社会网络分析技术和准则 ➢ 通过分析相似性进行聚类 ➢ 分析团队间的知识转移与共享 ➢ 优化全球产品开发组织的工作分配 ➢ 识别核心团队	**组织 DSM 的其他可能应用方向** ➢ 组织架构与产品架构的一致性分析 ➢ 基于知识共享的组织设计 ➢ 管理组织与供应商的集成 ➢ 确定组织单元间的不匹配和不一致 ➢ 检查组织的相互作用对组织设计的影响

3. 产品架构 DSM 和多域矩阵 MDM

构建合适的产品架构会对系统的组织架构和流程架构产生重要影响。产品模块化设计是应对顾客需求变化和产品升级的主要措施。产品 DSM 优化的主要目的是：识别合适的模块，使部件之间的联系主要发生在模块内部。通过使模块内的关联最大化，降低产品模块之间的关联，最终达到降低产品复杂性的目标。模块化设计的好处有：①便于对复杂系统进行管理；②便于不同的团队同时开展并行工作；③可以更好地适应未来的不确定性。本书重点讨论的两种静态 DSM 聚类准则（即两阶段聚类准则和基于元素相似性的聚类准则）及其相关的改进方法，同样适用于产品 DSM 的模块化分析与优化。

产品 DSM 在建模、展示和分析等方面的创新性应用见表 10-3。

表 10-3　产品架构 DSM 的创新性应用

构建产品架构 ➢ 分析部件间的界面/关系的类型和强度 ➢ 通过构建功能之间的联系，采用 MDM 分析产品部件间的联系	**图形化展示产品架构** ➢ 显示部件间界面的类型和强度 ➢ 使用数字表示依赖强度 ➢ 变化颜色、符号、阴影等
分析产品架构 ➢ 采用聚类方法进行产品模块化设计 ➢ 采用谱聚类等算法 ➢ 分析变更传播 ➢ 排序以决定架构的水平 ➢ 计算模块化度量准则	**产品 DSM 的其他可能应用方向** ➢ 产品-服务系统的综合分析 ➢ “产品 + 服务”的模块化设计 ➢ 以场景化需求为导向的产品需求分析 ➢ 设计产品的多样性、部件共用性和产品平台 ➢ 采用模块化显示外包和合作伙伴决策

本书没有单独讨论产品 DSM，而是在第 7 章和第 8 章讨论了如何由产品 DSM 推导组织 DSM，即产品架构对组织架构的影响。

第 7 章和第 8 章讨论了研发项目跨领域集成分析与优化问题。通过构建多领域矩阵（MDM），分析了产品 DSM 与组织 DSM 之间的依赖关系，以及其他不同领域元素之间的映射关系。研发项目组织架构需要与产品和流程架构相匹配，即组织架构如何适应产品架构的特点（“镜像假设”），使组织架构与产品架构保持一致。通过构建“域映射矩阵”（DMM），分析了产品-组织、功能-部件等领域之间的映射，在 DSM 和 DMM 的基础上，讨论了 MDM 的原理及其应用。

4. 复杂网络和社会网络分析（SNA）视角下的复杂项目管理

DSM 方法在研发项目系统架构的构建、图形化展示与分析等方面具有强大的优势，这些研究成果大大丰富了研发项目管理的理论与方法，但仍有一些重要问题需要解决：如何从复杂网络“节点-关系-结构”的内在逻辑关系出发，分析系统架构的整体网络特征，并在此基础上进行多领域系统架构的建模、分析与优化。

研发项目系统架构的本质是由项目的元素（节点）和元素间（节点间）依赖耦合关系构成的网络。结构决定功能是系统工程的一个基本观点。因此，研发项目各领域元素所构成的网络结构特征决定了如何对系统架构进行分解、集成与优化。由于网络中节点和边的属性具有很好的扩展性，因此网络形式可以描述丰富的信息。将复杂网络理论与 DSM 相结合，为深入分析系统架构中元素之间的依赖关系提供了新的思路和方法。为此，本书讨论了基于复杂网络的复杂研发项目管理，以丰富基于 DSM 的研发项目管理研究框架。

第 6 章从社会网络分析（SNA）的视角研究了项目组织设计问题。研发项目的组织架构是一个社会网络，其中，团队通过信息交流相互关联，对于组织架构 DSM，SNA 法可以测度团队之间沟通的依赖度，有助于探索产品架构“模块化”和“集成化”设计对组织架构的影响。SNA 的主要作用是采用量化的方法测度网络节点之间的关系，因此，网络分析与DSM相结合可以有效地解决DSM建模和分析中所遇到的关键问题。

第8章讨论了基于知识图谱的研发项目管理，知识图谱方法是复杂网络和社会网络方法在大数据环境下的延伸。第9章采用复杂网络中网络节点重要性排序方法，讨论了多项目组合评价与排序问题。

总之，DSM作为一种表示系统元素及其交互的网络建模工具，突出了系统的架构（或设计结构）。它具有紧凑的格式、直观的表现、强大的分析能力和灵活性。DSM等结构化方法主要用于项目管理和工程管理领域，目前正越来越多地应用于医疗保健管理、金融系统、公共政策、自然科学和社会系统等领域。本书不仅丰富了项目管理的理论、方法和工具，而且为广大从业人员提供了有价值的参考和借鉴。

10.2 研究展望

人类社会的发展已经进入工业4.0时代，以大数据、人工智能、5G、云计算等为代表的颠覆性技术对社会生活的方方面面都产生了巨大的影响，企业正在面临数字化转型。在这样的背景下，研发项目管理可以从多个方面拓展现有研究，未来值得关注的研究方向主要有以下五方面。

1. 关注“产品-服务”系统分析与数字化转型，提升组织的数字化产品开发能力

首先，在产品架构方面，从传统的主要关注有形产品，拓展为关注“产品-服务”架构，即产品与服务的组合。新产品开发的目的不仅仅是给顾客提供产品，而且包括提供与产品相关的服务。大多数实体产品都有一些服务与之关联，这个捆绑有形产品和无形服务的系统称为产品-服务系统（product-service systems）。若仅关注如何产出新产品，则难以满足多样化、个性化的用户需求。未来将更强调产品与服务的组合，即产品-服务系统，而不仅仅是单一的产品。服务创新的目的是提升用户体验，产生长尾效益。因此，应将产品与服务视为一个整体，通过分析产品组成部分与服务之间的依赖关系，进而对“产品-服务”架构进行模块化设计，为流程架构与组织架构的分析与优化提供依据。

其次，探索“产品-服务”创新数字化转型，在精准、及时捕获顾客需求的基础上快速开发新产品，并在研发过程中采用数字化方法适应多元化、个性化的产品趋势。这主要包括两个方面的工作：开发数字化产品的能力与数字化开发设计的能力。一方面，开发具备感知、交互、自学习、辅助决策等功能的智能产品与服务，更好地满足和引导用户需求；另一方面，提升研发、设计和生产的数字化和智能化水平。

2. 关注以顾客场景化需求为导向的新品开发模式，提升顾客体验和满意度

新产品开发已经从以技术为中心的产品开发，转变为以顾客为中心的产品开发，下一步将演化为以顾客场景化需求为中心的新业态开发。从场景化的角度分析需求，可以更加形象地分析各种需求之间的关系。单纯地强调以顾客为中心的产品开发，不易于分析在一个特定场景中顾客各种需求之间的关联。

可以在以下方面开展相关研究：探索企业如何进行场景化需求的识别、分解与集成，以发现需求“痛点”并进行系统整合；分析如何基于场景化需求进行新品/新业态协同规划（产品与增值服务相集成的组合化、模块化设计）；分析如何借助大数据技术，捕捉和分析顾客的场景化需求。

3. 探索以“价值交付为核心”的敏捷产品开发模式，提升快速响应市场的能力

流程中的迭代与重叠是研发项目的基本特征，企业的数字化转型对新产品开发流程产生了重大的影响，应探索以价值交付为核心的敏捷产品开发模式，以及基于迭代和增量的敏捷产品开发流程。

敏捷产品开发流程通过频繁小规模交付和反馈实现客户价值。在敏捷型生命周期中，通过一系列的迭代来交付所需的功能。这些迭代的持续时间很短，迭代通过一系列重复的循环活动来开发产品。

敏捷产品开发方法与迭代方法和增量方法密切相关，敏捷方法常常是迭代和增量方法的整合。在迭代型生命周期中，项目范围通常在项目生命周期的早期被确定，但时间及成本估算将随着项目团队对产品理解的不断深入（滚动规划）而定期修改。通过一系列重复的循环活动来迭代开发产品。在增量型生命周期中，通过在一定时间内的一系列迭代，渐进地增加产品的功能以产出可交付成果。只有在最后一次迭代之后，可交付成果具有了必要和足够的能力，它才能被视为完成。如何系统分析、整合迭代方法与增量方法，仍值得深入地探讨。

4. 关注基于团队间知识共享的研发项目组织设计，提升组织的创新活力

在研发项目的组织架构方面，应从以往主要关注提高团队间沟通的效率，以降低沟通的复杂性，拓展为提高团队间知识共享和知识转移的效率，以提升组织的创新能力。即如何促进知识在各团队间（或项目集的各项目间）的转移，以提高组织学习的绩效。分析、优化团队间的知识转移过程，分析隐性与显性知识转移过程的不同机制。进一步，采用社会网络方法和组织 DSM，分析研发项目组织架构的聚类方法。

由于研发项目涉及多个部门、多个专业领域的技术人员，所以，其内部的知识和信息存在较大的差异。因此，有效地集成不同领域的知识是顺利开展研发活动的前提。知识发展过程具有动态性，随着研发阶段的不断推进，团队的知识水平会发生变化，相应地，团队间的知识共享和转移也会发生变化。知识转移是知识管理的一个重要方面，在研发过程中，成员间频繁的知识共享和交流促进多领域知识集成，对于应对不确定性环境、提升研发效率起着正向作用。知识转移影响创新绩效的一个重要调节变量是团队的吸收能力（absorptive capacity）。因此，需要在原有的研究主要考虑提高团队间协同效率的基础上，探索如何通过优化组织设计以提升团队间的知识共享效率，进而提高组织的创新能力。

5. 探索颠覆性创新和开放式创新模式，提升产品创新能力

创新能力是衡量企业是否拥有核心竞争优势的关键因素，近年来，关于产品创新类型与产出方式的研究备受关注。在创新类型方面，依据创新程度可以分为颠覆性创新、渐进式创新和处于两者之间的多式创新。颠覆性产品创新的定义有两种：一种认为是从技术维度产生的创新；另一种认为是市场维度和技术维度均有高水平的创新，也称为突破式创新（breakthrough innovation）。虽然学者对颠覆性创新有着不同定义，但他们均认为灵活性更高、结构化更低的研发过程更有利于颠覆性创新的产生。

近年，由于开放式创新（open innovation）可以广泛地提高参与度而备受关注，开放式创新可分为内向型和外向型两种。内向型创新是指由外向内，企业探索、利用和整合外部技术和知识资源进行创新的方式；外向型创新是指由内向外，强调企业内部研发成果的外部商业化。对于研发项目来说，可以探究不同的开放式创新方式对研发项目技术绩效和市场绩效的影响。

总之，未来的研发项目管理研究可从以下方面进行拓展：产品架构方面，应从仅仅关注产品的部件拓展到“产品-服务”系统整合设计与开发；在流程架构方面，应从对流程迭代与重叠的特性分析，拓展到“价值交付为核心”的敏捷产品开发模式，将迭代法、增量法、并行工程等方法进行系统分析和整合；在组织架构方面，应从关注团队间的沟通与协调，以降低管理的复杂性，拓展到如何提升团队间的知识共享和知识转移的效率，以提高组织的创新能力。此外，还应从创新生态的角度，探索颠覆性创新和开放式创新模式，以及在数字化转型背景下，探索“产品-服务”系统开发的数字化转型，包括开发数字化产品的能力和数字化开发设计的能力，以提升研发、设计和生产的智能化水平。探索以顾客场景化需求为导向的新产品开发模式，以及采用大数据技术精准、及时捕获顾客需求的能力。

科技强则国家强！希望中国有越来越多像华为这样在研发上有责任、有担当的民族企业。复杂产品的研制事关企业兴盛和国家核心竞争力，深入探索研发项目管理理论与方法，为企业提高研发和创新能力提供理论与方法支持，是广大新产品开发人员、研发经理、产品经理和研发项目管理研究人员义不容辞的责任。

希望本书对研发管理领域的研究者和实践者有所启迪，欢迎批评指正，并期待得到大家的反馈。希望与各位朋友一道，携手共同为不断提升研发项目管理的水平而努力！